Lösch · Tod des Menschen / Macht zum Leben

D1719065

Schnittpunkt * Zivilisationsprozeß

herausgegeben von Gerburg Treusch-Dieter

Band 24

Tod des Menschen /
Macht zum Leben

Von der Rassenhygiene zur Humangenetik

Andreas Lösch

Centaurus-Verlagsgesellschaft
Pfaffenweiler 1998

Der Autor, Diplom-Soziologe, studierte Soziologie, Geschichte und Philosophie in Freiburg/Brsg. und Berlin. Er lebt als freier Publizist in Freiburg und arbeitet derzeit an seiner Dissertation über die Erforschung des menschlichen Genoms. Publikationen u. a. zur Kritik der Humangenetik und Biotechnik.

Zur Umschlagabbildung: *"Menschen-Replikation".* Computergrafik erstellt von Marc Lösch nach einer Idee von Joachim Schneider.

Die Deutsche Bibliothek – CIP-Einheitsaufnahme

Lösch, Andreas:
Tod des Menschen/Macht zum Leben : von der Rassenhygiene zur Humangenetik / Andreas Lösch. – Pfaffenweiler : Centaurus-Verl.-Ges., 1998
(Schnittpunkt Zivilisationsprozess ; Bd. 24)
ISBN 3-8255-0145-0

ISSN 0942-1750

Alle Rechte, insbesondere das Recht der Vervielfältigung und Verbreitung sowie der Übersetzung, vorbehalten. Kein Teil des Werkes darf in irgendeiner Form (durch Fotokopie, Mikrofilm oder ein anderes Verfahren) ohne schriftliche Genehmigung des Verlages reproduziert oder unter Verwendung elektronischer Systeme verarbeitet, vervielfältigt oder verbreitet werden.

© *CENTAURUS-Verlagsgesellschaft mit beschränkter Haftung, Pfaffenweiler 1998*

Satz: Vorlage des Autors
Druck: Prisma GmbH, Frankfurt/M.

INHALT

VORWORT

Das Buch, „Tod des Menschen / Macht zum Leben. Von der Rassenhygiene zur Humangenetik", ist ausgehend von einem epistemologischen Bruch organisiert, der den Umschlag der Evolutionstheorie in die Molekulargenetik markiert. Die „anthropologische" Grundstruktur des Wissens vom Menschen wird durch die „genetische" Grundstruktur des Wissens vom Leben ersetzt, womit der Mensch unter der Bedingung aufgehobener Artenschranken von anderen Lebewesen nur noch dadurch zu unterscheiden ist, daß er über etwas mehr an DNS verfügt. Dieses kurzschlüssige und zugleich weitreichende Ergebnis moderner Wissensgeschichte, mit dem heute Biopolitik gemacht wird, spannt Andreas Lösch in einen Denkhorizont ein, der in erster Linie auf das von Michel Foucault herausgearbeitete Paradox rekurriert, daß die Humanwissenschaften nicht zur Erkenntnis, sondern zur Auflösung des Menschen führen. Indem die Ersetzung der „anthropologischen" durch die „genetische" Grundstruktur auf die „alte" und die „neue" Eugenik bezogen wird, geht dieses Buch der Frage nach, wie die, heute sich in Euphänik transformierende, Eugenik zur grundlegenden und sich zunehmend normalisierenden Strategie und Technik der Macht zum Leben geworden ist?

Während der erste Teil des Buches dieser Frage auf der Ebene der sie epistemologisch fundierenden Problemstellungen folgt, untersucht der dritte Teil die aus ihr hervorgehenden Diskursformationen innerhalb des im zweiten Teil entwickelten theoretischen Kontextes einer Macht zum Leben. Drei Exkurse zur Produktion des Wissens vom Menschen thematisieren die Umkehrung des Raums der Sichtbarkeit, die sich mit dem Umschlag der Humanwissenschaften in Humangenetik-Wissenschaften ebenso verbindet wie damit, daß sich der genetische Code als Norm und Funktion des mit ihm identischen „Lebens" sich diesem „politischen" Raum der Sichtbarkeit entzieht. Methodisch orientiert sich Lösch durchgehend an Foucault, der in „die Ordnung der Dinge" die Entstehung der Humanwissenschaften dahingehend problematisiert, daß die „Idee des Menschen" in Ablösung der „Idee Gottes" von ihrer „Geburt" an auf ihr Gegenteil verwiesen ist - auf die Endlichkeit des Menschen. Sie ist die Grenze, der jede Entgrenzung durch Arbeit, Sprache, Leben unter der Bedingung unterliegt, daß der Mensch Ursprung und Gegenstand seines Wissens ist.

Wäre die Endlichkeit dieses Ursprungs der Gegenstand des Erkenntnissubjekts geblieben, dann wäre es nicht, wie Lösch pointiert, zur entscheidenden Umstrukturierung der Denkbewegung des Menschen im Verhältnis zu sich selbst gekommen, deren Ergebnis er selbst als endliches Gattungswesen unter der Voraussetzung einer unendlichen Gattung ist. Diese Unendlichkeit wird zur transzendentalen Bedingung der Möglichkeit seines empirischen Wissens, das die Biologie auf der Ebene des Lebens konstituiert. Die Evolutionstheorie schreibt allen Lebewesen einen Evolutionismus ein, den August Weismanns Entdeckung der „Unsterblichkeit" des Keimplasmas schließlich „beweist". Damit, so Löschs entscheidende These, vollzieht sich die Umkehrung des Raums der Sichtbarkeit in der Biologie, die bereits auf die Entdeckung des genetischen Codes verweist, obwohl sie vorerst die Phase der „klassischen" Genetik einleitet.

Innerhalb der Diskursformationen, die aus der grundlegenden humanwissenschaftlichen Problemstellung von Grenze und Entgrenzung des Menschen resultieren, kommt die Biologie auf der Ebene der Politik ins Spiel, die als „Macht zum Leben" die Bevölkerung über den individuellen Sex erfaßt. In Orientierung an Foucaults Thesen in „Überwachen und Strafen" und „Sexualität und Wahrheit" analysiert Lösch, wie die biologische Kategorie des Sexes zum Gegenstand des medizinischen und psychiatrischen Wissens wird. Dadurch daß er die Eugenik im Schnittpunkt der Disziplinarmacht und der Diskursivierung des Sexes als vorerst hygienisch angewandtes medizinisch-biologisches Wissen situiert, das die Psychiatrie evolutionstheoretisch fundiert, wird deutlich, wie Sexualität und Höherentwicklung der Gattung, bezogen auf die Frage der Degeneration, unter den Aspekten von Normalität und Pathologie eine funktionale Verbindung eingehen: Denn in dem Maß, wie die Degeneration Ende des 19. Jahrhunderts zu einem allgemeinen Verdacht der Entartung eskaliert, demgegenüber sich der Begriff der Rasse profiliert, formieren sich die Strategien und Techniken der Eugenik als Rassenhygiene. An dieser Stelle bringt Lösch die Tragweite des Foucaultschen „Modells der Pest" zur Geltung, das in seinem innersten Umschlagspunkt der Diskursivierung des Sex, die auf eine permanente „Selbstreinigung" zielt, ebenso abrufbar ist, wie im politischen Raum der Sichtbarkeit, in dem es um die „Reinigung" vom Anderen, oder, wie schließlich im Nationalsozialismus, um die „Reinigung" von der „Gegenrasse" geht.

Entscheidend ist nach Lösch die über den äußeren und inneren Blick vermittelte Norm. Weil diese Norm rassenideologisch mythisiert und mystifiziert wird, ist auch der Nationalsozialismus in die Genealogie der untersuchten „humanwissenschaftlichen" Diskursformationen als Extremvariante der modernen Normalisierungsgesellschaft zu intergrieren. Die historische Verlaufsform dieser Normalisierung ist grundsätzlich über das „Modell der Pest" als Präventionsmodell vermittelt, das einen Weg von der Epidemie zur Endemie mit dem Ziel beschreibt, durch ein immer spezifischeres „Wie" des angewandten, eugenischen Wissens auf der Ebene des Lebens da zu intervenieren, wo Sexualitätsdispositiv und Pestmodell ineinandergreifen.

Die beiden Exkurse zur Wissensproduktion im dritten Teil des Buches setzen die Umkehrung des Raums der Sichtbarkeit in Verbindung zum epistemologischen Bruch, der im Umschlag von Biologie und Genetik , oder von Rassenhygiene und Humangenetik zu suchen ist, die ihrerseits mit „alter" und „neuer" Eugenik identisch sind. Beide Exkurse verweisen implizit auf das Verhältnis von Phäno- und Genotyp. Während die rassenhygienische Wissensproduktion noch an den Raum der Sichtbarkeit und damit an den Phänotyp der Rasse gebunden ist, entzieht sich die humangenetische Wissensproduktion diesem „politischen" Raum unter Bezug auf den Genotypus bis hin zur völligen Unsichtbarkeit. Nach Lösch ist damit die Endlichkeit des Menschen in die unbegrenzte Endlichkeit eines „menschlichen" Codes aufgehoben, in dessen Informationsbegriff das Fundamentale und die Positivitäten des Wissens in dem Maß zusammenfallen, wie die genetische Grundlagenforschung vom angewandten Wissen der „prädiktiven Medizin" nicht zu trennen ist. Damit ist die „anthropologische" Struktur endgültig durch die „genetische" Struktur ersetzt. Der eugenische Zugriff von außen ist unter der Bedingung, daß Gattungs- und Individualkörper im „Code" zur Deckung kommen, zum eugenischen Eingriff von innen geworden, der in Zukunft euphänisch wirksam werden wird.

Dieses Buch ist eine große theoretische Skizze, die Foucault bezogen auf die Frage der Eugenik auf eigenständige Weise weiterführt. Die Tragweite und politische Relevanz der Studie verdeutlicht der Epilog zum „menschlichen Genomprojekt". Hier werden vor dem Hintergrund dieser Skizze gesellschaftliche Problemstellungen entwickelt, die sich aus der Umkehrung des Raums der Sichtbarkeit hinsichtlich einer Normalisierung der Eugenik in der „prädiktiven Medizin" ergeben können, wenn der „Traum von der genetischen Prävention" Wirklichkeit wird.

Gerburg Treusch-Dieter

EINSTIEG:
WIE VOM MENSCHEN DIE REDE IST

Im November 1996 verabschiedete das Ministerkomitee des Europarates eine europäische Bioethikkonvention. Dieses zwischenstaatliche Dekret wird als ein „Übereinkommen zum Schutz der Menschenrechte und der Menschenwürde im Hinblick auf die Anwendung der Biologie und Medizin" (Council of Europe 1996) verkündet. Die Bioethikkonvention versteht sich dabei als europäische Orientierungsrichtlinie für eine Homogenisierung von Rechtsvorschriften gegenüber der biomedizinischen Forschung in den Bereichen der Organtransplantation, der Embryonenforschung, der genetischen Diagnostik und der Gentherapie. Miteinbezogen sind damit Reglementierungen von medizinischen Experimenten an Menschen, die letztlich die empirische Voraussetzung für den wissenschaftlichen „Fortschritt" der naturwissenschaftlichen Medizin sind. Dementsprechend garantiert die Konvention die Möglichkeit der Forschung am menschlichen Körper. Zugleich setzt sie jedoch der Forschungsfreiheit Grenzen, indem sie den Schutz von „nicht-einwilligungsfähigen Personen" wie psychisch Kranken, alten Menschen, Kleinkindern und Embryonen vor biomedizinischen Eingriffen in den Körper versichert.

Was das Experiment an diesen potentiellen Rechtspersonen betrifft, die dem medizinischen Versuch an ihrem Körper im politisch-juridischen Sinne nicht zustimmen können, so wird dieses, auch wenn es „nicht das Potential eines direkten Nutzens für den Probanden hat", zumindest in nicht weiter definierten „Ausnahmefällen" erlaubt. (Art. 17) Dabei hätten jedoch die „Risiken für die Versuchspersonen (...) in einem angemessenen Verhältnis zum potentiellen Nutzen der Forschung" zu stehen. (Art. 16) „Sofern Forschung an Embryonen gesetzlich erlaubt ist, ist ein ausreichender Schutz des Embryos sicherzustellen." (Art 18). Während nun die Befürworter der Konvention die Festlegung von dringend notwendigen „ethischen Mindeststandards", die den Patientenschutz sichern, aber dennoch die Forschungsfreiheit nicht mehr als notwendig einengen, ausdrücklich begrüßten, warnten die Kritiker vor einem „ethischen Dammbruch", der einer „kommerziellen Eugenik" zur selektiven „Ausschlachtung" und Verwertung von „unproduktiven" Körpern alle Türen öffne.

Demgegenüber verbot der „Nürnberger-Kodex" von 1947, der nach den Prozessen gegen NS-Ärzte vereinbart wurde, Menschenversuche an „nicht-einwilligungsfähigen" Patienten ausdrücklich. Diese nunmehr historische Konvention zum Patientenschutz, deren Spezifizierung in „Ausnahmefällen" zugunsten des Menschenversuchs angeordnet wird, begründete sich bekanntlich auf die Erfahrungen mit wissenschaftlichen Experimenten an hilflosen und dem Schutz der Ärzte unterstellten Patienten im Nationalsozialismus. Diese Menschenversuche wurden nicht nur von Dr. Mengele und seinen Assistenten in Auschwitz sondern auch von „normalen" Ärzten in psychiatrischen Kliniken durchgeführt. Wie in den Konzentrationslagern endeten die Versuche am Menschen nicht zugunsten seines „Heils" sondern mit dem Tod oder zumindest mit schweren Folgeschäden. Die Menschenexperimente des Nationalsozialismus lassen sich dem „biomedizinischen" Programm der deutschen Eugenikbewegung (Rassenhygiene) zuordnen. Denn in den rassenhygienischen Diskursen erscheinen arme, schwache und kranke Menschen wie rassenideologisch diskriminierte Bevölkerungsgruppen als „genetisch-minderwertige" Elemente der menschlichen Gattung.

Insofern ihre Existenz für die Rassenhygieniker die vorausgesetzte „Degeneration" und „Entartung der Rasse" bezeugte, ihre Fortpflanzung der ideologisch konstatierten Krankheit des „Volkskörpers" Vorschub leistete, galten sie nicht nur als „lebensunwert" sondern als medizinisch-chirurgisch zu entfernende „Krebsgeschwüre" im „Körper" des Volkes. Das strategische Ziel der Eugenik war die genetische „Verbesserung der menschlichen Rasse" (Weingart u.a. 1992, 36), das technische Mittel zur Verwirklichung desselben der Fortpflanzungsausschluß der „Degenerierten" - von den Zwangssterilisationen bis hin zum fabrikmäßig organisierten Massenmord in der „Euthanasie-Aktion" und in den Konzentrationslagern. Das Menschenexperiment an solchermaßen pathologisierten und von vornherein zum Tode verurteilten Menschen erschien aus der rassenhygienischen Perspektive der Eugenik als durchaus legitim; ermöglichten die Menschenversuche doch wissenschaftliche Erkenntnisse der Medizin, Anthropologie, Biologie und Genetik zugunsten eines „Heils der Gattung". Aus „wertlosen" Körpern galt es „wertvolles" Wissen über ihre materielle Konstitution zu gewinnen.

Die Gegenüberstellung der rassenhygienischen Praktiken und der Regelungen zu medizinischen Versuchen an „nicht-einwilligungsfähigen" Patienten in der europäischen Bioethikkonvention legt die Vermutung nahe, daß heute ohne rassenideologische Mystifizierungen etwas strukturell ähnliches legitimiert wird, was fünfzig Jahre zuvor aufgrund der *offensichtlichen* Barbarei des rassenhygienischen Holocaust delegitimiert und strafrechtlich zu verfolgen war. Ehrbare Wissenschaftler und Politiker scheinen für eine neue Eugenisierung der Medizin zu plädieren, die jedoch nicht mehr den Tod des Individuums zugunsten eines „Heils der Gattung" produziert, sondern ausschließlich der Gesundheit des / der Einzelnen förderlich ist. Im Frühjahr 1994, vor dem Bekanntwerden des ersten Entwurfs für eine europäische Bioethikkonvention, hatte folgendes Plädoyer des Arztes und Biochemikers sowie „Bürgerrechtlers" und Präsidentschaftskandidaten Jens Reich für einen kleinen medienpolitischen Skandal gesorgt.

„Während damals Erbkranke ausgemerzt oder nicht zur Fortpflanzung zugelassen wurden, wird die Elimination des Defekts in Zukunft nicht durch den Eingriff in die *Lebensrechte* eines Individuums, sondern mit einem winzigen genchirurgischen Eingriff möglich sein." (Reich 1994; Hervorhebung A.L.)

Reichs Aussage von 1994 läßt sich jedoch nicht als schlichtes Plädoyer für eine Erneuerung der Eugenik durch gentherapeutische Techniken lesen. Im Vergleich zur europäischen Bioethikkonvention wie auch der Entwurfsfassung der 1997 von der UNESCO beschlossenen globalen Konvention, die als „Allgemeine Erklärung zum menschlichen Genom und den Menschenrechten" ursprünglich zum „50. Jahrestag der Allgemeinen Erklärung der Menschenrechte" (Paul 1994) verabschiedet werden sollte, spricht Reich nicht von *Menschenrechten* sondern von *Lebensrechten*. Zudem weist er darauf hin, daß die Beseitigung eines „Defekts" nicht die Ebene eines individuellen Rechts tangieren würde, da der Eingriff sich technisch-chirurgisch direkt an den Genen vollziehe. Somit wäre das Recht zur Fortpflanzung nicht infragegestellt. Daß es sich dabei um eine neue eugenische Praxis handeln kann, wird von ihm lediglich durch die Abgrenzung der molekularen Genetik von der rassenhygienischen Praxis verneint.

Geht man davon aus, daß in der Moderne das Gesetz ein nachträgliches Zeremoniell ist, um eine vorgängige wissenschaftliche und technische Innovation zu legitimieren, so scheint der politisch-juridische Diskurs um die bioethischen Konventionen darum bemüht, eine neue medizinische Technik einem rechtlichem Rahmen zuzuführen, wozu er sich auf den „Schutz der Menschenwürde" beruft. Angesichts der gen- und reproduktionstechnologischen Praktiken, die sich zunehmend an der genetischen Struktur des 'Lebens' im biologischen Sinne vollziehen, erscheint der verfassungsrechtliche Ruf nach der Einhaltung der Menschenrechte als äußerst paradox. Er geht ideell wie materiell in die *Leere*. Auf der Ebene der Bewertung molekulargenetischer Eingriffe ist der fachspezifische und pragmatische Einwand des biomedizinischen Experten entscheidend und alles an legitimierter Kritik - wie es scheint. Wenn sich auf dieser technischen Ebene eine neue eugenische Praxis der Selektion von genetisch- „wertvollem" und „minderwertigem" Leben installiert, so funktioniert diese jenseits von Politik und Gesetz. Insofern die neue Eugenik tatsächlich der reine „genchirurgische Eingriff" ist, der die individuelle Lebensgestaltung und eine „selbstbestimmte" sexuelle Fortpflanzung des Menschen nicht beschränkt, tangiert diese Eugenik den politischen Raum der Menschenrechte nicht mehr.

Die humanistische „Idee des Menschen" (SubWis 26), die als ideelle Fortschreibung des aufklärerischen Subjekts den Menschenrechten zugrundeliegt und auf die sich der politisch-juridische Diskurs bis heute beruft, war nach Michel Foucault nie mehr als ein Mythos wie vor ihr die „Idee Gottes". In der Moderne ist die „Idee des Menschen" immer mit einem Wissen verbunden, das eine spezifische Form der Un-

3

terwerfung, Kontrolle und Nutzbarmachung der Körper ermöglicht hat. Das Wissen der Humanwissenschaften, so gerade der modernen Medizin als „ursprünglichste" Erkenntnisform des menschlichen Körpers, hat immer auch dazu beigetragen, die charakteristischen Macht- und Herrschaftsverhältnisse der modernen Gesellschaft zu etablieren. Zur Durchsetzung staatlich-medizinischer Zugriffe auf die Körper und auf die Lebensprozesse der ganzen Bevölkerung hat man sich nicht selten auf das „Wohl der Menschheit" berufen. Es besteht jedoch der Verdacht, daß der 'Mensch' oder eine 'Menschlichkeit' nie das Kriterium dieser staatlich-medizinischen Zugriffe waren. Die moderne Bevölkerungspolitik konnte sich wohl erst dadurch als Gesundheits- und Sozialpolitik - bzw. als „Biopolitik" (Foucault) - formieren, als die Eugenik mit dem Aufkommen des biologischen Evolutionismus und den Anfängen der Genetik im ausgehenden neunzehnten Jahrhundert die Schwelle von einer „Idee" zur „angewandten Wissenschaft" (Weingart 1985) überschritten hat.

Heute berufen sich Arzt wie Patient auf die Gesundheit des Individuums und auf Lebensrechte eines / einer jeden, wenn es darum geht gen- und reproduktionstechnologische Eingriffe in den Körper zu legitimieren. Irritiert scheint nur der politisch-juridische Diskurs über eine neue technische Vorgängigkeit der Lebensproduktion und -reproduktion zu sein, die sich seiner Kontrolle zunehmend entzieht. Daß es sich dabei auch um neue eugenische Praktiken als Tatsachen oder nur als problematische Optionen handeln kann, wird seitens der Wissenschaft kaum bestritten. Wieder läßt sich Jens Reich zitieren:

> „Negative Eugenik und Rassenhygiene taten dem Einzelnen im angeblichen Interesse der Gemeinschaft Gewalt an. Die gegenwärtige Konfliktlage ist genau umgekehrt. Heutzutage muß sich gegen den Widerstand der betroffenen Individuen durchsetzen, wer 'private' Eugenik beschränken will (und nicht wie damals, wer sie durchsetzen will). Daß sozialer Druck (z.B. die Behandlungskosten bei schwerer Behinderung) eine Schwangere zwingt, ein solches Kind abzutreiben, das sie eigentlich gern austragen würde - dieser Konflikt gehört in der Praxis eher zu den (in der politischen Diskussion freilich mythisch überhöhten) Ausnahmefällen. In der Regel geschieht selektive Abtreibung bei bevorstehender Schädigung des Neugeborenen auf Wunsch der Betroffenen, die die Last nicht tragen wollen oder können. Allerdings setzt tatsächlich soziale Diskriminierung ein, wenn ein behindertes oder erbkrankes Kind geboren ist, weil die Eltern es wünschten oder weil die Diagnose nicht bekannt war." (Reich 1997, 135)

Geht man in Anschluß an die machtanalytischen Thesen Foucaults davon aus, daß die zentrale Politikform der modernen Gesellschaft eine möglichst kostengünstige biopolitische Verwaltung der Bevölkerung ist, so erscheint die Option einer politisch-juridischen Begrenzung dieser „privaten Eugenik" als fragwürdig. Für eine funktionale Biopolitik wäre es schließlich gerade am effizientesten, wenn die Bürger die eugenische Selektion „freiwillig" selbst(re)produzierten, auch wenn sich die Kontrolle des Lebens dann der staatlichen, zugunsten einer Überwachung durch

4

biomedizinische Experten entziehen würde. Die entscheidende Frage dieses Buches ist jedoch weniger die nach dem Kontrollverlust des Staates. Im Zentrum der Analysen steht die Frage nach den Möglichkeitsbedingungen einer *Normalisierung* der Eugenik. Dazu gilt es grundlegend zu fragen, wie denn die Eugenik zu einer fundamentalen Strategie und Technik einer „Macht zum Leben" (Foucault) werden konnte. Wie ist die Eugenik in der modernen Gesellschaft zum Urteilskriterium über ein Recht zum Leben geworden? Wie konnte sich die Eugenik, die sich in ihrer Entstehung als rassenhygienische Zwangsmaßnahme formiert hat, zu einer „freiwilligen" Praktik normalisieren, die nur da problematisiert wird, wo die Option der „freiwilligen" Entscheidung des Individuums aufgrund von „Nicht-Einwilligungsfähigkeit" entfällt? Zeichnen sich trotz der scheinbar befreienden Wirkungen der Gen- und Reproduktionstechnologien neue Unterwerfungsverhältnisse ab? Und wie sind diese strukturiert?

Ist die „freiwillige" und „selbstbestimmte" Einwilligung zum genetischen Eingriff nicht auch als Instrument und Effekt einer Modifikation eines Komplexes von Machtverhältnissen und Wissensproduktionen zu verstehen, die Zwänge zur Bereitstellung von biologisch-genetischem Material gegenüber einem medizinisch-industriellen Komplex im Verborgenen hält? Die Unsichtbarkeit der Macht könnte sich gerade über das Überflüssigwerden biopolitischer Reglementierungen der Lebensprozesse der Bevölkerung begründen, insofern sich diese als biotechnologische Regulierung der Gene dem politischen Raum der Sichtbarkeit entzieht. Wie haben sich die Mechanismen zur Produktion und Reproduktion des Lebens seit dem Beginn der Moderne (dem Übergang vom achtzehnten zum neunzehnten Jahrhundert) gewandelt, so daß heute die Praxis der Eugenik, statt sich in der offensichtlichen Brutalität der rassenhygienischen „Ausmerze" zu zeigen, in die unsichtbare Laborpraxis gen- und reproduktionstechnologischer Umgestaltungen des Lebens abtauchen konnte?

Eine der strukturierenden Grundannahmen dieses Buches ist die, daß der entscheidende epochale Einschnitt, der diese Transformation der Eugenik ermöglicht, in einer Verkehrung des biopolitisch legitimierten *Zugriffs* auf die Körper der Menschen (als Individuum oder als Gattung) in den biotechnologischen *Eingriff* in ein 'Leben' - bzw. in den „Genpool" - zu suchen ist. Zudem wird vermutet, daß sich die Eugenik - ob als Rassenhygiene oder als Humangenetik - in erster Linie aus den normalen Machtverhältnissen der modernen Gesellschaft wie den Wissensstrukturen der Humanwissenschaften erklären läßt. Die Herkunft, Entstehung und Normalisierung der Eugenik wird vor dem theoretischen Horizont vom „Tod des Menschen" und einer mit ihm korrespondierenden „Macht zum Leben" untersucht. Dazu sind die epistemologischen und die machtanalytischen Schriften Foucaults aufeinander zu beziehen. Bei beiden sind Erklärungsansätze für eine Untersuchung der Eugenik vorhanden, die sich sowohl auf die rassenhygienische Bevölkerungspolitik des Nationalsozialismus wie auf die gendiagnostischen und gentherapeutischen Praktiken der angewandten Humangenetik heute spezifizieren lassen.

Im *ersten Teil* des Buches, den man mit Foucault als „archäologische Dimension der Analyse" (GL 19) bezeichnen kann, werden auf der Ebene der *Episteme* die Grundstrukturen der den humanwissenschaftlichen Diskursen inhärenten Problematisierungen herausgearbeitet.[1] Ausgangspunkt ist dabei das von Foucault in „Die Ordnung der Dinge" (1974) konkretisierte erkenntnistheoretische Grundproblem und Paradox aller Humanwissenschaften, daß sie in ihrem Bestreben die Existenz des Menschen im Empirischen nachzuweisen, ihren eigenen Forschungsgegenstand auflösen. Denn die Endlichkeit des Menschen als erkennendes Subjekt stellt die endgültige humanwissenschaftliche Erkenntnis ihres Forschungsobjektes 'Mensch' permanent infrage; bis schließlich im Fortschreiten dieser Infragestellungen der Mensch als konstituierendes Forschungsobjekt der Humanwissenschaften zugunsten eines „genetischen Codes" aufgegeben wird. Der von Foucault prognostizierte „Tod des Menschen" scheint durch eine grundlegende Umkehrung in der Wissensordnung der empirischen Wissenschaften vom Leben ermöglicht zu werden, von denen die Humanwissenschaften ihre konstituierenden Wissensmodelle zur Fundierung ihrer Erkenntnis des Menschen übernehmen.

Um diese Umkehrung zu rekonstruieren, werden die entscheidenden Transformationen des Wissens vom Leben in der Moderne nachgezeichnet: Mit der Biologie der *Moderne*, die an die Stelle der Naturgeschichte der *Klassik* tritt, eröffnet sich ein neuer Raum des Wissens, in dem das 'Leben' als letztreferentielle und stoffliche Organisation der sichtbaren Phänomene erscheinen kann.[2] Diesem Leben versichert die darwinistische Evolutionstheorie eine Unendlichkeit, die als generationenübergreifendes Leben seit der „Keimplasmatheorie" August Weismanns in einen genetischen Vererbungsmechanismus eingeschrieben ist. Umweltbedingte Erwerbungen von außen sind somit ausgeschlossen. Mit Weismanns Theorie, die epistemologisch die „klassische" Genetik begründet, wird eine neue Perspektive der Biologie festgelegt, die schließlich die Entdeckung des genetischen Codes ermöglicht und zur Ersetzung der Evolutionstheorie durch das informationstheoretische Modell der Mole-

---

1   Unter *Episteme* ist die Gesamtheit der Beziehungen zu verstehen, die bestimmte strukturelle Figuren des Wissens ermöglichen, „die man in einer gegebenen Zeit innerhalb der Wissenschaften entdecken kann." (AW 273) Die Episteme ist jedoch der Wissenschaft selbst nicht bewußt; sie ist eine Ordnungskonfiguration des Wissens, die sich aus der „Analyse diskursiver Regelmäßigkeiten" (ebd.) konstruieren läßt.

2   In Anschluß an Foucaults *Periodisierung* in „Die Ordnung der Dinge" ist mit „Klassik" der Zeitraum von der Mitte des siebzehnten bis zum Ende des achtzehnten Jahrhunderts gemeint, während der Beginn des neunzehnten Jahrhunderts den Umbruch zur „Moderne" bezeichnet. Diese Periodisierung wird von mir um die „Postmoderne" als Zeitraum ab der Mitte des zwanzigsten Jahrhunderts ergänzt.

kulargenetik führt. Diese Ersetzung gründet sich auf eine Verkehrung des Raums der Sichtbarkeit und der Wege der Erkenntnis im wissenschaftlichen Diskurs. Die unendlichen Phänomene des Leben scheinen an den endlichen Basenkombinationen des genetischen Codes, gewissermaßen von innen her lesbar zu werden.

Vor dem Hintergrund der Transformationsstufen des Wissens vom Leben zeigt es sich, wie die Modelle der Biologie und der Genetik die humanwissenschaftlichen Erforschungen des Menschen gerade in der Medizin fundieren. Infolge des Wandels des Wissens vom Leben wird auf der Ebene der Episteme die anthropologische Grundstruktur des Menschen durch eine genetische Grundstruktur ersetzt, wodurch der Mensch sich nur noch über die Länge seiner DNS und die Anordnung der DNS-Basenpaare von allen anderen Lebewesen unterscheidet. Damit kann sich das Feld des Wissens vom Menschen mit dem molekulargenetischen Wissen vom Leben vereinheitlichen. Während die anthropologische Grundstruktur die Ordnung der Diskurse der Rassenhygiene vorgab, legt die genetische Grundstruktur den Rahmen des humangenetischen Wissens fest.

In dem *zweiten Teil* des Buches werden grundlegende Theoreme aus Foucaults Machtanalytik referiert und hinsichtlich der Fragestellungen des Buches spezifiziert. Die Überlegungen zum „machttheoretischen Kontext" der Untersuchung beziehen sich vor allem auf „Überwachen und Strafen" (1977) und den abschließenden Essay „Recht über den Tod und Macht zum Leben" in „Der Wille zum Wissen" (1983). Am Übergang vom klassischen Zeitalter zur Moderne beginnt eine zunehmende Verschiebung der Zugriffe der Macht von der Repression und Ausbeutung der Körper hin zur deren Produktivitätssteigerung und der Selbst(re)produktion der Unterwerfung durch das Individuum. Der 'Mensch' der Humanwissenschaften erscheint nun als das Produkt eines Geflechts von politischen, wissenschaftlichen und technologischen Praktiken, die nicht nur die Wissensbildung über ihn sondern auch die Reproduktion von Machtverhältnissen sichern. Als entscheidendes *Modell* der Normalisierung einer spezifischen Machtkonstellation in der Moderne wird das von Foucault beschriebene „Modell der Pest" referiert.[3] Insofern sich dieses von der Abwehr einer Epidemie zu einer Selbstreinigung der Subjekte von inneren, endemischen Normabweichungen transformiert, kann es als eines der grundlegenden Modelle zur Erklärung der Funktionsweise der Eugenik und ihrer Normalisierung nutzbar gemacht werden.

Im ersten Exkurs zur Wissensproduktion über den Menschen wird die Funktion der Selbstunterwerfungen der Individuen unter die Macht verdeutlicht, die in einer spezifischen Kombination von Prüfungsmechanismen und Geständnistechniken erst die Wissensbildung der Humanwissenschaften ermöglichen. Hier zeigt sich, daß die

---

3   Unter *Modell* ist nicht nur ein theoretisches Konstrukt der Analyse zu verstehen sondern ebenso ein Faktum mit realer Wirkung. Vgl. ÜS 249

Sichtbarkeit des anthropologischen Wissens einem Zwang zur subjektivierenden Selbstdarstellung des der Macht unterworfenen Objekts entspricht. Die „mikrophysikalischen" Mechanismen der Disziplinarmacht und ihrer Dressurtechniken an den Körpern sind in der Moderne funktionale Elemente von globalen Machtstrategien einer Biopolitik. Die zentrale Institution zur Versicherung der Normalisierung der bevölkerungspolitischen Strategien ist dabei das Sexualitätsdispositiv. Dieses *Dispositiv* ermöglicht durch individuelle Selbstdisziplinierungen des Sexes zugleich eine biopolitische Regulierung der Fortpflanzung der Bevölkerung (bzw. des generationenübergreifenden Lebens der Gattung).[4]

Der *dritte Teil* des Buches ist als „genealogische Dimension" (GL 19) der Untersuchung zu bezeichnen. In einer Genealogie der Eugenik werden die historische Formierung und Normalisierung der eugenischen Diskurse und Praktiken ausgehend von den Problematisierungen, die die epistemologische Ordnung des Wissens vorgibt, und im Kontext der Modifizierung der Strategien und Techniken Macht, analysiert. Dazu sind die machtanalytischen Theoreme auf die Diskurse der alten wie der neuen Eugenik bzw. der Rassenhygiene wie der Humangenetik zu beziehen. Strategischer Einsatzort der Eugenik ist dabei die Modifikation des Sexualitätsdispositivs. Die Verkopplung von individuellem Sex und der generationenübergreifenden Kontinuität des Lebens wird aus der Perspektive einer Entkopplung von Sexualität und Fortpflanzung in den eugenischen Diskursen wieder aufgegriffen. Die alte Eugenik formiert sich gerade über eine Pathologisierung der Fortpflanzungsfunktion des Menschen zu einer biopolitischen Praxis. Die Rassenhygiene legitimiert ihre Zugriffe auf die Körper, indem sie das Pestmodell rassenideologisch im Sinne einer endemischen Reinigung des „Volkskörpers" von „degenerierten" Elementen installiert. Der zweite Exkurs zur Wissensproduktion zeigt hier, wie sich die Idee der „Degeneration der Art" im nationalsozialistischen Vernichtungsprogramm von der „Euthanasie" bis Auschwitz reproduziert. Der materielle Tod des Menschen verweist auf die Ersetzung der anthropologischen Wissensstruktur.

Die Eugenik normalisiert sich biotechnologisch. Von der sexuellen Fortpflanzung zunehmend abgekoppelt, schreiten die eugenischen Selektionen der angewandten Humangenetik weitgehend als technologische Reinigung von immer spezifischeren „genetischen Defekten" zu einer Euphänik als gentechnische Modellierung des Lebens von innen voran. Der hier eingeschaltete dritte Exkurs zur Wissensproduktion zeigt jedoch, daß trotz des Verschwindens des Menschen aus dem empirischen

---

4   Unter einem *Dispositiv* ist eine strategische Vorrichtung zu verstehen. Es ist immer „in ein Spiel der Macht eingeschrieben", aber zugleich an die "Grenzen des Wissens gebunden". Das Dispositiv sind „Strategien von Kräfteverhältnissen, die Typen von Wissen stützen und die von diesen gestützt werden." (DM 123) Das Dispositiv ist diskursiv und nicht-diskursiv zugleich. Vgl. auch Deleuze 1991

Raum der Sichtbarkeit der Wissenserwerb der Humangenetik nicht von neuen Zugriffen der Macht auf die Körper zu trennen ist. In der genetischen Beratung der prädiktiven Medizin, für welche als Modell die Schwangerschaftsberatung heranzuziehen ist, reproduziert sich ein Unterwerfungsverhältnis, das vom Wissen über das Leben der Gene abgekoppelt ist und dennoch auf eine Kontrolle der Körper, die als Umweltrisiken der Gene fungieren, nicht verzichten kann. Rückblickend ist die Wendung der Eugenik zur Euphänik auf die historischen Transformationen des Sexualitätsdispositivs zu beziehen. Aus ihm heraus formiert sich das biotechnologische Macht-/Wissensdispositiv der Postmoderne.

Der *Ausblick* zum „menschlichen Genomprojekt" weist vor dem theoretischen Hintergrund des Buches auf die Perspektive einer zukünftigen Studie hin, die der Frage der Normalisierung der neuen Eugenik und der ihr spezifischen Unterwerfungen in einer Analyse der Diskurse zur Humangenomforschung nachgehen wird. Im Kontext der Forschungspolitik des Bundesforschungsministeriums und der Forschungsprogramme der europäischen Gemeinschaft stellt sich die Frage nach der Funktion des Politischen erneut - angesichts einer biotechnologischen Praxis, die die Vorwegnahme biopolitischer Verwaltungsmaßnahmen verspricht.

Die Schriften Michel Foucaults waren für die Erstellung dieser Studie nicht nur methodisch, sondern auch inhaltlich wegweisend. Vergleichbares hat auch für Gerburg Treusch-Dieters Reflexionen über die Gen- und Reproduktionstechnologien zu gelten. An gegebener Stelle wird das aus den Schriften Foucaults extrahierte und auf meine Fragestellung zugeschnittene theoretische Gerüst zudem durch Fragmente von Jean Baudrillard und Gilles Deleuze, sowie Francois Ewalds Analyse des Vorsorgestaates ergänzt. Für die Untersuchung von angewandten Wissenschaften wie der Eugenik bietet sich Foucaults Diskursanalyse geradezu an, da sein *Diskursbegriff* die gleichzeitige Analyse der Machtverhältnisse nahelegt.[5] Das historische Feld dieser Untersuchung berührt die Wissenschaftsgeschichte der Medizin, physischen Anthropologie, Biologie und Genetik vom Beginn des neunzehnten Jahrhunderts bis heute. Als Quellen dieser Studie dient primär bereits systematisiertes und aufbereitetes Material von Wissenschaftshistorikern und Biowissenschaftlern. Zur Erklärung medizinischer und biowissenschaftlicher Fachtermini ist dem Buch ein Glossar beigefügt.

---

5 Als *Diskurs* bezeichne ich in Anlehnung an Foucault eine materielle wie immaterielle Institution, die die Regeln des Sprechens und Thematisierens bestimmter Inhalte vorgibt. Was nicht nach den Regeln des jeweiligen Diskurses spricht, erscheint als unverständliches „Rauschen". Von daher gibt der Diskurs eine Anpassung des Sprechers vor und ist eine Institution der Macht. Der Diskurs definiert die Wirklichkeit. Zum Diskursbegriff Foucaults vgl. ODis

Es handelt sich bei dieser Studie also nicht um eine wissenschaftsgeschichtliche Abhandlung sondern um den Entwurf einer theoretischen Skizze, die für vielfältige Analysen bevölkerungspolitischer Praktiken, der Gen- und Reproduktionstechnologien und die wissensoziologische Kritik bio- und humanwissenschaftlicher Gewißheiten fruchtbar gemacht werden kann. Auch wenn sich diese Untersuchung auf die Diskursgeschichte der Eugenik zentriert, so ist diese Geschichte mehr als das; sie referiert die grundlegenden Modelle einer umfangreicheren Umstrukturierung der Macht- und Wissensverhältnisse an den Umbrüchen zur Moderne und zur Postmoderne, die sich im Namen des 'Menschen' oder des 'Lebens' um die Körper eines / einer jeden anordnen können.

I. DIE ORDNUNG DES WISSENS: VON DER ANTHROPOLOGISCHEN ZUR GENETISCHEN GRUNDSTRUKTUR

Das humanwissenschaftliche Problem: Der Mensch in seiner Endlichkeit

Seit der Entschlüsselung des genetischen Codes, die in den 70ern die Ära der Gen-
und Reproduktionstechnologien eingeleitet hat, gilt der Mensch zumindest für die
Biologie als auf seine ursprüngliche Identität festgelegt. Bereits 1962, ein knappes
Jahrzehnt nach der Entdeckung der Doppelhelix als grundlegenden „Mechanismus"
der Vererbung durch James D. Watson und Francis Crick, trafen sich die Koryphäen
der Biologie, Genetik und Medizin auf Einladung der CIBA-Foundation in London,
um sich vorab über die „Zukunft des Menschen" zu verständigen, dessen gentechnische Umgestaltung sich am Horizont des biowissenschaftlichen Wissens abzeich-
nete. Die Aufgabe der (Re)Definition des Verhandlungsgegenstandes 'Mensch'
übernahm der Molekulargenetiker und Nobelpreisträger für Medizin und Physiologie Joshua Lederberg:

> „Jetzt können wir den Menschen definieren. Genotypisch besteht er (...) aus einer
> 180 Zentimeter langen bestimmten molekularen Folge von Kohlenstoff-, Wasser-
> stoff-, Sauerstoff-, Stickstoff- und Phosphoratomen - das ist die Länge der DNS, die
> im Kern des Ursprungseis und im Kern jeder reifen Zelle zu einer dichten Spirale
> gedreht ist, die fünf Milliarden gepaarte Nukleotide lang ist." (Jungk/Mundt (HG)
> 1988, 292)

Spiegelt sich in dieser molekulargenetischen Definition des Menschen über die
Länge seiner DNS, die nicht nur von den anwesenden Biowissenschaftlern sondern
auch von den Medizinern akzeptiert wurde, ein Grundkonsens im Wissen vom Menschen wieder, der heute die Biologie mit den Humanwissenschaften vereint? Festzuhalten ist, daß auf diesem Symposium im Jahre 1962 seitens der damals noch jungen
wissenschaftlichen Disziplin der Molekulargenetik eine fundamentale *Identität* in der
Ordnung des humanwissenschaftlichen und des biologischen Wissens ausgesprochen
wurde. Die Verkündung Lederbergs kann jedoch kaum bedeuten, daß die Humanwissenschaften mit Hilfe der Molekulargenetik nun nach über einem Jahrhundert
fortschreitender Erforschung des Menschen eine positive Begründung der huma-
nistischen „Idee des Menschen" (SubWis 26) gefunden haben. Vielmehr verweist sie

auf die Auflösung des Forschungsgegenstandes, der die epistemologische Ordnung der Humanwissenschaften begründet hat.

Denn Wissenskonsens ist nun, daß auf der Ebene der Gleichheit, die der genetische Code vorgibt, die Differenz zwischen „Mensch und Mikrobe" (Treusch-Dieter 1990, 240), zwischen dem Menschen und allen anderen Organismen aufgehoben ist. In Anschluß an die Thesen Foucaults ist davon auszugehen, daß sich die Humanwissenschaften insofern von den Naturwissenschaften unterscheiden, als sie sich über eine erkenntnistheoretische Figur des Menschen konstituieren. Ihr wissenschaftliches Programm besteht jedoch darin, diese Figur nachträglich empirisch und exakt zu begründen. Wenn die Humanwissenschaften heute die molekulargenetische Definition des Menschen akzeptieren, so stellt sich die Frage, was ein über die DNS codiertes menschliches ‘Leben’ mit diesem Menschen als gleichzeitiges Subjekt seiner Erkenntnis und Objekt seines Wissens gemeinsam haben soll. Schließlich scheint dieser ‘Mensch’ Ende des achtzehnten Jahrhunderts die Humanwissenschaften als „anthropologisches Pendant" zur aufklärerischen „Theorie des Subjekts" (Treusch-Dieter 1988, 494) ins „Leben" gerufen zu haben.[1] Was also war der Forschungsgegenstand der Humanwissenschaften, von dem sie ihre Existenzberechtigung als wissenschaftliche Disziplinen ableiten konnten? Und - wo ist er geblieben? Foucault hat einmal gesagt:

> „Ich glaube, die Humanwissenschaften führen uns überhaupt nicht zur Entdeckung des ‘Menschlichen’, der Wahrheit des Menschen, seiner Natur, seiner Entstehung, seiner Bestimmung. Dasjenige, mit dem sie sich beschäftigen, ist etwas vom Menschen Verschiedenes, das sind Systeme, Strukturen, Kombinationen, Formen usw. Wenn wir uns daher ernsthaft mit den Humanwissenschaften auseinandersetzen wollen, müssen wir uns vor allem der Illusion entledigen, es gelte den Menschen zu suchen." (SubWis 22 f)

Folgt man Foucaults „Archäologie der Humanwissenschaften" in „Die Ordnung der Dinge" (1974), so zeigt es sich, daß der „Tod des Menschen", der infolge der Übernahme des molekulargenetischen Modells des genetischen Codes in der Ordnung des Wissens eingetreten ist, bereits bei der „Geburt" der erkenntnistheoretischen Figur des Menschen an der epistemologischen Schwelle zur Moderne im Denken der Humanwissenschaften selbst angelegt war. Die „Geburt" und der „Tod" der Wissenskonstruktion ‘Mensch’ scheinen mit dem Wandel empirischer Wissensbereiche einherzugehen, die den Naturwissenschaften nahe stehen. Aus den empirischen Feldern des Wissens ist zum Beispiel die Molekulargenetik hervorgegangen. Die Voraussetzung für die Entstehung des Menschen der Humanwissenschaften war

---

1 Zur Aushandlung ihres Forschungsgegenstandes ‘Mensch’ durch humanwissenschaftliche Interessensverbände wie der „Société des Observateurs de l’homme" im achtzehnten Jahrhundert vgl. Moravia 1989, 64 ff

nach Foucault eine umfassende Neuorganisation der Möglichkeitsbedingungen des empirischen Wissens vom 'Leben', der 'Arbeit' und der 'Sprache', die sich im Übergang zum neunzehnten Jahrhundert vollzogen hat.

Das für die „Geburt" des Menschen entscheidende Ereignis war das Verschwinden der „klassischen" Neutralität der Sprache und ihre Zerstreuung durch die aufkommenden Fragen der modernen Sprachwissenschaft. So führt die Philologie das Wort auf ihm eigene Determinanten zurück, auf die Zugehörigkeit der Wörter zu einer spezifischen grammatischen Ordnung, den „inneren Bau" (OD 348) der Sprache. Die unsichtbare Quelle der Sprache wird von den Sprachwissenschaftlern beim „aktiven Subjekt" (OD 353) verortet und verweist letztlich auf dunkle Ursprünge wie das „Volk" oder die „Rasse". Insofern sich mit den epistemologischen Umwälzungen von der Klassik zur Moderne die zu erforschenden Objekte des Wissens, zu denen neben den Lebewesen und den ökonomischen Gütern nun auch die Sprache zu zählen ist, auf „ihre eigene Essenz" (OD 295) zurückziehen, „definieren sie einen inneren Raum", der für die „Repräsentation außerhalb liegt." (ebd.) An die Stelle der Sprache als einheitlichem Diskurs, welcher in der Klassik als Medium der Repräsentation unhinterfragt Wissensbildung und Erkenntnis gestattete, tritt die erkenntnistheoretische Figur des Menschen. Die nunmehr von der Wissenschaft problematisierte Sprache hat, in dieser nicht mehr von Gott gegebenen Welt, den Status der unhinterfragten Möglichkeitsbedingung der Erkenntnis verloren.

In diesem Sinne gab es den Menschen wie die Humanwissenschaften vor dem Ende des achtzehnten Jahrhunderts nicht. Der Mensch „existierte ebensowenig wie die Kraft des Lebens, die Fruchtbarkeit der Arbeit oder die historische Mächtigkeit der Sprache." (OD 373) Zweifellos sprachen bereits die Naturforscher der Klassik vom Menschen als Art und Gattung, was im klassischen Wissen vom Menschen jedoch ausgeschlossen blieb und was für die Humanwissenschaften der Moderne bezeichnend ist, war ein „erkenntnistheoretisches Bewußtsein vom Menschen als solchem." (ebd.). Foucault zufolge waren in der klassischen Episteme „Natur" und die spezifisch „menschliche Natur" lediglich zwei funktionale Glieder in der Ordnung der Dinge, deren Spezifität die Wörter repräsentierten.

> „An dem Punkt des Zusammentreffens der Repräsentation und des Seins (...), dort, wo sich Natur und menschliche Natur überkreuzen - an jener Stelle, an der wir heute die ursprüngliche, unabweisbare und rätselhafte Existenz des Menschen zu erkennen glauben -, läßt das klassische Denken die Macht des Diskurses auftauchen. Das heißt: der Sprache, insofern sie repräsentiert - die Sprache, die die Dinge benennt, zerschneidet, verknüpft und entknüpft, indem sie sie in der Transparenz der Wörter sichtbar macht. (...) Die Möglichkeit die Dinge und ihre Ordnung zu erkennen, läuft in der klassischen Erfahrung durch die Souveränität der Wörter." (OD 375 f)

Der Riß, der dagegen im Denken der Moderne die menschliche Erkenntnis und das Wissen über den Menschen vom „natürlichen" Sein der Dinge trennt, ist von Beginn an in die erkenntnistheoretische Figur des Menschen und in alle Denkwege der Humanwissenschaften eingeschrieben. Die Humanwissenschaften sind jedoch darum bemüht, diesen Riß zu kitten, da er ihre Erkenntnis des Menschen vom Sein des zu erkennenden Menschen trennt. Mit den Humanwissenschaften entsteht eine philosophische Reflexion über den Menschen, die sich in ihrem Bemühen den Menschen zu denken, unaufhörlich im Kreise dreht. Deutlich wird dieses Grundproblem der Humanwissenschaften, wenn man sich den philosophischen Reflexionen über den Menschen zum Zeitpunkt seiner epistemologischen „Geburt" zuwendet. Hier steht die Philosophie des Menschen noch im „Licht" der Kantschen Kritik, bevor sie im Verlauf des neunzehnten Jahrhunderts in das undurchsichtige „Dunkel eines anthropologischen Schlafs" (OD 410) versinkt.

In der „Kritik der reinen Vernunft" (1781) befragt Kant die Repräsentation nicht mehr nach ihrer „unbegrenzten Bewegung, (...) sondern ausgehend von ihren Dejure-Grenzen" (OD 299). Sie sucht einerseits danach, von wo aus eine Repräsentation im besonderen möglich wird, andererseits jedoch nach den „Bedingungen unter denen jede Repräsentation der Welt im allgemeinen existieren kann." (OD 298).

> „Wenn aber gleich alle unsere Erkenntnis mit der Erfahrung anhebt, so entspringt sie darum doch nicht eben alle aus der Erfahrung. (...) Es ist also wenigstens eine der näheren Untersuchung noch benötigte und nicht auf den ersten Anschein sogleich abzufertigende Frage: ob es ein dergleichen von der Erfahrung und selbst von allen Eindrücken der Sinne unabhängiges Erkenntnis gebe. Man nennt solche Erkenntnisse a priori, und unterscheidet sie von den empirischen, die ihre Quellen a posteriori, nämlich in der Erfahrung, haben." (Kant 1968, 45)

Kants Infragestellung der sinnlichen Erfahrung als ausreichender Quelle der Erkenntnis verweist darauf, daß seit dem Ende des achtzehnten Jahrhunderts für die sich zu dieser Zeit formierende klinische Medizin „Sehen" nicht mehr mit dem „Erkennen" einer Krankheit gleichgesetzt werden kann.[2] Für den diagnostischen Blick der modernen Medizin ist es entscheidend, „daß man der Erfahrung (als sinnliche Wahrnehmung; A.L.) ihre größte körperliche Undurchsichtigkeit läßt." Somit bekommt gerade „das Feste, das Dunkle, das Dichte der in sich verschlossenen Dinge (...) Wahrheitskräfte, die nicht dem Licht entliehen sind" (GK 11).

Für die philosophische Reflexion über den Menschen, gilt der Mensch zum einen als Quelle jeglicher Erkenntnis und Schöpfer der Dinge. Zum anderen wird er jedoch vollständig durch die *unsichtbaren* Kräfte der 'Arbeit' (die politisch-ökonomischen Verhältnisse in der Gesellschaft), des 'Lebens' (sein Körper und die Umwelt) und der 'Sprache' (seine Muttersprache, in die er hineingeboren wird) determiniert, wel-

---

2   Die Archäologie der Erkenntnis der modernen Medizin wird von Foucault in „Die Geburt der Klinik" (1988) als epistemologische Grundstruktur der Philosophie des Menschen analysiert. Vgl. GK 206 ff

che sich mit der Infragestellung der empirisch-sinnlichen Erfahrung seiner Erkenntnis permanent entziehen. Der Mensch tritt somit als ein „unterworfener Souverän" (OD 377) an die Stelle der klassischen Souveränität der Sprache, da er als grenzenloser Souverän der Erkenntnis in seiner Erkenntnis paradoxerweise immer den faktischen Grenzen seiner eigenen Endlichkeit unterworfen bleibt. In seinen Praktiken soll er jedoch einen sicheren Grund für seine Unterwerfungen finden. Mit diesem Erkenntnisauftrag ist der Mensch für das Denken gleichzeitig das Subjekt unter all' den Objekten, ein zu erkennendes Objekt, wie alle anderen Objekte und schließlich das Subjekt und Objekt seines eigenen Verstehens.

In dieser „Analytik der Endlichkeit" (OD 377) des Menschen werden die Grenzen menschlicher Erkenntnis, welche die 'Arbeit', das 'Leben' und die 'Sprache' vorgeben, zur Möglichkeitsbedingung aller Dinge. Damit sind die faktischen Grenzen des Menschen zur Voraussetzung der Entgrenzung des Wissens über den Menschen geworden. Daß „die Grenzen der Erkenntnis positiv die Möglichkeit zu wissen" (OD 382) begründen, kann als das „historische a priori" jeglichen humanwissenschaftlichen Wissens gelten. „Die moderne Kultur kann den Menschen denken, weil sie das Endliche von ihm selbst ausgehend denkt." (OD 384) In diesem „anthropologischen Zirkel" sind die Positivitäten, die die Erkenntnis begrenzen und das Fundamentale, was die Erkenntnis erst ermöglicht, im Prinzip das Gleiche. Foucault spricht von einem „Denken des Gleichen - wo der Unterschied dasselbe ist, wie die Identität." (OD 381). Die philosophische Reflexion des Menschen konstruiert daraus eine dreifache Identität und zugleich dreifache Differenz positivierbarer Grenzen und die Erkenntnis des Menschen ermöglichender Bedingungen.

> „Von einem Ende der Erfahrung zum anderen erwidert sich die Endlichkeit auf sich
> selbst. Sie ist in der Figur des *Gleichen* die Identität und der Unterschied der Positi-
> vitäten und ihrer Grundlage. (...) In diesem schmalen und immensen durch die Wie-
> derholung des Positiven im Fundamentalen eröffneten Raum wird sich jene ganze
> Analytik der Endlichkeit, die so mit dem Schicksal des modernen Denkens verbun-
> den ist, entfalten. Dort wird man nacheinander das Transzendentale das Empirische,
> das Cogito das Ungedachte, die Wiederkehr des Ursprungs sein Zurückweichen wie-
> derholen sehen." (OD 381)

„Das Empirische und das Transzendentale":

Zum einen reflektiert man den Menschen als eine „empirisch-transzendentale Dublette" (OD 384), da er gleichzeitig ein zu untersuchender Gegenstand unter anderen empirischen Dingen und die transzendentale Bedingung der Möglichkeit aller Erkenntnis ist. Welche Lösungsstrategien die philosophische Reflexion über den Menschen im neunzehnten Jahrhundert auch einschlägt, immer setzen ihre Diskurse, seien es naturalistische oder eher dialektische Diskurse, eine diskursunabhängige Wahrheit voraus, welche über die Wahrnehmung oder die Geschichte des Menschen zugänglich sein soll. Für sich beanspruchen sie den wahren und neutralen Diskurs, der seine Begründung von außen, sei es von einer diskursunabhängigen Natur (so der Positivismus seit Comte) oder einer eschatologischen Wahrheit (so zum Beispiel die Geschichtsphilosophie Hegels und Marx'), herleitet. Tendenziell suchen sie alle nach einer Disziplin mit empirischem Inhalt und gleichzeitiger Transzendentalität, nach einem „konkreten a priori" (Dreyfus/Rabinow 1987, 58), einer Identität von Empirischem und Transzendentalem, worin sich der „Mensch als selbstreproduzierende Quelle von Wahrnehmung, Kultur und Geschichte auffassen" (ebd.) kann.

Dieses Bestreben kann jedoch als vergebliches gelten: Denn solange der anthropologische Diskurs nicht aufgegeben wird, führt diese Problematisierung einer vorausgesetzten Identität und Differenz des in der Erfahrung und vor jeder Erfahrung Gegebenen zu einer unendlichen Oszillation in den Diskursen der Wissenschaften vom Menschen. Die Suche nach den fundamentalen Voraussetzungen der Erkenntnis ruft vielmehr eine Problematisierung des cartesianischen „Cogito" hervor, insofern dieses vom „Ungedachten" beeinflußt wird.

„Das Cogito und das Ungedachte"

Damit erscheint der Mensch von seinem Ungedachten umstellt, das sich seiner Erkenntnis entzieht und zugleich als Quelle seines „Cogito" gilt. Die Erkenntnis des Menschen setzt somit eine Zugänglichkeit und Kontrollierbarkeit des Ungedachten voraus, obwohl dieses als verborgene Möglichkeitsbedingung des Denkens und Handelns nie völlig durch das Wissen erfaßbar sein kann. Entgegen Kants Akzeptanz der Unmöglichkeit völliger Klarheit und der Notwendigkeit des unaufhörlichen Appells an den Menschen zur Selbsterkenntnis, drängen die Humanwissenschaften des neunzehnten Jahrhunderts auf eine endgültige Befreiung des Denkens aus seiner „Entfremdung" durch das Ungedachte; auf die „Versöhnung" des Menschen mit seinem unbewußten „Schatten" (OD 394).[3] „Die Frage lautet nun nicht mehr, wie die Erfahrung der Natur notwendigen Urteilen Raum gibt, sondern wie es kommt, daß der Mensch denkt, was er nicht denkt". (OD 390)

> „Das ganze moderne Denken ist von dem Gesetz durchdrungen, das Ungedachte zu denken, in der Form des *Für sich* die Inhalte des *An sich* zu reflektieren, den Menschen aus der Entfremdung zu befreien (...), indem man ihn mit seinem eigenen Wesen versöhnt, den Horizont zu erklären, der den Erfahrungen ihren Hintergrund der unmittelbaren und entwaffneten Evidenz gibt, den Schleier des Unbewußten zu lüften, sich in seinem Schweigen zu absorbieren oder das Ohr auf sein unbegrenztes Gemurmel zu richten." (OD 394)

---

3   Vgl. den berühmten Aufsatz Kants in der „Berlinischen Monatszeitschrift" von 1784; in: Kant u.a. 1989; ferner Foucaults Diskussion zur Aktualität der Kantschen Kritik; WiA.

Die Suche nach den Möglichkeitsbedingungen des Denkens im Ungedachten ruft konsequenterweise die Problematisierung des Ursprungs des Menschen hervor, der als Möglichkeitsbedingung des Menschen jenseits des endlichen Menschen liegen muß.

„Das Zurückweichen und die Wiederkehr des Ursprungs":

Einerseits gilt der Mensch als Produkt einer langen Geschichte, deren Anfänge er nie erkennen kann, da er selbst Teil dieser Geschichte ist. Andererseits soll er jedoch die Quelle seiner eigenen Geschichte sein, da es im modernen Denken keinen gottgegebenen Ursprung der Geschichte mehr gibt, der den Menschen seines Ursprungs versichern kann. So soll ihn sein Wissen über die 'Arbeit', das 'Leben' und die 'Sprache' über seinen Ursprung versichern, obwohl gerade diese die fundamentalen und faktischen Grenzen seiner Erkenntnis bilden. Die ganze Reflexion über die Ursprungsproblematik des Menschen dreht sich somit darum, einen Ursprung zu denken, der schon immer verschleiert sein muß, da der Mensch. nur „auf dem Hintergrund eines bereits Begonnenen (...) das denken" kann, „was für ihn als Ursprung gilt." (OD 398)

> „Was sich in der Unmittelbarkeit des Ursprünglichen ankündigt, ist also, daß der Mensch von dem Ursprung getrennt ist, der ihn mit seiner eigenen Existenz zeitgenössisch machen würde: Unter all diesen Dingen, die in der Zeit entstehen und zweifellos darin vergehen, ist er, von jedem Ursprung getrennt, bereits da." (OD 400)

Ob die Humanwissenschaften den Ursprung des Menschen in der Vergangenheit suchen und dabei sein Ursprung immer weiter zurückweicht oder ob sie die Hoffnung auf eine Wiederkehr des Ursprungs durch seine Enthüllung in mythisch ferner Zukunft setzen - immer geht es darum dem Menschen die gesamte Geschichte zu übereignen, da vorausgesetzt wird, daß der Mensch immer schon eine Geschichte haben muß, wenn „seine gesellschaftlichen Praktiken ihn befähigen, sämtliche Ereignisse, auch die seiner eigenen Kultur, historisch zu organisieren." (Dreyfus/Rabinow 1987, 63) Die Begrenzung des Menschen durch seine Stellung in der Geschichte wird zur Möglichkeitsbedingung seiner unbegrenzten Erkenntnis schlechthin.

> „Dem Denken stellt sich nun eine Aufgabe: den Ursprung der Dinge in Frage zu stellen, aber ihn in Frage zu stellen, um ihn zu begründen, indem die Weise wiedergefunden wird, auf die sich die Möglichkeit der Zeit gründet, *jener Ursprung ohne Ursprung oder Anfang, von wo aus alles seine Entstehung haben kann.*" (OD 400; Hervorhebung A.L.)

Die drei Problematisierungsstrategien des Menschen und seiner Erkenntnis lassen sich als Motor des humanwissenschaftlichen Bestrebens lesen, den archimedischen Punkt im empirischen Menschen ausfindig zu machen, der als „Ursprung ohne Ursprung" gleichzeitig die Grenzen des Menschen wie auch seine Entgrenzungen hervorbringt. „Die präkritische Analyse dessen, was der Mensch in seiner Essenz ist, wird zur Analytik all dessen, was sich im allgemeinen der Erfahrung des Menschen geben kann." (OD 411)

Das Wissen vom Leben: Von der Vielfalt der Arten zur Einfalt des Codes

Mit seiner Suche nach einer selbst indeterminierten aber zugleich alles determinierenden „Essenz" des Menschen steht das humanwissenschaftliche Denken in der Nähe des „Wissens vom Leben". Die zur gleichen Zeit die Naturgeschichte und Taxonomien der Klassik ablösende Biologie erforscht den Menschen neben anderen Organismen ausgehend von seiner sichtbaren „Oberfläche" zur unsichtbaren „Tiefe" der Organisation des Lebens; wo gemäß der Wissensordnung der Biologie die Grenzen wie die Entgrenzungen des menschlichen Denkens und Handelns positivierbar und als fundamentale Bedingung des Positivierbaren zu finden sind.[4] Die Infragestellung der Sprache als Repräsentation von Wissen und Erkennen hat die erkenntnistheoretische Figur des Menschen notwendig gemacht. Das Modell des genetischen Codes als Organisationsprinzip der molekulargenetischen Biologie scheint im zwanzigsten Jahrhundert den Menschen auch für die Humanwissenschaften überflüssig zu machen. Welche Transformationen haben sich innerhalb der Biologie vollzogen und inwiefern sind diese für die Vergänglichkeit der Wissenskonstruktion 'Mensch' verantwortlich?[5]

Die Biologie - ein neuer Raum des Wissens

In Analogie zur „Nicht-Existenz des Menschen" gab es in der Episteme der Klassik keinen Raum für die Kategorie 'Leben'. Foucault zufolge existierte in der Klassik zwar ein Lebensbegriff; das Leben war jedoch kein zentrales Organisationsprinzip des Wissens sondern lediglich ein wesentliches Merkmal der zur belebten Natur zu zählenden Dinge. Das Wissen über die belebte Natur wurde durch die an den sichtbaren Merkmalen der Lebewesen orientierten taxonomischen Ordnungsraster der klassischen „Naturgeschichte" organisiert. Die Entstehung der Biologie setzte jedoch eine epistemologische Neuordnung des Wissens voraus, damit das taxonomi-

---

4   Als wissenschaftsgeschichtlicher Hintergrund meiner an Foucaults Analyse des „Wissens vom Leben" in „Die Ordnung der Dinge" anschließenden Reflexionen vgl. vor allem Baumunk/Rieß (HG) 1994; Grassé 1973; Mayr 1984 und Weß 1989.

5   Ich folge hier Gilles Deleuze, der den Wandel des Wissens vom 'Leben' für entscheidend erachtet, um die Entstehung und die Vergänglichkeit des Menschen zu thematisieren. Vgl. Deleuze 1987, 182

18

sche Merkmal 'Leben', wie es von Linné, Tournefort, Bonnet bis Buffon verwendet wurde, zur strukturierenden Wissenskategorie werden konnte.[6] Die entsprechende epistemologische Umwälzung des empirischen Wissens von der Klassik zur Moderne unterteilt Foucault in zwei historische Phasen: In der ersten Phase von 1775-1795, der er die Diskurse der Naturforscher Jussieu, Lamarck, Vicq d'Azyr zuordnet, wird das 'Leben' als eigenständige Organisation aus dem gemeinsamen Wissenstableau von Erkenntnis und Sein der Dinge herausgelöst. Die „großen horizontalen Abläufe der Taxinomia" auf dem Tableau verändern dadurch ihre Funktion und erscheinen als „etwas beiläufiges Gebiet von Konsequenzen" (OD 308) ursprünglicherer Organisationen. Damit erweitert sich die transparente Horizontalität des empirischen Wissens der Klassik, das die vorausgesetzte gottgegebene Ordnung der Dinge abzubilden hatte, um eine „dunkle Vertikalität" (ebd.). An deren tiefsten Punkt werden strukturierende Organisationsprinzipien vermutet, welche das an der empirisch erfaßbaren Oberfläche der Dinge Sichtbare und auf dem Tableau des Wissens Darstellbare, hervorbringen und ordnen. Während in der klassischen Naturgeschichte die „Organisation" eine Ordnungskategorie war, um die spezifische Zusammensetzung komplexer Einzelwesen zu klassifizieren, begründet die 'Organisation' nunmehr die Ordnung der belebten Dinge selbst. Die Organisation grenzt ihren Raum ein und die Arten voneinander ab; sie wird so zum Identität und Differenz stiftenden Prinzip, das den sichtbaren Raum der belebten Natur strukturiert.

„So erfindet sich die europäische Kultur eine Tiefe, in der nicht mehr von Identitäten, unterscheidenden Merkmalen, zusammenhängenden Tafeln mit all ihren Wegen und möglichen Bahnen, sondern von großen verborgenen Kräften, die von ihrem ursprünglichen Kern her entwickelt sind, und vom Ursprung, von der Kausalität und der Geschichte die Rede sein wird." (OD 308)

Noch wird die 'Klassifikation' als erstes Ordnungsprinzip der Naturgeschichte nicht infragegestellt. Weiterhin gelten die in Linnés „Systemae naturae" aufgestellten Prinzipien der Taxonomie. Wie bei Linné und Buffon geht es um die Erstellung einer

---

6   Die empirischen Disziplinen zur belebten Natur in der Klassik fasse ich in Abgrenzung zur „Biologie" der Moderne unter „Naturgeschichte" zusammen. In den Abhandlungen der Wissenschaftsgeschichte wird zwischen „Naturgeschichte" und „Taxonomie / Systematik" unterschieden. Auf der Ebene der Episteme ist deren Wissensordnung jedoch die Gleiche. Vgl. Rieß 1994a, 33-37; Weingarten/Gutmann 1994, 25-32. Eine mit der „Naturgeschichte" vergleichbare epistemologische Neuordnung findet in den Bereichen des empirischen Wissens von der 'Arbeit' und der 'Sprache' statt. 'Arbeit' wie 'Sprache' werden an der Schwelle zur Moderne zu strukturierenden Kategorien des Wissens, von denen ausgehend sich schließlich die Politische Ökonomie und schließlich die modernen Sprachwissenschaften organisieren. Auch sie hatten im klassischen Denken keinen Platz. Vgl. dazu OD „Erster Teil".

Klassifikation der Organismen aus der Perspektive des Naturbeobachters, die sich als eine Abbildung des Schöpfungsplans in der Beschreibung „Gottes wohlgeratener Schöpfung" (Baumunk/Rieß (HG) 1994, 16) versteht. Göttliches Naturgesetz und das Tableau der Naturgeschichte sind deckungsgleich. Die Differenz zum Denken der Klassik besteht allerdings darin, daß mit den aufkommenden „Entwicklungstheorien", wie der Lamarcks, die positive Sichtbarkeit des Gesetzes verschwunden ist. Nach der „epigenetischen" Theorie Wolffs und Blumenbachs zum Beispiel sind die sichtbaren Merkmale eines ausgewachsenen Organismus bereits bei seinem Ursprung unsichtbar im Keim oder Ei desselben vorhanden. Der Schöpfungsplan ist im Keim eingewickelt. Die Aufgabe des Naturforschers besteht darin, diesen in Analogie zu den sichtbaren „onto-" und „phylogenetischen" Entwicklungen der Natur für das Wissen zu entwickeln.[7] Für das Erkenntnisprinzip der Klassifikation bedeutet das:

> „Klassifizieren heißt (...) nicht mehr, das Sichtbare auf sich selbst beziehen, indem man einem seiner Elemente die Aufgabe überträgt, die anderen zu repräsentieren, sondern heißt, in einer die Analyse drehenden Bewegung, das Sichtbare wie auf seine tiefe Ursache auf das Unsichtbare zu beziehen, dann aus dieser geheimen Architektur wieder zu deren manifesten Zeichen hinaufzusteigen, die an der Oberfläche der Körper gegeben sind." (OD 283)

In einer zweiten Phase der epistemologischen Umwälzung, die Foucault auf den Beginn des neunzehnten Jahrhunderts datiert und der er im Bereich des empirischen Wissens vom Leben die Werke des Biologen Georges Cuvier zuordnet, ändert sich das Wissen selbst in seiner Positivität.[8] Die Biologie wird „geboren". Die einheitliche Seinsweise zwischen Erkenntnissubjekt und Erkenntnisobjekt löst sich in dem Maße auf, wie die Organisationen des Lebens nicht mehr nur den Status des Forschungsgegenstandes einnehmen, sondern zu „fundamentalen Modi" (OD 310) des Wissens selbst werden.[9] In der ersten Phase der epistemologischen Umgestaltung wurde die faktische Existenz der Organisationen des Lebens unterhalb der sichtbaren Oberfläche der Dinge als gott- und naturgegeben vorausgesetzt. Die Aufgabe des Naturforschers bestand in der Rekonstruktion der ursprünglichen Kontinuität

---

7   Zur „epigenetischen Theorie" des Embryologen Caspar Friedrich Wolff und der Fortführung der „Präformationstheorie" durch Johann Friedrich Blumenbach Ende des achtzehnten Jahrhunderts vgl. Rieß 1994a, 34. Diese Entwicklungstheorien spielen für die Entstehung der „Embryologie" eine entscheidende Rolle. Der Embryo wird als potentieller Mensch positiv bestimmbar und tritt in den Raum der Sichtbarkeit für des Wissen vom Menschen ein. Vgl. Bayer 1993, 78 ff

8   In diese Phase fallen nach Foucault für den Bereich der 'Arbeit' die Werke des Ökonomen Ricardo, für den Bereich der 'Sprache' die Schriften des Philologen Bopp. Vgl. OD 307 ff

9   Dies ist der Moment, in dem die Figur des Menschen die epistemologische Ordnung der Humanwissenschaften ermöglicht.

der Natur durch seine Erkenntnis des göttlichen Entwicklungsplans der Organismen und Arten. Die Biologen der Moderne gehen dagegen von *einem* grundlegenden Organisationsprinzip des Lebens aus, das die sichtbaren Phänomene des Lebens eher zufällig und ohne vorgezeichneten Plan entstehen läßt.

Nach Foucault unterwirft die Biologie seit Georges Cuvier die Organe eines Lebewesens der „Souveränität der Funktion", wie der „Atmung, Verdauung, Zirkulation und Bewegung" (OD 323). Wie die Ökonomie seit Ricardo die 'Arbeit' als Ausdruck einer aus sich selbst heraus Wert produzierenden Kraft begreift, denkt die Biologie das 'Leben' als hervorbringendes und organisierendes Prinzip, das allen Organismen und Arten innerlich ist. Die der empirischen Erfahrung gegebene Vielfalt des Lebendigen, hebt sich damit ab vor dem „Hintergrund einer tieferen, und gewissermaßen ernsthafteren Identität" (OD 324). Diese bleibt jedoch selbst unsichtbar und entzieht sich der empirischen Wahrnehmung der Wissenschaft. Was im Wissen der Biologie die verschiedenen Organismen und Arten

> „aneinander annähert, ist (...) eine Art gemeinsamen Ausgangspunkts für die Identität, den man nicht in sichtbaren Flächen analysieren kann, weil er die reziproke Bedeutung der Funktion definiert. Von jenem unwahrnehmbaren Zentrum der Identitäten her ordnen sich die Organe an, und in dem Maße, wie sie sich davon entfernen, gewinnen sie an Elastizität, an Möglichkeit zur Variation und an unterscheidenden Merkmalen. *Die Tierarten unterscheiden sich an der Peripherie, sie ähneln sich im Zentrum. Das Unzugängliche verbindet sie, das Offenbare verstreut sie.*" (OD 327; Hervorhebungen A.L.)

Damit hat sich die Ordnung des empirischen Raums der Sichtbarkeit im Wissen vom Leben entscheidend verändert: Wenn für die Biologie eine Funktion eines Organismus sichtbar über andere Funktionen herausragt, so ist damit der Nachweis erbracht, „daß der Organismus in seiner sichtbaren Disposition einem Plan gehorcht". (OD 326) Dieser Plan ist jedoch nicht mehr im vornherein von einer dem 'Leben' äußeren und höheren Instanz vorgeschrieben, sondern wird vom 'Leben' selbst im Verlauf des (individuellen) Lebens eines Organismus oder einer Art entworfen. Ein klassifizierendes Ordnen der Vielfalt der Organismen ist für die Biologie nur möglich, weil sie das innerliche Organisationsprinzip des Lebens als der Klassifizierung äußerliche Möglichkeitsbedingung denkt. In der modernen Biologie hat somit ein synthetisierender Begriff des Lebens das bloße Merkmal 'Leben' der Naturgeschichte abgelöst.

Die sichtbaren Ausformungen des Lebens betrachtet die Biologie des neunzehnten Jahrhunderts jedoch „nicht nur als eine Kombination von bestimmte Merkmale tragenden Molekülen" (OD 334). Nicht allein das unsichtbare Organisationsprinzip des Lebens strukturiert das Wissen der Biologie. Neben diesem „monistischen" Prinzip existieren in der Theorie Cuviers „irreduzible raum-zeitliche Organisationsebenen" (Deleuze 1987, 181), gemäß denen sich die Lebewesen verteilen und organisieren. Die Biologie Cuviers geht im Gegensatz zur Naturgeschichte der Klassik von einer diskontinuierlichen Ordnung der belebten Natur aus, die sich auf die Inkompatibilität der Arten gründet. Jede Art gilt als auf die Lebensweise spezialisiert, die ihr die äußeren Bedingungen ihrer spezifischen Umwelt vorgeben. Der Organismus steht so in einem ständigen Austausch mit seiner Umwelt, dem Milieu, in dem er entstanden ist. Insofern ist die Organisation seines Lebens zufälligen „Katastrophen" wie Klimaveränderungen unterworfen, die nicht unbedingt zur Ordnung der belebten Natur gehören. Die Biologie denkt somit zwei Räume: den kontinuierlichen inneren Raum der „anatomischen Kohärenzen und physiologischen Kompatibilitäten" und den diskontinuierlichen Raum der „äußeren Elemente, in denen das Leben ruht, um daraus seinen eigenen Körper zu machen". (OD 335)[10]

Beide Räume sind sowohl in der „polygenetischen" Theorie Cuviers als auch in der „monogenetischen" Theorie seines Zeitgenossen Geoffroy Saint-Hilaires präsent. Die offensichtliche Differenz zwischen beiden biologischen Positionen besteht darin, daß letzterer alle Organismen auf eine „Urform" des Lebens, ersterer auf verschiedene „Tierreihen" zurückführt. Die konstitutive Rolle des Zufalls bei der Entstehung der Organismen und Arten durch die Einflüsse der Umwelt wird jedoch von beiden Theorierichtungen vorausgesetzt. In der Embryologie Karl Ernst von Baers zeigt sich denn auch die Kompatibilität von „Mono"- und „Polygenie"; verschiedenste „Tierreihen" können aus gleichen Formen in verschiedenen Milieus hervorgehen. Was bei Cuvier, Saint-Hilaire und von Baer fehlt, ist jedoch die Reflexion einer Geschichte der dem Leben „äußeren Elemente". Gerade die Vorstellung von einer den einzelnen Organismen und Arten äußerlichen Geschichte scheint das Kennzeichen des Denkens der 'Evolution' seit Darwin zu sein.[11]

Die Evolutionstheorie - die Wiederkehr der Unendlichkeit?

Bis hier ist die biologische Vorstellung von der Organisation des Lebens nur in ihrer räumlichen und nicht in ihrer zeitlichen Dimension skizziert worden. Eine Naturgeschichte der Organismen und Arten, wie sie von der Klassik bis zu Lamarcks „Entwicklungsgeschichte" geschrieben wurde, wird mit Cuviers Zerstörung des wohlgeordneten Kontinuums der belebten Natur undenkbar. Als typisch für das Denken der Moderne gilt jedoch die Annahme einer das Leben (von außen) organisierenden und zugleich von ihm (von innen) organisierten Geschichte. Bekanntlich denkt die Philosophie der Moderne eine Geschichte, die „im Fluß" ist und trotz „Brüchen" und „Sprüngen", aufs Ganze gesehen, kontinuierlich verläuft; so zum

---

10   Zum „Gesetz anatomischer Kohärenzen" und zur umweltbedingten „Art-Spezialisierung" in
     der Biologie Cuviers vgl. Grassé 1973, 7 ff, 93 f
11   Vgl. Rieß 1994a, 35 f; Ders. 1994b 71 f und Weingarten 75 ff

Beispiel als dialektische Geschichtsphilosophie bei Hegel und Marx, sei sie nun idealistisch oder historisch-materialistisch. Für die Biologie wird die Evolutionstheorie prägend, die in der wissenschaftsgeschichtlichen Literatur Darwin oder den Vertretern des Darwinismus wie Ernst Haeckel und Thomas H. Huxley zugeschrieben wird.

Durch den modernen Geschichtsbegriff kehrt das Prinzip der 'Unendlichkeit' in die (Un)Ordnung des empirischen Wissens vom Leben zurück.[12] Im Gegensatz zur Unendlichkeit der einen klassischen Naturgeschichte, die der Vorstellung des unbegrenzten Wirkens des Schöpfers gerecht werden sollte, sind in den Geschichtsbegriff der Moderne *zwei* Zeitformen, eine innere und eine äußere Historizität der Dinge, eingeschrieben. Erst ihre Kombination kennzeichnet die Spezifität des Geschichtsdenkens der Moderne, das auch die Evolutionstheorie prägt: In der Moderne erscheint gerade das unendliche Zeitkontinuum „homogen und leer". (Benjamin 1977)[13] Bezogen auf die Biologie wird dieses Kontinuum der Unendlichkeit von regionalen und endlichen Geschichten der Organismen und Arten durchkreuzt. Die „Entleerung" der äußeren Naturgeschichte verweist auf eine Einschreibung der Zeit in ihre *innere* Organisation. So nehmen in einer Geschichte des Lebens die Organismen und Arten nicht nur den Status von Objekten ein, sondern werden selbst zu Subjekten ihrer eigenen Geschichte. Indem sie in ihrer (art)spezifischen Geschichte die Ausformung ihres Lebens durch „Anpassung" an die jeweilige Umwelt organisieren, führen sie durch „Selektion", „Variation" oder „Mutation" Brüche und Sprünge in das „entleerte" äußere Geschichtskontinuum ein. Dadurch „erfüllt", kann die Geschichte zur positivierbaren Quelle des Wissens vom Leben werden.

Obwohl Cuviers „Katastrophentheorie" durchweg ahistorisch bleibt und die Vorstellung einer Geschichte des Lebens geradezu ausschließen will, ist hier die Disposition für die Geschichte bereits angelegt. Durch den von Cuvier hervorgehobenen doppelten Raum des Lebens - die organischen inneren Kohärenzen / die Um-

---

12 Die Vorstellung von der Unendlichkeit ist für das wissenschaftliche Denken der Neuzeit eine Notwendigkeit und ein Problem zugleich. Die Neuzeit hat die Unendlichkeit zu denken und muß sie im Vergleich zur göttlichen Unendlichkeit der Vormoderne empirisch-wissenschaftlich beweisen. Vgl. dazu Blumenberg 1996, vor allem 86 ff

13 Auch wenn Walter Benjamin von einer „säkularisierten" Moderne spricht, was mit Blumenberg (1996) infragezustellen ist, zeigt er doch in seiner Abhandlung zum „Begriff der Geschichte" die Spezifität dieses Denkens der Geschichte auf. Benjamin differenziert zwischen der „Jetztzeit" (Gleichzeitigkeit) und der „homogenen und leeren Zeit", die in der Moderne die alte „messianische Zeit" ersetzt.:„Die Vorstellung eines Fortschritts des Menschengeschlechts in der Geschichte ist von der Vorstellung ihres eine homogene und leere Zeit durchlaufenden Fortgangs nicht zu lösen. (...) Die Geschichte ist Gegenstand einer Konstruktion, deren Ort nicht die homogene und leere Zeit sondern die von der Jetztzeit erfüllte bildet." Vgl. Benjamin 1977, 251-261, Zit. 258

weltbedingungen - wird in der Ordnung des biologischen Wissens eine mit den regionalen Geschichten der Organismen und Arten verkoppelte äußere Geschichte wie der darwinistische Evolutionismus möglich. Nach Foucault schließt Darwins Evolutionstheorie insofern an Cuviers Biologie ohne Geschichte und nicht an Lamarcks Entwicklungstheorie an.[14]

Der Unterschied zwischen 'Entwicklung' und 'Evolution' wird deutlich, wenn man die Aussagen Lamarcks, Cuviers und Darwins über die geschichtlichen Ursachen der sichtbaren Artenvielfalt einander gegenüberstellt: Bei Lamarck sind das Kontinuum der Naturgeschichte und die Entwicklungskontinua der Organismen und Arten dasselbe. Eine nach natürlichem Entwicklungsgesetz a priori bestehende Ordnung der Lebewesen wird im Verlauf der Entwicklung einer Art aufgerollt. Die Arten wandeln sich bei Lamarck zwar durch Umweltanpassung, bleiben jedoch in ihrer Essenz erhalten. Die Art stirbt nicht aus, indem sie sich äußerlich stets an veränderte Umwelten anpaßt. Die dazu von vornherein „präformierten" Arten entwickeln sich nach dem Gesetz zunehmender Perfektionierung. Die Entwicklungslinie einer jeden Art ist das Produkt einer spezifischen „Urzeugung". Somit verläuft die Lamarcksche Entwicklungsgeschichte trotz aller Modifikationen gegenüber der klassischen Naturgeschichte durchaus in Entsprechung zur Vorstellung von im „voraus bestehenden Tafeln der möglichen Variationen." (OD 337); wenn sich auch durch die umweltbedingte Veränderung der ursprünglichen Formen der Akt des Klassifizierens für den Naturbeobachter erschwert hat. Lamarcks Frage an die aufkommende Biologie lautet noch zu Beginn des neunzehnten Jahrhunderts:

> „Viele dieser fossilen Muscheln und Schnecken zeigen Unterschiede (...); ist daraus unbedingt zu folgern, daß diese Gehäuse tatsächlich verlorenen Arten angehören? (...) Ist es nicht möglich, daß (...) diese fossilen Individuen noch existierenden Arten angehören, die sich aber seither verändert haben und somit die lebenden Arten ergaben, die wir als 'benachbart' ansehen?" (Lamarck 1809 zit. nach Grassé 1973, 7 f)

Die Cuviersche Biologie zerbricht das der Lamarckschen Entwicklungsgeschichte noch immanente Tableau der Organismen und Arten, indem sie eine Entwicklung der heute sichtbaren Lebensformen aus ursprünglich gegebenen Formen infragestellt und die sichtbare Vielfalt des Lebendigen als Effekt des zufälligen Wechselspiels von Organismus und Umwelt begreift. Cuvier in Abgrenzung zu Lamarcks Entwicklungsgeschichte:

> „Im übrigen bin ich der Meinung, daß die Gesteinsschichten die Knochen mehrerer Gattungen und die lockeren Schichten die Knochen mehrerer heute noch lebender

---

14 Darwins Positionierung bei Foucault (vgl. OD 337 ff) widerspricht sowohl dessen eigener Verortung in seiner Disziplin, da er sich als Nachfolger Lamarcks begriff, als auch der Ordnung der Wissenschaftsgeschichte. Einer der bekanntesten Vertreter dieser Position heute ist der Evolutionsbiologe und Neodarwinist Ernst Mayr (1984).

Arten enthalten; ich sage nur, daß sie an den Stellen, wo man sie heute findet, nicht lebten und daß sie sicher von anderswo dahin gekommen sind. (...) Dieser Einwand muß vor allem denen schwerwiegend erscheinen, die an die unbegrenzte Möglichkeit der Formenveränderung bei den Organismen glauben und die meinen, daß im Laufe der Jahrhunderte und durch Veränderung der Gewohnheiten jede Art sich in eine andere verwandeln oder aus einer einzigen unter ihnen hervorgehen könnte." (Cuvier zit. nach Grassé 1973, 8)

In Cuviers Theorie wird an die Stelle der unendlichen Naturgeschichte die Vorstellung von endlichen Geschichten der Organismen gesetzt. Die auf eine bestimmte Lebensweise spezialisierten Arten mutieren nicht durch Umwelteinflüsse zu anderen Arten; sie kommen jeweils nur in einer für sie spezifischen Umwelt vor. Eine äußerliche Geschichte des Lebens, die durch die inneren anatomischen und physiologischen Veränderungen der Organismen gefüllt würde, entzieht sich dem Blickwinkel seiner Betrachtung. Wenn für Cuvier im Verlauf der Zeit bestimmte Arten verschwinden, so aufgrund der Organisation des Lebens äußerlicher und zufälliger „Katastrophen", die eine Art vernichten können und denen durch neue Schöpfungen neue Arten folgen. Somit begrenzt seit Cuvier der 'Tod' das biologische Wissen, da er das Leben stets als ihm äußerliche „Katastrophe" bedroht. „Das Leben ist die Wurzel jeglicher Existenz, und das Nichtlebendige, die tote Natur, ist nicht mehr als das eingefallene Leben". (OD 340)[15]

In dieser modernen Gegenüberstellung von Leben und Tod kann der Tod jedoch nur negativ über die Positivität des Lebens definiert werden. Seine Existenz verweist jedoch auf die epistemologische Ersetzung der von Lamarck vertretenen Unendlichkeit der Arten durch ihre Endlichkeit im Denken Darwins. Die Vorstellung von der Sterblichkeit der Art ist für Darwins Denken fundamental. Dennoch wird von Darwin die Sterblichkeit der Arten in einer Unsterblichkeit der 'Gattung' aufgehoben.

„Ich bin fest überzeugt, daß die Arten nicht unveränderlich, sondern daß die zu einer Gattung gehörenden die Nachkommen anderer, meist erloschener Arten, und daß die anerkannten Varietäten einer bestimmten Art Nachkommen dieser sind." (Darwin 1963, 29)

In der Cuvierschen Biologie ist gerade der Tod für die sichtbare Vielfalt der Phänomene des Lebens verantwortlich. Diese Vielfalt wird von Darwin in seiner Theorie zur „Entstehung der Arten durch natürliche Zuchtwahl" (1859) mit einer dem Leben

---

15 Nicht zufällig wird in der Biologie seit dem neunzehnten Jahrhundert das Tier mit seiner sichtbaren Grenze zwischen Leben und Tod zum bevorzugten Untersuchungsobjekt und übernimmt damit den Platz der Pflanze, die das bevorzugte Forschungsobjekt der Naturgeschichte war. Vgl. OD 339. Heutzutage werden jedoch für die Projekte der Genomanalyse Pflanze und Tier austauschbar. Ob Mensch-, Reis- oder Arabidopsis-Genomprojekt - ist eine Frage internationaler Verteilung der Ressourcen und weniger des wissenschaftlich naheliegenden Untersuchungsobjekts. Vgl. Blachnik-Göller 1990, 87 f

innerlichen Anpassungsfähigkeit der Organismen und Arten an ihre Umwelt erklärt. Diese spezifische Anpassung eines Lebewesens an eine bestimmte Lebensweise ist nach Darwin nicht von vornherein festgelegt. Zum einen können sich die Arten, wie Darwin beim Vergleich der Fauna der südamerikanischen Küste und der Galápagos-inseln beobachtete, gegenseitig vertreten. Zum anderen werden sie durch eine Veränderung ihrer Umwelt nicht unbedingt zum Tode verurteilt, sondern befinden sich aufgrund eines Potentials zur generativen Anpassung an eine neue Umwelt in einem beständigen evolutionsgeschichtlichen Wandel. Der bei Cuvier negativ de-finierte, von außen zum Leben kommende Tod wird bei Darwin zum immanenten Motor des Lebens und seiner Geschichte. Durch „natürliche Selektion" überleben die bestangepaßtesten „Individuen" einer Art.[16] Der entscheidende Mechanismus zur Begründung der Vielfalt des Lebens ist nicht mehr eine von außen kommende will-kürliche Selektion durch die zufällige „Katastrophe", sondern ein von allen Lebewe-sen kontinuierlich geführter „Kampf ums Dasein", dessen Ausgang letztlich dem Zufall „geschlechtlicher Zuchtwahl" unterworfen bleibt. Dieser Kampf ist das Resul-tat eines stets unausgeglichenen Verhältnisses von Population und Nahrungsres-sourcen.[17]

> „Da viel mehr Einzelwesen jeder Art geboren werden, als leben können, und da in-folgedessen der Kampf ums Dasein dauerhaft besteht, so muß jedes Wesen, das ir-gendwie vorteilhaft von den anderen abweicht, unter denselben komplizierten und oft sehr wechselnden Lebensbedingungen bessere Aussicht für das Fortbestehen ha-ben und also von der Natur zur Zucht ausgewählt werden." (Darwin 1963, 27 f)

Die sichtbaren fossilen Zeugnisse belegen für Darwin, daß der „Kampf ums Dasein" eine Evolution der Arten durch deren gegenseitige Ersetzung begründen kann. Somit wird die innere und endliche Historizität der Organismen und Arten in eine Evolution der Gattung eingebettet. Die an den individuellen Variationen sichtbare Endlichkeit des Lebens wird gerade zur Möglichkeitsbedingung der Unendlichkeit der Gattung.[18] Der für alles Leben identische Steuerungsmechanismus einer „natür-

---

16 Vgl. das Kap. „Natürliche Zuchtwahl oder das Überleben des Tüchtigsten", Darwin 1963, 120 ff Einzelne Organismen als „Individuen" zu bezeichnen ist in der wissenschaftsge-schichtlichen Literatur der Biologie üblich. Vgl. z.B. Grassé 1973, 165 ff

17 An dieser Stelle rezipiert Darwin bekanntlich Malthus. Thomas R. Malthus geht in seinem Aufsatz „An Essay on the Principle of Population" (1798) von einer stets höheren Zahl menschlicher Nachkommen wie vorhandener Nahrungsmittel in einer Bevölkerung aus. Daraus resultiert ein beständiger Konkurrenzkampf und Verdrängungswettbewerb zwischen den Individuen um die mangelnden Ressourcen. Das Modell wird von Darwin auf die Bio-logie übertragen. Vgl. z.B. Rieß 1994b, 69

18 Darwin begrenzt die „Variation" auf individuelle Abweichungen einzelner Organismen von ihren „Eltern": „Bei der Bezeichnung 'Variationen' darf man nicht vergessen, daß sie sich nur auf einfache individuelle Unterschiede bezieht." Darwin 1963, 123

lichen Selektion" bringt im Verlauf der Geschichte des Lebens die Vielfalt seiner Phänomene hervor. Dennoch bemerkt Darwin auf die bisherige Geschichte des Lebens rückblickend: „Ich bin (...) überzeugt, daß die natürliche Zuchtwahl das wichtigste, wenn auch nicht einzige Mittel der Abänderung war." (Darwin 1963, 29)

Zur Evolutionsgeschichte im Sinne eines *Fortschrittskontinuums*, das die Entwicklungsgeschichte ersetzt, wird Darwins Theorie der Evolution jedoch erst durch die Vertreter des Darwinismus.[19] Während bei Darwin jede Art für sich optimal an die Umwelt angepaßt ist, führen die Darwinisten Thomas H. Huxley und Ernst Haeckel eine Zielrichtung in die Evolutionstheorie ein: das „natürliche" Gesetz der Entwicklung zum Höheren als „survival of the fittest". Darwins Evolutionsbegriff verweist auf die Diskontinuität des Lebens, da seine Theorie von der „natürlichen" und der „geschlechtlichen Zuchtwahl"[20] eine mehr oder weniger zufällige Fortpflanzung und Anpassung von Organismus und Art an die jeweilige Umwelt vorgibt. Durch die darwinistische „Teleologisierung" der Evolutionstheorie wird dagegen in das horizontale Evolutions-(Dis)Kontinuum ein Gesetz installiert, das zugleich eine Bewertungsskala ist. In der Evolutionstheorie Haeckels von 1866 werden die Arten hierarchisch auf einem gemeinsamen „Baum" der Evolution angeordnet, auf dessen Spitze der Mensch als weißer Europäer steht:

> „Denn was kann es für den Menschen Erhebenderes geben und worauf er stolzer sein kann, als die Tatsache, daß er in der unendlich complicirten Entwicklungsconcurrenz, in welcher sich die Organismen seit Milliarden von Jahrtausenden befinden, sich von der niedrigsten Organisationsstufe zur höchsten von allen erhoben, alle seine Verwandte überflügelt und sich zum Herrn und Meister über die ganze Natur erhoben hat." (Haeckel zit. nach Bayer 1993, 90)

Als Naturgesetz statt Gottesgesetz schreibt sich eine „neue" Vertikale in die horizontale Geschichte des Lebens ein. Da die mit Fortschritt gleichgesetzte Evolution auch immer einen potentiellen Rückschritt impliziert, wird somit die Vorstellung von der „Degeneration" der Organismen und Arten möglich. Das Gesetz des evolutionären Fortschritts wie der Gesetzesbruch des degenerierten Rückschritts wird jedoch insofern bereits von Darwin selbst nahegelegt, als er die „natürliche Selektion" in Analogie zur „künstlichen Selektion" der menschlichen Tierzüchterpraxis verhandelt. Da somit die „natürliche Selektion" nach dem Motto „Die Besseren ins Töpfchen, die Schlechteren ins Kröpfchen" verfährt, ruft sie die Assoziation einer not-

---

19 Darwin bleibt hier widersprüchlich. Häufig spricht er von einer „Verbesserung" oder einem „Fortschritt" der Organisationen als Effekt des „Kampfes ums Dasein" und der „natürlichen Selektion". Vgl. dazu Bergmann 1992, 99

20 Das Konzept der „geschlechtlichen Zuchtwahl", die den „harten Kampf ums Dasein" abmildert, wird von Darwin der „natürlichen Zuchtwahl" beiseitegestellt. Vgl. Darwin 1963, 131 ff

wendigen wertenden und eingreifenden Instanz hervor, die der Person des Tierzüchters vergleichbar ist. Im Falle der Tierzucht wird das Außen des Lebens - die (zufällige) „geschlechtliche Zuchtwahl" - kontrolliert, um Einfluß auf die generationsübergreifende Evolution seiner inneren Organisation zu nehmen.

Darwin selbst versuchte bereits in seiner „Provisorischen Hypothese der Pangenesis" von 1868, die äußeren Zufälle zugunsten eines kontinuierlichen und generationsübergreifenden Lebensprinzips der Gattung aufzulösen, indem er sich der „Vererbungsfrage" (Ewig 1990, 41 f) zuwandte. Der Vererbungsfrage gehen seit August Weismanns „Keimplasmatheorie" und Hugo de Vries „Wiederentdeckung" der Mendel-Regeln die Genetiker nach, um das innerste Organisationsprinzip der Unendlichkeit des Lebens zu finden; jedoch mit dem Ziel seine Endlichkeit von innen her auflösen zu können. In dieser Wendung der Biologie zur Genetik wird sich die von Cuvier eingeleitete und von Darwin vollendete epistemologische Konfiguration des empirischen Wissens vom Leben erneut umstrukturieren.

Rückblickend sind die entscheidenden Charakteristika des biologischen Wissens die Annahme einer *Tiefe*, auf deren Grund ein *Organisationsprinzip* vermutet wird, das aus sich selbst heraus die Vielfalt der wahrnehmbaren Phänomene des Lebens produziert. Dieses Prinzip ist jedoch dem empirischen Raum der Sichtbarkeit entzogen. Zum anderen ist es die Vorstellung einer *Geschichte des Lebens*, die vom Wechselspiel zwischen den Organismen und ihrer Umwelt geschrieben wird. Durch den Evolutionismus des neunzehnten Jahrhunderts erscheint die Endlichkeit des individuellen Lebens in einem unendlichen Lebenskontinuum der Gattung aufgehoben; in das der Mensch jedoch aufgrund seiner exponierten Stellung gegenüber anderen Lebewesen intervenieren kann. Mit seiner Vorstellung von einer unendlichen Geschichte, in die die Endlichkeit eingebettet ist, stellt sich der Evolutionismus gegen das Denken der politischen Ökonomie, die seit dem neunzehnten Jahrhundert das „Ende der Geschichte" (OD 317) denkt, sei es in der Art einer Stabilisierung des beständigen Mangels bei Ricardo oder in der Art einer radikalen Umkehr bei Marx, wodurch der Mangel aufgehoben wird. Anders verhält es sich dagegen mit der 'Sprache'; hier beginnt nach Foucault die moderne Sprachwissenschaft ein der Sprache inneres Evolutionsprinzip zu entwickeln.

> „Während die Biologie des neunzehnten Jahrhunderts immer weiter an das Äußere des Lebendigen geht, hin zu seiner anderen Seite, und dadurch jene Oberfläche des Körpers immer durchdringbarer macht, die der Blick des Naturforschers einst nicht hat durchdringen können, wird die Philologie die Beziehungen auflösen, die der Grammatiker zwischen Sprache und äußerer Geschichte errichtet hatte, um eine *innere Geschichte* zu definieren." (OD 359; Hervorhebung A.L.)

28

Diese von der Semiotik im Bereich der Sprache vollendete Denkbewegung entspricht einer grundlegenden Verkehrung der Wissensordnung der Biologie; genauer - einer *genetischen* Biologie.[21]

Die klassische Genetik - eine innere Evolution des Lebens

Die epistemologische Konfiguration des modernen Wissens vom Leben, deren räumliche Ordnung die Cuviersche Biologie, deren zeitliche Ordnung die darwinistische Evolutionstheorie ermöglicht hat, ist nicht von all zu langer Dauer. Bereits im Übergang vom neunzehnten zum zwanzigsten Jahrhundert setzt mit den Geburtswehen der Genetik eine erneute Umstrukturierung im biologischen Denken ein. Wie Foucault dies für die Entstehung der Episteme der Moderne in „Die Ordnung der Dinge" gezeigt hat, läßt sich diese epistemologische Umwälzung an der Epochenschwelle zur Postmoderne wiederum in zwei historische Phasen unterteilen: eine Phase der ersten Erschütterungen des alten und der Herkunft des neuen Denkens, in der sich die Episteme umzustrukturieren beginnt, jedoch in ihren Grundstrukturen erhalten bleibt, und eine zweite Phase, in der sich eine neue epistemologische Ordnung durchgesetzt hat, die das empirische Wissen vom Leben von Grund auf neu strukturiert. Während der ersten Phase die sogenannte „klassische" Genetik zuzuordnen ist, wird die zweite Phase vom Wissen der Molekulargenetik geprägt.

Die erste Phase beginnt mit August Weismanns Theorie der „Kontinuität des Keimplasmas" von 1885. Sie umfaßt einerseits noch das sogenannte „Dreimännerwerk" des Biologen Max Delbrück, des Genetikers Timoféeff-Ressovsky und des Radiologen Karl Günter Zimmer von 1935. Andererseits grenzt sie dieses bereits aus; denn diese Theorie der Genetik setzt bereits den Grundstein für die Ablösung der „klassischen" Genetik durch die Molekulargenetik von heute. Die erste Phase ist ab den dreißiger Jahren des zwanzigsten Jahrhunderts durch das dogmatische Festhalten der Genetik an der „Proteinhypothese" des Chemikers Linus Pauling gekennzeichnet, die besagt, daß das Organisationsprinzip des Lebens als chemische Substanz in einem Proteinmolekül zu finden ist. Dadurch kann dieses Wissen vom Leben noch in der Ordnung des biologischen Denkens verbleiben, obwohl die Reduktion des Organisationsprinzips allen Lebens auf den „Mechanismus" der Vererbung bereits einem epistemologischen Bruch entgegenstrebt.

Die zweite Phase beginnt mit der „informationstheoretischen" Entschlüsselung der DNS infolge des von den Genetikern James D. Watson und Francis Crick 1953

---

21   Auf die Analogie zwischen dem strukturalen Denken in der Linguistik und in der Genetik weist Deleuze hin. Vgl. Deleuze 1992, 15 f

entworfenen räumlichen „Modell der Doppelhelix".[22] Damit ist die Epochenschwelle überschritten. Wie schon von der Biologie im neunzehnten Jahrhundert vorgezeichnet, zielt die „klassische" Genetik auf die Aufklärung des Organisationsprinzips des Lebens ab. Die sich dem empirischen Raum der Sichtbarkeit entziehende „Tiefe" des Lebens bleibt bestehen; sie hat sich lediglich weiter vertieft, insofern der Ursprung des Lebens nicht mehr nur im Organischen, sondern „darunter" in der „Keimzelle", im „Protein" und schließlich im „Gen" vermutet wird. Die Wahrnehmung der räumlichen Struktur des Lebens hat sich jedoch grundlegend verändert: Denn es geht nun nicht mehr darum, ausgehend von der sichtbaren Vielfalt des Lebens ein kontinuierliches Organisationsprinzip des Lebens zu denken, sondern perspektivisch selbst zu dieser „dunklen" Materie hinabzusteigen, um sie an das „Licht" der Erkenntnis emporzuholen. Obwohl die „klassische" Genetik noch nicht den Stoff „sehen" kann, aus dem das Leben ist, zielt ihre Denkbewegung auf eine *Umkehrung* des empirischen Raumes der Sichtbarkeit ab. Die „klassische" Genetik versucht, die an der Oberfläche sichtbaren Phänomene allein ausgehend von einem inneren genetischen Ursprung her zu begreifen. Ihr Denken beschränkt sich vollständig auf den Versuch das vorausgesetzte, identische Innen des Lebens zu erkennen; zuungunsten der vom Leben hervorgebrachten erkennbaren Vielfalt der Organismen und Arten, auf der Darwins Blick noch ruhte.[23]

Darwins Versuche, die „Variabilität" des generationenübergreifenden Lebens über die Vererbung zu erklären, führten zu seiner „Hypothese der Pangenesis" (1868). In seinem Bestreben, das innere Prinzip der unendlichen Kontinuität des Lebens zu erhellen, geht er von einer „substanzhaften" Weitergabe von in allen Zellen produzierten „reproduktiven Keimen" (Ewig 1990, 42) durch „direkte" wie „indirekte" Vererbung aus:

> „In jedem Stadium des Lebenscyclus können Zellen Genmulae abgeben, welche durch den ganzen Körper frei circulieren und welche, wenn sie mit gehöriger Nahrung versorgt werden, durch Theilung sich vervielfältigen und später zu Zellen entwickelt werden können, gleich denen von welchen sie herrühren (...) bei Variationen, welche durch die direkte Einwirkung veränderter Lebensbedingungen verursacht, werden (...) die Gewebe des Körpers nach der Theorie der Pangenesis direct afficiert und produzieren demzufolge modificierte Genmulae, welche mit ihren neuerdings erlangten Eigenthümlichkeiten an die Nachkommen weitergegeben werden."
> (Darwin zit. nach Ewig 1990, 42)

---

22 Ihnen hatte gerade derselbe Chemiker Linus Pauling kurz zuvor das „Modellbauen" beigebracht. Die „Entdeckungsgeschichte" ist nachlesbar bei Crick 1990 als „Ein irres Unternehmen" oder bei Watson 1973 als „persönlicher Bericht".

23 Zur den Modifikationen der Genetik in ihrer Anfangsphase vgl. Weß 1989; Ders. 1994a, 223 ff

Weismann dagegen, der damit den sogenannten „Neodarwinismus" vorwegnimmt, lehnt die „indirekte", auf Umwelteinflüssen beruhende Vererbung durch Erwerbungen von außen strikt ab. In seiner Keimplasmatheorie wird den „unsterblichen Keimzellen" die alleinige Verantwortung für die Vererbung zugesprochen. Das „Soma" (die Körperzellen), das den direkten Umwelteinflüssen ausgesetzt ist, spielt für das generationenübergreifende Leben der Gattung eine zu vernachlässigende Rolle. Das Organisationsprinzip des Lebens, nun „Erbsubstanz" genannt, gilt für Weismann als im „Keimplasma" lokalisiert, welches die Fortpflanzungszellen und die sie produzierenden Elemente umfaßt.

> „Bei den jeweiligen Tieren bildet die sexuelle Fortpflanzung die Grundlage ihrer Vermehrung (...). Hier ist nun die Fortpflanzung an bestimmte Zellen gebunden, die man als Keimzellen den Zellen, welche den Körper selbst bilden, gegenüberstellen kann und wohl auch muß, denn sie spielen eine total verschiedene Rolle wie (...) sie allein erhalten die Art." (Weismann zit. nach Ewig 1990, 43)

Für das Verhältnis vom Leben zur Geschichte heißt das: Die für Darwins „Tierzüchterperspektive", aufgrund der fossilen Überreste vergangenen Lebens, sichtbare Evolution schreibt sich in das „Dunkel" der „Keimbahn" ein. Das „Soma", das dem Raum der Sichtbarkeit zugeordnet war, bekommt den Status eines ausführenden Organs der „Befehle" des „Keimplasmas" zugesprochen. An ihm sollen sich die Resultate der sich im Verborgenen vollziehenden Selektion ablesen lassen. Der Mechanismus der Evolution reduziert sich für dieses Wissen vom Leben auf die „natürliche Selektion" zuungunsten des zufälligen Moments der „geschlechtlichen Zuchtwahl". Zum einen schreibt sich damit der Gegensatz zwischen Innen und Außen zunehmend in das Leben ein, da an die Stelle von Organismus/Umwelt die Differenz Keimzelle/Körperzelle tritt. Zum anderen wird mit der „Unsterblichkeit des Keimplasmas" eine *innere Unendlichkeit* des Lebens von vornherein festgeschrieben. Dieses Lebenskontinuum ist nun nicht mehr über eine mit dem Innen des Lebens verkoppelte, aber dennoch ihm äußerliche Evolutionsgeschichte nachträglich herzustellen. Der Endlichkeit der Organismen und Arten steht nun die Unendlichkeit des Keimplasmas als inkarniertes, ewiges Leben gegenüber.

Für die „klassische" Genetik besteht das Problem nun jedoch in der Erklärung der Diskontinuität des Lebens: Die mit der Ausschaltung der Umwelt garantierte Kontinuität des Lebens im Keimplasma verspricht ewige Gleichheit statt evolutionäre „Variabilität". Dieses Erklärungsproblem löst die „Mutationslehre" von Hugo de Vries; denn ihr zufolge ist die Evolution „zufallsbedingt und vollzieht sich mittels zufälliger, unmittelbarer, erblicher, diskontinuierlicher Variationen, den Mutationen." (Grassé 1973, 12) Die Ursache der „Mutationen" blieb jedoch ungeklärt. Von de Vries werden zusammen mit Carl Correns und Erich von Tschermak um 1900 die bereits 1865 von Gregor J. Mendel - epistemologisch verfrüht[24] - entwickelten „Vererbungsgesetze" wiederentdeckt. Allein schon die von Mendel vorausgesetzte Verdopplung der Erbfaktoren der beiden zu kreuzenden „Eltern-Erbsen" erklärt die von ihm beobachtete vierfache „Variation" der Erbsen in der zweiten Generation.[25]

Die von de Vries, Correns und Tschermak im Zellkern lokalisierten Chromosomen, deren Kreuzungsverhalten dem der Erbsen in Mendels Versuchen glich, konnten jedoch nicht mit den Erbfaktoren, nun „Gene" genannt, identisch sein. Weist doch der Mensch eine Vielzahl an sichtbaren Merkmalen auf, obwohl er nur 23 Chromosomen besitzt. Ihre Suche nach dem die „Variation" bzw. „Mutation" hervorbringenden Prinzip, die sich zunehmend auf die Frage - „Wie sind die Gene auf den Chromosomen angeordnet?" (Scheller 1985, 20) - verengt, wird vom offiziellen Begründer der Genetik Thomas Hunt Morgan und seiner „Drosophila-Group" fortgeführt. Dieser Forschungsgruppe gelingt schließlich durch Kreuzungsexperimente an Fruchtfliegen der Nachweis einer Anordnung der Gene auf den Chromosomen in Form einer „Perlenkette". Jenseits der Vererbungsforschung durch die Genetik wird bereits 1896 von dem Chemiker Friedrich Miescher, jedoch ohne sein Wissen über die Bedeutung seiner Entdeckung, der „Stoff gefunden, aus dem die Gene sind" (ebd.). Die von Miescher entdeckte „zuckrige Kernsäure" (ebd.), heute DNS genannt, wird nicht als Träger des Organisationsprinzips des Lebens begriffen; da das Dogma gilt, daß die gesuchte Substanz der Gene in den „Kernproteinen" zu finden sei.

Festzuhalten ist, daß in dieser Phase der epistemologischen Umgestaltung des Wissens das „Gen" als kleinste substantielle Einheit des Lebens verstanden wird, wobei die Zahl und vor allem die räumliche Anordnung der Gene für die Hervorbringung und Organisation des Lebens verantwortlich gemacht wird. Während die erste Annahme noch in Tradition zum biologischen Denken der Moderne steht, verweist die zweite auf die Erschütterung desselben. Der Grundstein dieser epistemologischen Verschiebung wurde, trotz der Ablehnung der Weismannschen Thesen durch die Vertreter der „klassischen" Genetik, bereits mit der „Keimplasmatheorie" gelegt. Denn hier wird die Ansicht vertreten, daß im Zellkern ein Stoff vorhanden sei, der „als Träger der Vererbung von Generation zu Generation weitergegeben wird".(Weß, 1989, 25) Diese Annahme hat geradezu die Suche nach einer Erklä-

---

24   Foucault: „Man hat sich oft gefragt, wie die Botaniker oder die Biologen des 19. Jahrhunderts es fertiggebracht haben, nicht zu sehen, daß das was Mendel sagte, wahr ist. Das liegt daran, daß er Methoden verwendete und sich in einen theoretischen Horizont stellte, welche der Biologie seiner Epoche fremd waren." ODis 24

25   Im Gegensatz zu den individuellen Variationen („sports") bei Darwin geht de Vries von einer für die gesamte Art bedeutsamen kollektiven Variation - der „Mutation" aus. Vgl. Grassé 1973, 88 ff, 169 f

rung für die „Brüche" und „Sprünge" in der Evolution notwendig gemacht; die Versuche zur Aufklärung der „Variationen" und „Mutationen" rief wiederum eine Analyse der strukturalen Ordnung der Gene hervor.

Die Konsequenz der Einschreibung der Evolution in das Innere des Lebens von Weismann bis zur sogenannten „synthetischen Evolutionstheorie" der Neodarwinisten Thomas Hunt Morgan, Hermann Muller und Theodosius Dobzhansky in den dreißiger Jahren, ist die Absage an jegliche produktive Rolle der Umwelt für den Verlauf der Evolution. Die „ahistorischen" Gene sind selbst zum gewissermaßen „kontextunabhängigen" Steuerungsprinzip der Evolutionsgeschichte geworden. Von Jacques Loebs von außen indizierter „Teilung der Seeigeleier" über Morgans „Drosophila Mutationen" bis hin zu Mullers „Transmutationen" durch radioaktiven Beschuß wird nun versucht, in diese im Inneren des Lebens ablaufende Evolution einzugreifen, um über eine Störung ihrer Steuerung das Organisationsprinzip des Lebens aufzuklären. Vorausgesetzt bleibt jedoch, daß der Ursprung des Lebens hinter der mit diesen Zugriffen von außen künstlich erzeugten Vielfalt an „genetischen Mutationen" gefunden werden kann.[26] Im weiteren Fortschreiten dieser Erforschungen des Lebens zeigt sich jedoch ein Einschnitt in dem „Dreimännerwerk" von Delbrück, Thimoféeff-Ressovsky und Zimmer: Da wird paradoxerweise diese kleinste und ursprünglichste Einheit des Lebens, das Gen als ein „polymeres Gebilde" (Weß, 1989, 19) vorgestellt, das als Makromolekül schließlich selbst eine äußerst differente Molekülvielfalt ist.[27]

> „Somit stellen wir uns das Gen als einen Atomverband vor, innerhalb dessen die Mutation, als Atomumlagerung oder Bindungsdissoziation (...) ablaufen kann, und der in seinen Wirkungen und den Beziehungen zu anderen Genen weitgehend autonom ist." (Delbrück, Timoféeff-Ressovsky, Zimmer zit. nach Weß 1989, 19)

Trotz dieses Einschnitts geht es der Genetik nach wie vor um die Suche nach einem „stofflichen" Organisationsprinzip des Lebens. Die „Proteinhypothese", nach der nunmehr der molekulare Aufbau *eines* Proteins für komplex genug erachtet wird, um die vielfältigen Funktionen eines Gens zu erfüllen, ist für dieses Wissen vom Leben richtungsweisend. Mit dem Wandel der „klassischen" Genetik zur Molekulargenetik zeichnet sich jedoch eine fundamentale Verkehrung der Episteme ab, die der (neo)darwinistischen Evolutionstheorie keinen Raum mehr bieten wird. Die molekulargenetische Definition der „stofflichen" Gene steht an der Grenze der Episteme der Moderne.[28]

---

26 Vgl. Rieß 1994c, 180; Rifkin 1986, 111 f; Weß 1989, 12 ff
27 Zum „Dreimännerwerk" und seiner wissenschaftlichen Bedeutung vgl. Fischer 1988, 79
28 Vgl. dazu auch Treusch-Dieter 1992, 96 f

Der genetische Code - das unbegrenzt-endliche Leben

Den Beginn der zweiten Phase, in der eine neue epistemologische Konfiguration die evolutionstheoretische Ordnung des biologischen Wissens vom Leben ersetzt, markiert 1953 das Ereignis der Entdeckung der räumlichen Struktur der DNS durch Crick und Watsons „Modell der Doppelhelix": Die von der Doppelhelix vorgegebene räumliche Struktur des Wissens hebt die zeitliche Struktur der Evolutionstheorie in sich auf. Dem von der „klassischen" Genetik in einem Proteinmolekül gesuchten substantiellen Ursprung des Lebens, der die Vielfalt des Lebens in Raum und Zeit hervorbringen und organisieren sollte, ist nun ein „sich selbst aussprechen(der)" genetischer Code, eine „universelle( ) Informations-Sprache" (Treusch-Dieter 1992, 98) vorgeschaltet, die alles Leben zu codieren hat. Das „historische a priori" dieses molekulargenetischen Wissens vom Leben ist ein Code, der alles determiniert und selbst indeterminiert ist.

Im Gegensatz zur zweidimensionalen Ordnung von der Unendlichkeit des evolutionären Fortschritts und den endlichen Organisationen des Lebens denkt die Molekulargenetik einen Code, der das *unbegrenzte* Leben ist, und ein Leben, das der *endliche* Code ist. Das Leben reduziert sich für das Wissen auf „die 'black box' des Codes, das Molekül, von dem die Signale ausgehen, (...) (e)in bloß linearer eindimensionaler Raum: der Zellenraum, in dem unaufhörlich dieselben Zeichen erzeugt werden." (Baudrillard 1982, 90 f) In diesem selbstreferentiell funktionierenden Modell der DNS als Doppelhelix wird die genetische Substanz des Lebens sekundär, da diesem Modell die „Selbstreplikation" von Erbe und Vererbung vorausgesetzt ist.

> „Ein Gen umfaßt einen kleinen Abschnitt auf dem DNS-Faden, der durch Start- und Stoppsignal begrenzt wird und die Information für den Aufbau eines bestimmten Proteins in Form von Dreierkombinationen genetischer Buchstaben enthält. (...) Benötigt die Zelle ein Protein, so wird der codierte Abschnitt auf dem DNS-Strang entsprechend dem Gesetz der Basenpaarung abgeschrieben. Damit entsteht eine Negativkopie des Gens. Der Botenstrang wird in die Proteinfertigungsstätten transportiert. Dort wird die Aufeinanderfolge der Basen der Datenabschrift in die Aufeinanderfolge der Aminosäuren des Proteins übersetzt." (Scheller 1985, 28)

Das von der Biologie und der „klassischen" Genetik in der „Tiefe" des Lebens vorausgesetzte ursprüngliche Organisationsprinzip ist somit *potentiell* das Gleiche wie die an der Oberfläche sichtbaren Phänomene. Der Code mit seiner schlichten kybernetischen Sprache - A(denin) ist immer auf T(hymin), G(uanin) ist immer auf C(ytosin) bezogen - ist eine Einheit des Lebens, die, indem sie sich ausspricht, zugleich seine Vielheit ist: „The four letters that spell LIFE" (Worton 1994)

Bereits vor Crick und Watsons „Entdeckung" hatte 1951 der Genetiker Erwin Chargaff versucht, eine Umorientierung bei der Enträtselung der Gene einzuleiten. Chargaff griff die epistemologisch verfrühte „Entdeckung" des Biologen Avery von 1944 auf, daß die DNS den Proteinen als Instanz vorgeordnet sei. Chargaff fragte bereits nicht mehr nach der biochemischen Zusammensetzung der DNS als Substanz sondern nach der Struktur der räumlichen Ordnung ihrer Substanzen. Nach Chargaff treten die organischen Basen Averys jeweils im identischen Zahlenverhältnis und immer paarweise auf: A ist immer mit T, C ist immer mit G verbunden. Nach seiner Hypothese differiert dagegen die Anzahl und die Anordnung der A/T und C/G Basenpaare von Art zu Art. Es handelt sich also um die Annahme eines identischen und quantitativ differierenden Raumes, die die Vorstellung eines von einem ursprünglichen Prinzip hervorgebrachten und sich qualitativ ausdifferenzierenden Raumes ablöst.

Crick und Watsons Beitrag lag nun darin, die Vermutung Chargaffs empirisch sichtbar zu machen. Mit Hilfe der physikalischen „Röntgenstrukturanalyse" erhielten sie aufgrund der unterschiedlichen Ablenkung der Röntgenstrahlen durch die einzelnen Teilchen der bestrahlten Substanz ein „verzerrtes Abbild der Struktur" (Scheller 1985, 23) der DNS-Substanz. Aus dieser Zweidimensionalität der DNS-Substanz im Bild wird auf die dreidimensionale Struktur der DNS als Doppelhelix rückgeschlossen, die das von Crick und Watson entworfene räumliche Molekülmodell vorgibt und dessen selbstreferentielle Verdopplungsfunktion über den eindimensionalen genetischen Code erklärbar ist. Die „Entschlüsselung" des Codes läßt nicht lange auf sich warten: 1961 wird die erste „Basen-Dreier-Kombination" bzw. das erste „Code-Wort" - „T-T-T" -, bereits 1966 sein gesamter „Wortschatz" (ebd. 27) geknackt.[29] Diese „Wort-Entschlüsselung" sagt jedoch noch nichts darüber aus, welche Funktion bzw. Bedeutung welcher DNS-Abschnitt für einen Organismus hat. Diese Übersetzungsarbeit haben sich die Projekte zur Kartierung und Sequenzierung des menschlichen Genoms zur Aufgabe gemacht, deren Abschluß im Jahre 2005 erwartet wird.

Als „omnipräsentem" Organisationsprinzip des Lebens wird dem genetischen Code von der Molekulargenetik nicht nur die Potenz zur quantitativen Verdopplung („Selbstreplikation") des Immergleichen, sondern auch zur qualitativen „Selbst-Programmierung", zur Hervorbringung und Organisation evolutionärer „Variabilität" zugesprochen.

> „Die wichtigste biologische Entdeckung der letzten Jahre ist die Erkenntnis, daß die Lebensprozesse durch Programme gesteuert werden (...) (und) daß das Leben nicht nur eine programmierte, sondern sogar eine selbst-programmierte Aktivität ist" (Der Molekulargenetiker W. H. Thrope zit. nach Rifkin 1986, 189)

---

29   Biochemisch besteht die DNS aus sechs Bausteinen, der Desoxyribose, Phosphatresten und den vier Basen: G(uanin), C(ytosin), A(denin), T(hymin), die von Substanzen in „Schriftzeichen" umgedeutet werden. Zur Genesis dieser neuen „Lesbarkeitsmetaphorik" des Lebens vgl. Blumenberg 1983

Die Analyse eines der vielen von der Evolution realisierten „Programme" lag bereits in den siebziger Jahren für das „E-Coli"-Bakterium vor.[30] Die Entdeckung der fundamentalen Entität des Lebens in einem selbstreferentiellen genetischen Code verheißt gerade aufgrund dessen Fähigkeit zur „Selbst-Programmierung" das Ende der Evolutionstheorie. Galt vor seiner Entdeckung die Vererbung als evolutionsgeschichtlicher Erwerbsprozeß, auch wenn sich der Erwerb im Wissen der „klassischen" Genetik bereits auf die Ebene der „Keimzellen" verlagert hatte, so ist jetzt das ganze „Erbe" als Information des Lebens jenseits organischer Stofflichkeit 'in potentia' bereits da. Wie die Umweltanpassung eines Organismus gelingt, hängt nun von seiner genetischen „Programmierung" ab. Innerhalb dieser Wissensordnung ist es nun entscheidend, *wie* der Code sich-selbst-organisiert. Die qualitative und quantitative Differenzierung des Lebens in Raum und Zeit sind somit identisch. Die molekulargenetische Selbstorganisation des Lebens als Information nimmt den „Kampf ums Dasein" vorweg.

Die epistemologische Neuheit dieses Denkens spiegelt sich noch in der Sprache von Crick und Watson wieder: Während sie als „Söhne" des Neodarwinismus glauben, daß die DNS der „ursprüngliche" und „einzige Schöpfer" von Raum und Zeit des Lebens sei, begreift der Molekulargenetiker Pierre Grassé in seinem „kybernetische(n) Modell eines lebende(n) Organismus" die DNS als „Informationsspeicher und -verteiler" (Rifkin 1986, 190), der im Kontext eines umfassenderen Ökosystems programmiert wird. Letztlich ist diese Differenz zwischen „reduktionistischem Neo-Darwinismus" und „ganzheitlicher Bio-Kybernetik" jedoch sekundär: Ob Keim- und Körperzelle, Organismus und Umwelt, belebte und unbelebte Natur - die DNS steht auf der Grenze. Die DNS ist omnipräsent; sie hebt die Innen/Außen-Differenzen des Lebens auf.[31] Das Leben hat sich somit in der kybernetischen Sprache des Codes zusammengefaßt. Auf diese Wiederkehr einer Sprache,

---

30 Vgl. Nikon/Lueken 1976, 45. Das Medium der Genomanalyse ist nicht mehr die alphabetische „Schrift" sondern, auch wenn des öfteren von der „Bibliothek der Gene" die Rede ist, ein linguistischer Code, der dem des Computers gleicht: Es ist „nicht schwer, im 'Knacken' des genetischen Codes die Enträtselung eines Computerprogramms zu sehen und die Entdeckung der Doppel-Helix-Struktur des DNS-Moleküls als die Erläuterung des einem Computer zugrunde liegenden Verdrahtungsplanes aufzufassen." Weizenbaum 1978, 209; Auch der klassische Medientheoretiker Mc Luhan bezieht in seine Überlegungen zum „Ende der Gutenberg-Galaxy" neben den Entwicklungen der ersten Computer die Perspektiven der Genetik mit ein. Vgl. Mc Luhan 1992, 393 ff

31 Der Biotechnologiekritiker Jeremy Rifkin spricht von einer „Schlacht" zwischen der Vorstellung von „ideal gebauten Maschinen" und „ideal entworfenen Programmen". Vgl. Rifkin 1986, 190 f. Für Baudrillard bezeichnet die „Metaphysik des Codes" gerade die „Simulation" als bestimmendes Schema einer Epoche, die das industrielle Zeitalter hinter sich gelassen hat. Ihr bestimmendes Schema war die „Produktion". Vgl. Baudrillard 1982, 77-130

die das Zeitalter der Geschichte beenden wird, weil sie es „gestattet (...), die Inhalte selbst zu strukturieren" (OD 456), hat Foucault in „Die Ordnung der Dinge" hingewiesen. In der sich-selbst-aussprechenden Sprache des Codes gewinnt die Sprache ihre mächtige Transparenz in neuer Form als referenzloses Zeichensystem wieder.

Das Ende der Evolutionstheorie im molekulargenetischen Wissen vom Leben entspricht dem postmodernen Diskurs vom „Ende der Geschichte". Denn alles, ob einst der Vergangenheit oder der Zukunft zugehörig, erscheint jetzt gleichzeitig (zumindest 'in potentia') als immer schon da.[32] Somit sind die zentralen Charakteristika des uns zeitgemäßen Wissens vom Leben ein empirisch sichtbarer Buchstaben-Code, der in seiner hervorbringenden Potenz *unbegrenzt* und hinsichtlich seiner organisierenden Elemente *endlich* ist. Die vielfältigen Phänomene des Lebens werden für das molekulargenetische Wissen sekundär, da sie als Effekte eines „übersichtlicheren" Codes gelesen werden können. In der epistemologischen Ordnung hat sich der empirische Raum der Sichtbarkeit *umgekehrt*: Innerhalb der Wissensordnung der Molekulargenetik verläuft der Weg der Erkenntnis nun von Innen nach Außen. Die entscheidende Frage dieser Wissenschaft ist nun, welche Programme geschrieben werden müssen, um ausgehend von den unbegrenzten Möglichkeiten, die der endliche Code des Lebens anbietet, den bereits realisierten Programmen Ebenbürtiges oder auch Besseres entgegensetzen zu können.

Das Wissen vom Menschen: Von der menschlichen Rasse zum Code des Lebens

In ihrem Bestreben, eine exakte Wissenschaft nach dem Vorbild der Naturwissenschaften zu werden, orientieren sich die Humanwissenschaften zunehmend an den Wissensmodellen der Biologie und der Genetik. Im Gegensatz zu diesen empirischen Wissenschaften vom Leben sind dem humanwissenschaftlichen Wissen jedoch die „Zirkelschlüsse" der philosophischen Reflexion des Menschen immanent, wenn es ihnen darum geht, den „Menschen in seinen empirischen Teilen" (OD 413) zu ergründen. So wird die Kantsche Dopplung von „Empirischem" und „Transzendentalem", die sich in der Problematisierung des „Cogito" und des „Ungedachten" und schließlich des „Zurückweichens" und der „Wiederkehr" des menschlichen Ursprungs fortschreibt, von den Humanwissenschaften im Empirischen selbst redupliziert, indem dem „grauen Raum der Empirizität" eine „transzendentale Funktion" (OD 411) zugeschrieben wird.

---

32 Nach Baudrillard muß gewissermaßen von einer „Umkehrung der Geschichte" die Rede sein, in der alles Vergangene nochmals und gleichzeitig „recycled" werden kann. An die Stelle der „Evolution" wäre damit die „Involution" getreten. Vgl. Baudrillard 1994, 132

Die eigentümliche Ordnung des humanwissenschaftlichen Wissens läßt sich in Anlehnung an Foucault dadurch bestimmen, daß die Humanwissenschaften einerseits in ihrem Selbstverständnis als empirische Wissenschaften den Menschen auf der Ebene untersuchen, wie er sich in der Erfahrung gibt. Erforscht wird der Mensch als arbeitendes, lebendes und sprechendes Wesen, wodurch die Humanwissenschaften epistemologisch der Ökonomie, der Biologie und den Sprachwissenschaften sehr nahe stehen. Andererseits wird der Mensch jedoch, in Abgrenzung zu den empirischen Wissenschaften als vor jeder Erfahrung bereits gegebene Entität anthropologisch vorausgesetzt. Aufgrund dieses „historischen a priori" ist der Mensch für die Humanwissenschaften geradezu eine „leere Markierung" (OD 422) mit äußerlichen Repräsentationen. Die Humanwissenschaften versuchen ausgehend von diesen Repräsentationen zwischen dem „Positiven", dem Menschen als ersichtlich arbeitendes, lebendes und sprechendes Wesen, und dem „Fundamentalen" der 'Arbeit', des 'Lebens' und der 'Sprache', das als Möglichkeitsbedingung seiner Erkenntnis gilt, den Menschen *an sich* empirisch zu begründen. Paradoxerweise gilt das zu ergründende Wesen des Menschen für die Humanwissenschaften jedoch bereits von vornherein als unhinterfragt gegeben.

Da die Humanwissenschaften dieser Setzung aber kein eigenes „wissenschaftliches Kriterium" entgegensetzen können, begründet sich ihre wissenschaftliche Legitimität auf eine epistemologische Nachbarschaft zu den mehr oder weniger mathematisierbaren Naturwissenschaften und den empirischen Wissenschaften. Von ihnen können sie ihre konstitutiven Wissensmodelle übernehmen. Durch den von ihnen stillschweigend reproduzierten erkenntnistheoretischen Zirkelschluß führen sie das empirische Wissen, so das Wissen vom Leben „heimlich zu jener Analytik der Endlichkeit zurück, die zeigt, wie der Mensch in seinem Sein mit den Dingen, die er kennt, zu tun haben und Dinge kennen kann, die in der Positivität seine Seinsweise determinieren." (OD 424) Ein humanwissenschaftlicher Diskurs nimmt seine konstituierenden Modelle zum Beispiel von der „Projektionsoberfläche" der Biologie, wo „der Mensch als Wesen mit Funktionen" erscheint, „das Stimuli erhält (...), auf die er antwortet" und die Möglichkeit besitzt, entsprechend den Anforderungen des jeweiligen Milieus „mittlere Anpassungsnormen zu finden" (OD 428). Die grundlegende Opposition dieses Modells ist: *Funktion* versus *Norm*. Im humanwissenschaftlich gewendeten Modell der Biologie verweist die Funktion, die selbst schon vorausgesetzt wird, aufs Empirische; die empirisch meßbare Norm als Durchschnitt wiederum auf ein Transzendentales des Menschen. Es handelt sich somit um eine „empirisch-kritische Reduplizierung" (OD 411) des Menschen.

„(D)er Begriff der Funktion" hat „die Rolle zu zeigen, wie die Strukturen des Lebens der Repräsentation (...) Anlaß sein können; und der Begriff der Norm hat die Rolle zu zeigen, wie die Funktion sich selbst ihre eigenen Bedingungen der Möglichkeit und die Grenzen ihrer Ausübung gibt." (OD 434)

Jede Humanwissenschaft kann sich problemlos neben den biologischen Modellen zum Beispiel ökonomischer und sprachwissenschaftlicher Modelle bedienen und diese Modelle miteinander kreuzen. Der wissenschaftsgeschichtliche „Trend" der von den Humanwissenschaften bevorzugten Wissensmodelle verläuft nach Foucault von der „dichteren Form in lebendigen Modellen" zur „gesättigteren Form von der Sprache übernommene(r) Modelle" (OD 431). Je mehr sich das Denken der Moderne der Epochenschwelle annähert, gewinnen „fundamentalere" Ordnungen wie die der Norm, der Regel oder des Systems an Priorität vor den „oberflächlicheren" Funktionen, Konflikten oder Bedeutungen. Die Folge davon ist nach Foucault eine *Vereinheitlichung* des humanwissenschaftlichen Feldes.

> „Alles kann in der Ordnung des Systems, der Regel und der Norm gedacht werden. Das Feld der Humanwissenschaften wird vereinheitlicht, indem es pluralisiert wird, weil die Systeme isoliert sind, weil die Regeln geschlossene Gesamtheiten bilden, weil die Regeln sich in ihre Autonomie stellen: Es hat plötzlich aufgehört, nach einer Dichotomie von Werten gespalten zu sein." (OD 432)

Somit lassen sich alle sozialen Phänomene in das Feld der Humanwissenschaften integrieren: Alles bekommt seine Bedeutung, verweist auf eine Funktion und könnte ein potentieller Konflikt sein. Die ausschließenden Dichotomien wie 'Wahnsinn versus Vernunft' heben sich zugunsten eines Normalitätskontinuums (einer Regelgesamtheit oder eines Zeichensystems) auf. In einer Wissensordnung, die vom Denken eines Normalitätskontinuums geprägt ist, wird die Dichotomie 'normal / pathologisch' zu einer Bipolarität, die jedem Menschen *innerlich* ist.[33] Insofern die dem Kontinuum vorausgesetzte Norm nie dem Bewußtsein des Menschen wie auch der humanwissenschaftlichen Erfahrung zugänglich ist, schreiten die Humanwissenschaften ausgehend von äußeren Repräsentationen wie Hautfarbe, Körperbau, Aussagen, Gesten ... der beobachteten Menschen in das sich der Erfahrung entziehende Gebiet des „Ungedachten" voran.[34] Da im Verlauf des wissenschaftsgeschichtlichen „Erkenntnisfortschritts" der Humanwissenschaften die entdeckten Funktionen des Menschen immer wieder infragegestellt werden, da sie wiederum als Repräsentationen tiefer liegender Funktionen erforscht werden können, suchen die Humanwissenschaften solange nach einem ursprünglichen Prinzip im Menschen, bis sie schließ-

---

33   Zur Integration des Ausgeschlossenen in das Normale am Beispiel des Wandels vom „Wahnsinn" zur „Geisteskrankheit", der mit der Entstehung der modernen Psychologie einhergeht vgl. Foucault WG; PG; vgl. ferner Robert Castels Studie zur „psychiatrischen Ordnung", Castel 1983

34   So ist zum Beispiel im „Verhältnis zum Bewußtsein einer Bedeutung (...) das System stets unbewußt, weil es bereits vor ihr da war, weil sie in ihm liegt und ausgehend von ihm wirksam wird." OD 433

lich seinen Ursprung jenseits ihres Forschungsgegenstandes „Mensch" in Codes und Programmen vermuten.

> „Sie gehen von dem, was der Repräsentation gegeben wird, zu dem, was die Repräsentation möglich macht, was aber wiederum eine Repräsentation ist. So suchen sie weniger (...) danach zu verallgemeinern oder zu präzisieren, als danach sich unaufhörlich zu entmystifizieren: von einer unmittelbaren und nicht kontrollierten Evidenz zu weniger transparenten, aber grundlegenderen Formen überzugehen. (...) *Am Horizont jeder Humanwissenschaft gibt es den Plan, das Bewußtsein des Menschen auf seine realen Bedingungen zurückzuführen, es auf die Inhalte und Formen zurückzubringen, die es haben entstehen lassen und die sich in ihm verbergen.*" (OD 436; Hervorhebung A.L.)

Aufgrund dieses Forschungsziels, mit dem sich die Humanwissenschaften in den Dienst der Menschheit stellen können, rechtfertigen sie die Suche der formalen und empirischen Naturwissenschaften nach den grundlegenden Organisationsprinzipien der Dinge; so die Suche der Biologie nach dem „Kern" des Lebens, der sich jedoch, wenn er von der Genetik „geknackt" ist, im Denken der Humanwissenschaften nicht nur als funktionaler sondern zugleich als Norm setzender Code offenbart. Mit dem „empirischen" Nachweis der vorausgesetzten Norm des Menschen als *innere* Norm des genetischen Codes ändert sich in der Wissensordnung der Humanwissenschaften jedoch Grundlegendes: Die *„anthropologische" Grundstruktur* ihres Wissens vom Menschen wird durch eine *„genetische" Grundstruktur* eines Wissens vom Leben ersetzt, wodurch nichts mehr das humanwissenschaftliche Wissen vom Wissen der Molekulargenetik trennt.

Die anthropologische Grundstruktur - die Wissensordnung der Rassenhygiene

Die epistemologische Grundstruktur der Humanwissenschaften wurde in der Moderne bekanntlich von der „klassischen" Wissenschaft vom Menschen, der Medizin und den anthropologischen Erforschungen des Menschen durch die Ärzte begründet.[35] Ende des neunzehnten Jahrhunderts entsteht jedoch innerhalb des humanwissenschaftlichen Feldes von Medizin und Anthropologie eine neue Disziplin. Sie erhebt mit Hilfe der Wissensmodelle des Darwinismus und der „klassischen" Genetik

---

35 Auf diese Gründerfunktion der Medizin weist Foucault in „Die Geburt der Klinik" hin: „Die Bedeutung von Bichat, Jackson und Freud in der europäischen Kultur beweist nicht, daß sie nicht bloß Ärzte, sondern auch Philosophen waren; sie beweist vielmehr, daß in dieser Kultur der philosophische Status des Menschen wesentlich vom medizinischen Denken bestimmt wird." GK 209

die seit der Antike bestehende Idee der „Eugenik" zum wissenschaftlichen Programm.[36] 1865 definiert der Begründer der „wissenschaftlichen" Eugenik Francis Galton diese als ein Programm zur Steuerung der menschlichen Evolution, durch planmässige Ausnutzung der vom Darwinismus zum Steuerungsmechanismus des Lebens und seiner Geschichte erklärten „natürlichen Selektion". Das Ziel der Eugenik habe, so Galton, eine „Verbesserung der menschlichen Rasse" (zit. nach Weingart u.a. 1992, 36) durch Vermehrung ihrer „Erbqualität" zu sein.[37] Wie dies der erste deutsche Eugeniker Wilhelm Schallmayer 1891 ausdrückt, geht es der Eugenik darum, „auf die menschliche Zuchtwahl bessernd einzuwirken" und somit „der menschlichen Gattung zum Heile zu gereichen". (zit. nach Weingart u.a. 1992, 39)[38] Mit ihrem Heil(ung)simperativ rückt die Eugenik, wie dies gerade die deutsche Bezeichnung „Rassenhygiene" nahelegt, in die Nähe der Medizin bzw. ihrer Teildisziplin, der Hygiene, auch wenn sie durch ihre Orientierung am „Heil" der Gattung einer am Individuum orientierten Medizin zugleich fern steht.[39]

Wie Foucault der modernen Medizin der Klinik einen fundamentalen Platz in der „Gesamtarchitektur der Humanwissenschaften" (GK 208) zuweist, muß ein vergleichbarer epistemologischer Ort auch der Eugenik zugebilligt werden, die sich seit dem ausgehenden neunzehnten Jahrhundert rassen-*hygienisch* formiert hat. Die Medizin wie die Rassenhygiene sind durch ihre besondere Nähe zur „anthropologischen Struktur" (ebd.) in der „Analytik der Endlichkeit" des Menschen gekennzeichnet.

> „Weil der Tod in die medizinische Erfahrung epistemologisch integriert worden ist, konnte sich die Krankheit von ihrem Status als Gegen-Natur befreien und sich im *lebenden Körper* der Individuen *verkörpern*. (...) (A)us der Einfügung des Todes in das medizinische Denken ist eine Medizin geboren worden, die sich als Wissenschaft vom Individuum präsentiert." (GK 207)

---

36 Zur Vorgeschichte eugenischer Züchtungsutopien, die bis zu Platons „Staat" zurückreicht vgl. Weingart u.a. 1992, 27 ff

37 Der Rassenbegriff der Eugenik wird von Galton mit dem biologischen Artbegriff gleichgesetzt. Zum Verhältnis von Eugenik und Rassenanthropologie vgl. Schmuhl 1994, 143-148

38 Wilhelm Schallmayers Broschüre „Über die drohende Entartung der Kulturmenschheit" von 1891 ist die erste Publikation zur Eugenik im deutschsprachigen Raum. Vgl. Weingart u.a. 1992, 38

39 Der deutschen Eugenik wird von Alfred Ploetz 1895 der Name „Rassenhygiene" gegeben. Vgl. ebd. 41; Ihre in Hinblick auf die rassenhygienische Praxis im Nationalsozialismus offensichtliche Differenz zur Medizin der Moderne wird im dritten Teil dieses Buches herausgearbeitet. Zur Rolle von Hygiene, Sozialhygiene und auch der Rassenhygiene in der Geschichte der Medizin vgl. Eckart 1994, 229 ff und 287 ff

Der Medizin gegenüber steht nun die Eugenik als Rassenhygiene, die sich gleichermaßen als Wissenschaft von der Gattung präsentieren kann. Gemeinsames Merkmal dieser - für das humanwissenschaftliche Wissen ihrer Zeit konstitutiven - Wissenschaften vom Menschen ist ihre „Beschwörung des Todes", den die nicht therapierte, individuelle oder kollektive Krankheit des Lebens herbeiführt. Insofern im biologischen Denken der Moderne der Tod „nicht mehr als das eingefallene Leben" (OD 340) ist, muß diese jedoch als eine „Beschwörung des Lebens" gelesen werden. Der offensichtliche Unterschied zwischen einer Medizin der Klinik und einer Hygiene der Rasse besteht nun darin, daß die eine versucht, über die Abwehr des Todes das *endliche* Leben eines Menschen als Individuum zu erhalten, während die andere darauf abzielt durch die Herbeiführung des Todes bestimmter Individuen das *unendliche* Leben der Gattung zu fördern. Während die sich am Umbruch von der Klassik zur Moderne formierende klinische Medizin epistemologisch dazu gedient hat, den Menschen in seiner Endlichkeit zu begründen, so versucht die Rassenhygiene diese Endlichkeit des Menschen in einer „Unendlichkeit der Rasse" aufzuheben.[40] Die Medizin der Klinik hat die „Geburt" der Humanwissenschaften ermöglicht; die Rassenhygiene führt das humanwissenschaftliche Wissens an seine Grenze heran.[41]

Von der Wissenschaftsgeschichte wird die Rassenhygiene gemeinhin als „pseudowissenschaftliche" und „ideologische" Bewegung abgehandelt.[42] In den Programmen der Eugenik finden sich jedoch verschiedene, durchaus wissenschaftliche Wissensbereiche des ausgehenden neunzehnten und beginnenden zwanzigsten Jahrhunderts vereint. Die Rassenhygiene formiert sich als Wissenschaft vom Menschen, indem sie die Diskurse der ihr zeitgemäßen Medizin und (Sozial-)Hygiene, der physischen Anthropologie und Rassenanthropologie, den psychiatrischen Degenerationsdiskurs und die Diskurse des sozialdarwinistischen Evolutionismus miteinander verbindet. Diese humanwissenschaftliche Diskurskombination steht epistemologisch innerhalb eines nachbarschaftlichen „Trieders des Wissens" (OD 413), wodurch das rassenhygienische Wissen seine empirisch-wissenschaftliche Form erhält. Die drei Dimensionen des Trieders sind erstens eine Biologie, die sowohl von der darwinisti-

---

40 Anzumerken ist, daß auch Kant, der philosophisch die „Endlichkeit des Menschen" begründet hat, zugleich an einer „Unendlichkeit der Rasse" festhält. Dabei bezieht Kant sich jedoch auf Buffons Rassenlehre, die dem Denken der Klassik zuzuordnen ist. Vgl. Kants Aufsatz „Von den verschiedenen Racen der Menschheit" (1775). „Racen" gelten für ihn nach Conze als „Abartungen" der unendlichen menschlichen Art. Vgl. Conze 1984, 147

41 Der rassenhygienische Holocaust kündigt im faktischen Massenmord den „Tod des Menschen" im Wissen der Humanwissenschaften an. Die „empirische Zerstörung" der „Idee des Menschen" in Auschwitz wird von Hannah Arendt thematisiert. Vgl. Arendt 1986, 690 ff; Meschnig 1994.

42 Vgl. z.B. Eckart 1994, 286 ff

schen Evolutions- und Selektionstheorie als auch den anfänglichen Versuchen eines „klassischen" Wissens von genetischen „Mutationen" geprägt ist. In Entsprechung zum „Erkenntnisfortschritt" der „klassischen" Genetik transformiert sich das darwinistische Denken der Rassenhygiene zunehmend in Richtung des genetischen Neodarwinismus. Die zweite Dimension ist die Methode der mathematischen Quantifizierung und die dritte schließlich eine „philosophische" Reflexion des Menschen, in welcher jedoch an die Stelle der erkenntnistheoretischen Doppel des Menschen die ideologischen Doppel der Rasse gesetzt werden.

Von der „Projektionsoberfläche" der darwinistischen Biologie übernimmt die Rassenhygiene ihre ersten richtungsweisenden Wissensmodelle im Sinne des Sozialdarwinismus: Das in der Erfahrung des Sozialdarwinisten gegebene Überleben und die Überlegenheit bestimmter Individuen und Klassen im gesamtgesellschaftlichen Konkurrenzkampf um ökonomische Ressourcen („survival of the fittest") repräsentiert die biologische Funktion aller Organismen und Arten zum „Kampf ums Dasein" und zugleich die biologische Norm evolutionärer Umweltanpassung („Fitness"). Funktion wie Norm werden dabei als vor jeder Erfahrung gegeben vorausgesetzt. In diesem Zirkelschluß des Sozialdarwinismus verweist die Funktion der Kampffähigkeit auf das empirisch wahrnehmbare Leben in seiner Endlichkeit, während die darwinistische Fitness-Norm einem transzendentalen Leben entspricht, das dann in einem rassenideologischen Ideal der Menschheit ausgeschrieben wird.[43]

Im rassenideologischen Diskurs der Rassenhygiene, für den man exemplarisch Alfred Ploetz' Position zitieren kann, wird in Analogie zum biologischen Artbegriff von einem biologischen Rassenbegriff - von der „Vitalrasse" (Ploetz 1895 zit. nach Weingart 1985, 321) - ausgegangen. Dieser umfaßt im Gegensatz zum anthropologischen Rassenbegriff - der „Systemrasse" (ebd.) - die gesamte menschliche Gattung. Dennoch spricht Ploetz, obwohl er sich auf den biologischen Rassenbegriff beruft, zugleich von der „arischen" und „nordischen" Rasse. Ihr rechnet er von sogenannten „kleineren Rassen" wie den „Juden" oder den „Negern" abgesehen, die er als evolutionäre Glieder zwischen den „Gorillas" und den „Weißen" einstuft, die Mehrheit der menschlichen Spezies zu. Diese Mehrheit bezeichnet er wiederum als „Kulturrasse", wodurch er gerade nicht biologisch sondern rassenideologisch das „Arische" zur idealen Norm erhebt.[44]

---

43 Zum sozialdarwinistischen Zirkelschluß vgl. Weingart u.a. 1992, 117; ferner zu den Varianten des Sozialdarwinismus und Sozialbiologismus Marten 1983

44 Wie Schallmayers Kritik an Ploetz' „arischem" Rassenideal zeigt, hingen diesem Ideal nicht alle Rassenhygieniker an. Vgl. Weingart u.a. 1992, 91 ff; Es ist jedoch anzunehmen, daß von allen Eugenikern gleich welcher politischen „Couleur" notwendigerweise ein Ideal der Rasse oder der menschlichen Gattung vorausgesetzt wurde. Als Indiz vgl. das sozialistisch orientierte „Genetiker-Manifest" von 1939, in: Weß 1989, 155 ff

Abzüglich der rassenideologischen Mythisierungen einer „arischen" Rasse bei Ploetz findet sich derselbe Zirkelschluß jedoch auch in der normalen Forschungspraxis der physischen Anthropologie des neunzehnten Jahrhunderts. Bei den quantifizierenden Schädel- und Gehirnvermessungen des Chirurgen und Anthropologen Paul Broca, der die „Craniometrie" als Wissenschaft begründete und heute als Gründervater der Hirnforschung gilt, wird der von der Rassenhygiene reproduzierte anthropologische Zirkelschluß deutlich. In der Rede Brocas wird zwischen der „weißen" und der „schwarzen" Systemrasse unterschieden. Daß in der physischen Anthropologie durch die lineare, vertikale Anordnung der „geistigen Fähigkeiten" der verschiedenen Rassen die ideale Norm eines weißen Europäers von vornherein ebenfalls ideologisch vorausgesetzt wird, verdeutlicht die Messung und Erstellung des Brocaschen „Kopf-Indexes".

> „Die Tabelle zeigt, daß westafrikanische Schwarze ein etwa hundert Kubikzentimeter geringeres Schädelvolumen haben als europäische Rassen. Zu dieser Zahl dürfen wir die folgenden hinzufügen: Kaffern, Nubier, Tasmanier, Hottentotten, Australier. Diese Beispiele genügen, um zu beweisen, daß das Gehirnvolumen zwar nicht die entscheidende Rolle in der geistigen Rangordnung von Rassen spielt, aber dennoch von sehr realer Bedeutung ist." (Broca 1873 zit. nach Gould 1988, 89)

Das anscheinend vor jeder Erfahrung gegebene, jedoch von der Anthropologie als Norm gesetzte, verifiziert sich für den Anthropologen in der Empirie: Mehr oder weniger „weißrassige" Langschädligkeit, die viel, und mehr oder weniger „schwarzrassige" Kurzschädligkeit, die weniger „Gehirnmasse" Platz bietet, ist das Ergebnis des Köpfemessens.[45] Ermöglicht wird der „empirische" Nachweis bei Broca gerade durch die „Kreuzung" der darwinistischen Evolutionstheorie mit der Methode der mathematischen Quantifizierung, wodurch das „transzendentale Wissen" darwinistischer Evolutionsgeschichte zu einem an verschiedenen Schädelformen empirisch überprüfbaren Wissen wird.[46]

Im Gegensatz zum „oberflächlicheren" Blick der Anthropologie und des Sozialdarwinismus repräsentiert jedoch für die Vertreter der Rassenhygiene das Abweichen bestimmter Individuen und Gruppen von der vorausgesetzten und mit dem „Rassenideal" gleichgesetzten Norm des evolutionären Fortschritts einen tieferlie-

---

45   Dieser Zirkelschluß liegt auch dem durch die Blutgruppenforschung „vertieften" anthropologischen Wissen des Rassenhygienikers Eugen Fischer zugrunde, der in den dreißiger Jahren versuchte, den „Arier-Anteil" in einer von ihm vorausgesetzten europäischen Rassenmischung nachzuweisen. Vgl. Weingart u.a. 1992, 355 ff. Der „anthropologische Zirkel" setzt sich bis heute in der Erforschung rassen- und klassenspezifischer Intelligenzquotienten fort. Vgl. Gould 1988, S. 351 ff; Als aktuelles Beispiel vgl. Hans J. Eysencks Versuche die Psychologie entsprechend den Ergebnissen der IQ-Forschung umzuschreiben. Eysenck 1978

46   Gerade für den Eugenikbegründer Galton war die Quantifizierung eine der richtungsweisenden wissenschaftlichen Methoden Vgl. Gould 1988, 73 ff

genden, funktionalen Defekt im Erbmaterial, der seinerseits auf eine Störung der „natürlichen Selektion" zurückverweist.

> „In den ärmeren Klassen befindet sich eine große Zahl von Menschen, die durch gewisse Defekte in diese Klasse hereingedrängt worden sind. (...) Deshalb ist das Geborenwerden in diesen tieferen Schichten nicht rein eine Sache, die nichts zu tun hat mit den angeborenen Anlagen, sondern da in diesen ärmeren Schichten bereits ein großer Teil der aus biologischen Gründen Herabgesunkenen lebt, so bringt auch das bloße Geborenwerden darin zum Teil ererbte Defekte mit sich, d.h. die Defekte, die bei den Eltern oder Vorfahren die Veranlassung zum Herabsinken gegeben hatten." (Ploetz 1911 zit. nach Weingart u.a. 1992, 120)

Um die Erblichkeit der konstatierten „Defekte" nachzuweisen, bedient sich die Rassenhygiene der Modelle des Neodarwinismus, die die „klassische" Genetik seit der „Keimplasmatheorie" von Weismann und der „Mutationslehre" von de Vries, Correns und Tschermak entwickelt hat. Durch dieses Wissen erscheint der Mensch im Empirischen als oberflächliche Repräsentation seines Erbguts, dessen Funktion und Norm eine auf dem Niveau der Keimzellen ablaufende selektive Steuerung hervorbringt. Die „natürliche Selektion" der Keimzellen organisiert die Evolution der Art.[47] Diese „natürliche Selektion", die für die „klassische" Genetik als einziger Steuerungsmechanismus des Lebens in den Keimzellen lokalisiert gilt, erscheint in der rassenhygienischen „Übersetzung" dieses Wissens als von künstlichen Selektionsmaßnahmen der Zivilisation bedroht.

Wahrgenommen als störende Umwelt dieses „Keimzellen-Lebens", wird den sozialmedizinischen und sozialpolitischen Maßnahmen der modernen Gesellschaft die Funktion zugesprochen, den „natürlichen" Verlauf der Evolution außer Kraft zu setzen. Die Folge sei eine gefährliche Rückentwicklung oder „Degeneration" der menschlichen Gattung. Dementsprechend verweist für Rassenhygieniker wie Ploetz das bloße Überleben ärmerer Klassen auf eine „Contraselection", die das Resultat einer zivilisationsbedingten Störung der „natürlichen Selektion" sei. Gleichermaßen nimmt Wilhelm Schallmayer „die steigende Zahl der Geisteskrankheiten, der Selbstmorde, der Kurzsichtigen, die Verschlechterung des Gebisses" und vor allem den „Rückgang der 'leichten Gebärfähigkeit und des Stillungsvermögens der Frauen'" (Weingart u.a. 1992, 74 f) als Repräsentation einer tieferliegenden biologisch-genetischen „Degeneration" der Rasse wahr.

Da ein an vorausgesetzten (idealen wie ideologischen) Normen orientierter evolutionärer Fortschritt immer eine mögliche Abweichung von der Norm der Evolution als Rückschritt impliziert, verwundert es nicht, daß sich im Denken der Rassenhygiene das biologisch-genetische Modell der neodarwinistischen Evolutions- und

---

47 Zur Rezeption der Weismannschen „Keimplasmatheorie" und den Erkenntnissen der „klassischen" Genetik in der Rassenhygiene vgl. Weingart u.a. 1992, 81 ff; 355.

Selektionstheorie mit dem Degenerationsdiskurs verbindet. Hierbei handelt es sich um eine Theorie der Psychiatrie, die sich innerhalb der psychiatrischen Medizin des neunzehnten Jahrhunderts entwickelt hat.[48] Eröffnet wurde der psychiatrische Degenerationsdiskurs 1857 durch den französischen Psychiater Benedict A. Morel:

> „Die Degenerationen sind krankhafte Abweichungen vom normalen menschlichen Typ, sind erblich übertragbar und entwickeln sich progressiv bis zum Untergang."
> (Morel zit. nach Weingart u.a. 1992, 47)

Als die Degeneration auslösende Faktoren gelten für Morel zum einen Umwelteinflüsse wie „Vergiftung" und „soziales Milieu", zum anderen vor allem die „Vererbung". Sein Zeitgenosse, der Psychiater Valentin Magnan hält Morel entgegen, daß im Sinne der darwinistischen Evolutionstheorie die Vollendung einer Art nicht an deren Ursprung stehen könne. Die Degeneration müsse eher als eine Störung des evolutionären Fortschritts denn als Abweichung von einer ursprünglichen, idealen Vollkommenheit interpretiert werden. Während das von Morel verwendete biologische Modell von einer ahistorischen Konzeption des 'Lebens' - vergleichbar dem Denken der Cuvierschen Biologie - ausgeht, bedient sich Magnan der Evolutionsgeschichte des Darwinismus. Der biologisierte Degenerationsdiskurs wird im deutschen Sprachraum von dem Psychiater Richard von Krafft-Ebing und dem Arzt August Forel aufgegriffen. An Forels Thesen schließen sich die Rassenhygieniker Alfred Ploetz und Wilhelm Schallmayer in ihrer „Degenerationshypothese" an.[49]

Wie bereits bei Morel angelegt, wird der „Vererbung" im rassenhygienischen Degenerationsdiskurs die Schlüsselrolle zugesprochen. Seit der Rezeption der Weis-

---

48 Die Entstehung des Degenerationsbegriffs weist in das achtzehnte Jahrhundert zurück: zu Buffons naturgeschichtlicher Deszendenztheorie auf der einen, zu Rousseaus Zivilisationskritik auf der anderen Seite, in deren Zentrum der Begriff der Degeneration steht. Vgl. Weingart u.a. 1992, 42 f. Auch von Darwin und Marx wird die Vorstellung von der Degeneration aufgegriffen, wenn sie den gegenwärtigen Zustand der Menschheit diagnostizieren. Darwin (1874): „Wenn (...) verschiedene (...) Hemmnisse es nicht verhindern, daß die leichtsinnigen, lasterhaften und in anderer Weise niedriger stehenden Glieder der Gesellschaft sich in einem schnelleren Verhältnisse vermehren, als die bessere Classe der Menschen, so wird die Nation zurückschreiten, wie es in der Geschichte der Welt nur zu oft vorgekommen ist." Darwin 1992, 155; Marx (1890): „(D)em verständigen Beobachter (zeigt die Erfahrung) (...), wie rasch und tief die kapitalistische Produktion (...) die Volkskraft an der Lebenswurzel ergriffen hat, wie die Degeneration der industriellen Bevölkerung nur durch beständige Absorption naturwüchsiger Lebenselemente vom Lande verlangsamt wird und wie selbst die ländlichen Arbeiter, trotz freier Luft und des unter ihnen so allmächtig waltenden principle of natural selection, das nur die kräftigsten Individuen aufkommen läßt, schon abzuleben beginnen." Marx 1962, 285

49 Vgl. Weingart u.a. 1992, 48, 61. An den biologisierten Degenerationsdiskurs der Psychiatrie schließt ferner auch die Kriminalanthropologie Cesare Lombrosos an. Vgl. dazu Gould 1988, 129 ff; Brömer 1994, 128 ff

mannschen „Keimplasma"- und „Panmixie-Theorie"[50] durch die Rassenhygiene wird ausschließlich die „direkte" Vererbung ohne äußere Erwerbung zum Ursprung der Degeneration erklärt. Die zivilisatorische Umwelt trage jedoch durch ihre sozialpolitischen Maßnahmen zur Versorgung von Kranken und Schwachen „contraselectiv" zur Störung der inneren „natürlichen Selektion" des Erbes bei. Die moderne Gesellschaft erscheint als Ursache einer von den „Gesetzen" der Natur nicht vorgesehenen Degeneration. Wie die „klassische" Genetik unterhalb der sichtbaren Phänomene des Lebens nach dessen genetischer Substanz forscht, sucht die Rassenhygiene in einer vergleichbaren nach innen gewandten Denkbewegung einerseits *anthropologisch* noch im „ungedachten" Bereich des menschlichen Körpers, andererseits bereits *genetisch* jenseits des Menschen nach den ursprünglichen Organisationsprinzipien der Evolution und Degeneration von „Rasse" und „Genpool" zugleich.

In Analogie zur sich beständig „vertiefenden" biologisch-genetischen Suche nach einem ursprünglichen und verborgenen Organisationsprinzip des Lebens - von der „klassischen" Genetik bis zur „Populationsgenetik" - weicht im rassenhygienischen Degenerationsdiskurs der mystische Ursprung der Menschheit als „Rasse" immer weiter zurück, anstatt im „Licht" ihrer „wissenschaftlichen" Erkenntnis wiederzukehren. Durch die steigende „Mutationsrate", mit der die Populationsgenetik den Degenerationsdiskurs „wissenschaftlich" fundiert[51], zieht sich der Ursprung der „Rasse" soweit zurück, daß die darwinistische Evolutionstheorie zur verzweifelten Prophetie seiner Wiederkehr wird. Es verwundert deshalb nicht, daß die biologisch-genetische Prophetie der Rassenhygiene sich im Nationalsozialismus direkt mit der antisemitischen Rassenideologie verkoppeln konnte. Im Antisemitismus, der als „idealtypische" Rassenideologie der Moderne die Degeneration der Rasse auf die Blutsvermischung begründete und somit den Ursprung der Degeneration bereits in

---

50 Weismann entwirft 1886 ein biologisches Modell zur Erklärung der evolutionären Rückbildung der Funktion einzelner Organe. Sein Untersuchungsobjekt ist der „Grotten-Olm", bei dem sich, über Generationen hinweg, seine „evolutionär erworbene" Sehfähigkeit weitgehend zurückgebildet hat. Ploetz interpretiert nun diese Rückbildung eines für dieses in völliger Finsternis lebenden Tieres unnützen Organs als evolutionären Rückschritt und überträgt das evolutionäre Rückschritts-Modell auf den Menschen. Vgl. Weingart u.a. 1992, 82 ff

51 Für die rassenhygienische Bewegung ist es kennzeichnend, daß sie einerseits als Wissenschaft auftritt, andererseits jedoch die Legitimation ihrer Degenerationshypothese wissenschaftlich nicht beweisen kann. Hier bleibt die Rassenhygiene, auch wenn sie diese offiziell kaum rezipiert, von den Ergebnissen der Genetik abhängig: 1935 prognostiziert der am Kaiser Wilhelm-Institut für „Hirnforschung" arbeitende Populationsgenetiker Timoféeff-Ressovsky in der von Ottmar v. Verschuer herausgegebenen Zeitschrift „Der Erbarzt" eine erheblich höhere „genetische Mutationsrate" in der deutschen Bevölkerung, als die an der mendelistischen Genetik orientierten Rassenhygieniker bisher angenommen hatten. Vgl. Roth 1986, 37

die Körper hinein, ins „Blut" verlagert, wird die aus der anthropologischen Außen-
perspektive als „genetisch-minderwertig" definierte „Rasse" unsichtbar und kann
somit zum inneren Degenerationsfaktor der eigenen „Rasse" proklamiert werden.[52]
Somit kann rassenideologisch beschworen werden, was biologisch-genetisch empirisch nicht nachweisbar ist.

Die genetische Grundstruktur - die Wissensordnung der (Human)Genetik

Mit dem „Sprung" der Biologie zur Molekulargenetik und der Zusammenfassung
der unendlichen Vielfalt des endlichen Lebens im genetischen Code kehrt sich der
empirische Raum der Sichtbarkeit im Wissen vom Leben um. In der unbegrenzten
Endlichkeit des Codes kehrt der sich den Humanwissenschaften permanent entziehende aber für ihren Anspruch als empirische Wissenschaften konstitutive Ursprung
des Menschen wieder.[53] Seit dem „Knacken des genetischen Codes" (Treusch-Dieter 1992) gelten für die Molekulargenetik die grundlegenden „Rätsel" des Lebens
gelöst: Die Evolution hat somit „ihren Anfang aus chemischen Bausteinen" genommen und alles Leben ist „einheitlichen Ursprungs und einheitlicher Struktur" (Weß
1994a, 223). Wie für die molekulargenetischen Empiriker des Lebens die von den
Biologen beobachteten räumlichen und zeitlichen Diskontinuitäten des Lebens über
den Code einer zweifachen DNS als Doppelhelix potentiell empirisch erklärbar sind,
lösen sich im humanwissenschaftlichen Wissen die anthropologischen Verdopp-
lungen des Menschen auf. Im Modell des genetischen Codes verwischt der Unterschied zwischen dem Positiven und dem Fundamentalen, da der Code gleichzeitig

---

52 Daß im nationalsozialistischen Antisemitismus dennoch weiterhin von sichtbaren Merkma-
    len auf einen „Wert" des Menschen rückgeschlossen wurde und Merkmale für die vorausge-
    setzte Degeneration auch durch Körpermanipulationen hergestellt wurden, zeigt der dritte
    Teil des Buches. Der Begriff des „Blutes" bekommt im Antisemitismus der Moderne eine
    Dimension der Tiefe, die neben der traditionellen mythischen Bedeutung auch auf die Su-
    che nach den Ursprüngen des Lebens bezogen werden kann: Das „Blut" verweist hier weni-
    ger auf vormoderne „Blutsbande" sondern auf den biologischen Zellenraum. Seit Rudolf
    Virchows „Zellularpathologie" Ende des neunzehnten Jahrhunderts hat die Zelle als Sitz
    von Leben und Krankheit das Blut als Krankheitsherd des medizinischen Denkens der
    Klassik abgelöst. Zur Medizingeschichte vgl. Eckart 1994, 224 f; zum Tableau der antise-
    mitischen Mythen vgl. Schoeps/Schlör 1995
53 Deleuze nimmt in Abgrenzung zu Foucault eine mit der „Dispersion der Sprache" ver-
    gleichbare „Verstreuung" des 'Lebens' und der 'Arbeit' in der Moderne an, der in der
    Postmoderne eine „Zusammenfassung" folgt. Vgl. Deleuze 1987, 186 f. Diese allgemeine
    Perspektive der „Verstreuung" halte ich für falsch. Wie von mir gezeigt sind die Wissens-
    modelle der modernen Biologie keine „Rhizome", sondern organisieren sich von einer
    „Wurzel", einem gedachten Ursprung her, den es zu entdecken gilt. Zum Begriff des Rhi-
    zoms vgl. Deleuze/Guattari 1977

das „Empirische" und das „Transzendentale", das „Cogito" und das „Ungedachte", das „Zurückweichen" und die „Wiederkehr des Ursprungs" ist.

Dennoch weicht der in jeder Körperzelle als zweifaches DNS-Molekül wiedergekehrte Ursprung des Menschen vom Menschen zurück, da er ebenso der Ursprung aller Lebensformen ist. Nach Aussage des Entdeckers der Doppelhelix Francis Crick ist dieser Lebensursprung „seit mindestens einigen Milliarden Jahren" da, während die Entstehung des Menschen auf „vermutlich etwa 50 000 Jahre" zu datieren ist. „Und während dieser ganzen Zeit gab es (...) die Doppelhelix, und immer war sie aktiv". (Crick 1988, 91) Daß der von den Humanwissenschaften gesuchte Ursprung des Menschen somit in eine allgemeine Geschichte des Lebens zurückweicht, ist für die humangenetische Erkenntnis des Menschen sekundär. Denn per „Röntgenstrukturanalyse" ist dieser Ursprung des Menschen vor den Augen des Humangenetikers an jeder humanen DNS immer wieder aufs neue empirisch nachweisbar.

Für die Humangenetik ist der Mensch als „Vielzeller" damit nicht mehr als ein Ensemble aus sich „selbstreplizierenden" Zell-Einzellern, deren „phänomenale" Vielfalt als Leber-, Knochenmark-, Eizelle lediglich das Resultat verschiedener Programmierungen desselben Codes ist. Als spezifisch humangenetisches Programm bringen sie den Menschen hervor und organisieren seine Funktionen. Vom nicht-humangenetischen Einzeller unterscheidet sich der Vielzeller-Mensch somit lediglich über die Länge seiner DNS und die Anordnung der Basenpaare. Während sich der humangenetische Zell-Einzeller, dem Eingangs zitierten Molekulargenetiker Joshua Lederberg zufolge, über eine „180 Zentimeter" lange DNS definiert, die „fünf Milliarden gepaarte Nukleotide" enthält, besitzen die nicht-humangenetischen „Mikroorganismen (...) lediglich ein Millionstel bis ein Tausendstel des DNS-Inhalts des Menschen" (Jungk/Mundt (HG) 1988, 292 f).

An die Stelle der dreifachen Identität und Differenz von empirischem Mensch und dem Menschlichen schlechthin, über die sich die „Idee des Menschen" und die Humanwissenschaften erst konstituieren konnten, tritt somit eine Identität und Differenz, die den Menschen seiner Einzigartigkeit beraubt, da sie ihn lediglich als „Vielzeller" dem „Einzeller" entgegensetzt. Der Mensch findet seinen „Tod" im genetischen Code, da die Suche der Humanwissenschaften nach einem „konkreten a priori" (Dreyfus/Rabinow 1987, 58) des Menschen bei einem „historischen a priori" des Lebens endet, das nicht einem Wissen vom Menschen zugeordnet werden kann. Den Platz der anthropologischen Humanwissenschaft nimmt die *(Human)Genetikwissenschaft* ein. Da der Code als Möglichkeitsbedingung für 'Mensch' und 'Leben' gleichermaßen gilt, tendiert nicht nur das Feld der Humanwissenschaften dazu, sich in sich zu vereinheitlichen; vielmehr scheint sich dieses als an seiner epistemologischen Grundstruktur genetisch gewendetes Wissensfeld mit dem Wissen der Molekulargenetik zusammenzufassen. Ob Genetik oder Humangenetik ist dabei unwesentlich; denn letztere ist als Wissenschaft von einer „humanspezifisch" langen DNS nicht mehr als eine Teildisziplin der Genetik. Das vereinheitlichende Modell des alles determinierenden und selbst indeterminierten Codes ist Funktion und Norm zugleich.[54]

Der humanwissenschaftliche Blick von außen, der als klinisch-medizinischer Blick den Menschen als Individuum, als physisch-anthropologischer Blick den Menschen als Rasse begründet hat, indem er ausgehend von den sichtbaren „Symptomen" in das „giftige Herz der Dinge" (GK 9) vorgedrungen ist, erübrigt sich im „Angesicht" des genetischen Codes. Das Leben wie der Mensch sind nun *von innen her* lesbar geworden.[55] Während sich in der räumlichen Ordnung des Wissens die Perspektive des Betrachters verkehrt, verschwindet in der zeitlichen Ordnung desselben das evolutionäre Fortschrittskontinuum, das seit dem Darwinismus das humanwissenschaftliche Wissen der Unendlichkeit des Menschen versichern sollte. Im Vergleich zu der seit „einigen Milliarden Jahren" als Doppelhelix existierenden „Essenz des Menschen" sei der Mensch ja erst „vermutlich etwa 50 000 Jahre alt" (Crick 1988, 91). Entstanden sei der Mensch nur deshalb, „weil sich aus einer einfachen Molekülsuppe durch puren *Zufall* komplizierte genetische Programme entwickelten" (Weß 1994a, 224; Hervorhebung A.L.). Somit erscheint der Mensch für das (human)genetische Wissen von heute als rein zufällige „Realisierung eines dieser genetisch vorgegebenen Programme" (ebd.).[56]

---

54 Die Auswirkungen der neuen epistemologischen Grundstruktur des Wissens auf die Geistes- und Sozialwissenschaften läßt sich exemplarisch an der Systemtheorie des Soziologen Niklas Luhmann zeigen. Luhmanns Theorie organisiert nach ihrem Selbstverständnis das Prinzip der „Autopoiesis", welches von den Biologen Maturana und Varela entworfen wurde. Vgl. z.B. das Kap. „Codes, Kriterien, Programme" in: Luhmann 1986, 89 ff. Die Modelle dieses systemtheoretischen Wissens stellt ein einheitliches Feld des Wissens vom Leben bereit, in dem der Mensch und seine Erkenntnis aufgehoben sind. Vgl. Maturana/Varela 1975 Die Modelle der Humanwissenschaften müssen scheinbar von keiner fremden „Projektionsoberfläche" mehr übernommen werden. Der Wissenstransfer läßt sich nicht mehr als solcher bestimmen.

55 Die Verkehrung des erkennenden Blicks von außen nach innen im Zuge der Lesbarkeit des genetischen Codes habe ich am Beispiel des heutigen Bedeutungsverlustes des menschlichen Gesichts für die humanwissenschaftliche Wissensbildung analysiert. Dieser Bedeutungsverlust, der in der Ersetzung der anthropologischen durch die genetische Grundstruktur des Wissens begründet ist, ermöglicht die „unbegrenzten" Gesichtsmodifikationen der plastischen Gesichtschirurgie von heute. Vgl. Lösch 1996

56 Als Beispiel einer Anwendung des Modells einer „zufälligen" Evolution in den Soziologie vgl. Luhmann 1987: „Trotz all dieser Unterschiede von organischer und soziokultureller Evolution (...) handelt es sich auch bei der soziokulturellen Evolution um Evolution im strikten Sinne, nämlich um einen ohne Plan wirkenden Aufbau von hochunwahrscheinlicher Komplexität. Voraussetzung ist die Ausdifferenzierung von autopoietischen Systemen, die ihrerseits wiederum Resultat der Evolution sind." (590)

„Der reine Zufall, nichts als Zufall, die absolut blinde Freiheit als Grundlage des wunderbaren Gebäudes der Evolution - diese zentrale Erkenntnis der modernen Biologie ist heute (...) die einzig vorstellbare, da sie allein sich mit den Beobachtungs- und Erfahrungstatsachen deckt. (...) Das Universum trug weder das Leben, noch trug die Biosphäre den Menschen in sich." (Monod 1970 zit nach Weß 1994a, 224)

Nach dem Ende der Evolutionstheorie *scheint* eine „aktive" Doppelhelix, ohne äußeren Plan ihre Geschichte selbst zu schreiben: Im Denken von der „zweiten Evolution" (Wieser in: Jungk/Mundt (HG) 1988, 4)[57] ist die Differenz zwischen 'innen und außen' des Lebens, somit zwischen 'natürlicher und künstlicher' Selektion aufgehoben. Der gentechnische Eingriff hat für das Wissen nicht die Funktion einer potentiellen Störung des natürlichen Verlaufs der Dinge, sondern wird selbst zur funktionalen Norm der Natur. Vor dem Hintergrund dieses Denkens fühlte sich Lederberg 1962 zur Frage veranlaßt: „(V)erschwenden wir nicht (...) auf sündhafte Weise einen Schatz des Wissens, wenn wir die schöpferischen Möglichkeiten genetischer Verbesserungen vernachlässigen?" (Jungk/Mundt (HG) 1988, 293) In der neuen Ordnung des Wissens existiert das humanwissenschaftliche Problem der unmöglichen Gleichzeitigkeit der faktischen Endlichkeit und vorausgesetzten Unendlichkeit des Menschen nicht mehr. In der molekulargenetischen Wissensordnung kann durchaus „eine endliche Anzahl von Komponenten eine praktisch unbegrenzte Vielfalt von Kombinationen" (Deleuze 1987, 187) ergeben.

Jenseits der Vorstellungen vom endlichen Individuum wie der unendlichen Rasse gilt der genetische Code „einem Morsealphabet" (Scheller 1985, 27) gleich, analog zur Verfahrensweise der Kybernetiktheorie Nobert Wieners zu lesen: Der Mensch ist eine individuelle entschlüsselbare „Nachricht" (Wiener 1952, 94).

„Heutzutage müssen wir zugestehen, daß Individualität mit der Kontinuität des Schemas in Zusammenhang steht und infolgedessen mit ihr das Wesen der Kommunikation teilt."(Wiener 1952, 94) „(Es) gibt (...) keine fundamentale absolute Grenze zwischen den Übermittlungstypen, die wir gebrauchen können, um ein Telegramm von Land zu Land zu senden und den Übermittlungstypen, die für einen lebenden Organismus wie den Menschen zum mindesten theoretisch möglich sind." (ebd. 100)

Wie dies die Funktionsweise des genetischen Codes als „Übermittlungstyp" zeigt, kehrt hier die Hegemonie der 'Sprache' in der Ordnung des empirischen Wissens wieder. Vergleichbar der Funktion und Norm der Sprache ihre Inhalte selbst zu strukturieren, die ihr von der Semiotik zugesprochen wird, soll der sich-selbst-aussprechende genetische Code die DNS zur „Selbstreplikation" befähigen. Die Semio-

---

57 Der Begriff von der „zweiten Evolution" wurde von der Molekulargenetik in den siebziger Jahren angesichts der zu erwartenden biotechnologischen Neukombinationen des Lebens geprägt.

tik schlägt wie die Molekulargenetik „keine 'linguistische Version' der in den Humanwissenschaften beobachteten Tatsachen vor, sie ist das *Prinzip einer ursprünglichen Entschlüsselung.* Unter einem mit ihr bewaffneten Blick gelangen die Dinge zur Existenz nur, insoweit sie die Elemente eines Zeichensystems bilden können." (OD 457; Hervorhebung A.L.)

Mit der „Wiederkehr" der Sprache im „informationstheoretisch" zu lesenden genetischen Code ändert sich die Beziehung des humanwissenschaftlichen Wissens und des mit ihm identischen Wissens vom Leben zur Mathematik.[58] Während für die anthropologisch strukturierten Humanwissenschaften die Beziehung zur Mathematik wichtig aber nicht existentiell war, da die Funktion der Mathematik sich für sie auf die Quantifizierung ihrer Resultate reduzierte, ist diese Beziehung für das (human)-genetische Wissen fundamental. Diese Verschiebung zeigt sich an den Wahrscheinlichkeitsberechnungen über potentielle Erkrankungen eines Menschen im späteren Verlauf seines Lebens, aufgrund pränatal diagnostizierter und aus der individuellen Anordnung seiner DNS-Basenpaare errechneter „genetischer Dispositionen" durch die „prädiktive" Medizin.[59] Für die prädiktive Medizin als angewandte Humangenetik sind mathematische Wahrscheinlichkeitsrechnungen über den potentiellen Eintritt von „Erbkrankheiten" und nicht die Erkenntnis biochemischer Prozesse der Gen-Substanzen das Fundamentale, während sie ihr positives Wissen aus den von ihr untrennbaren Projekten zur Sequenzierung und Kartierung des gesamten menschlichen Genoms bezieht.[60]

An diesem Punkt scheint die Medizin als „ursprünglichste" Humanwissenschaft ihr Ziel einer exakten Wissenschaft nach naturwissenschaftlichem Vorbild erreicht zu haben. Das Erreichen dieses Ziels wurde bereits circa hundert Jahre zuvor von Rudolf Virchow anläßlich seiner Begründung der „Zellularpathologie" verkündet:

„Wir bewegen uns in einer Zeit des Wissenschaftlichwerdens der Medizin (...). Eine jede Krankheit wird die ihr zugehörige, *aus der Sache selbst* notwendige Behandlung erfahren." (Virchow zit. nach Reiber 1990, 55; Hervorhebung A.L.)

---

58   Die Beziehung von Bio- und Humanwissenschaften zur Mathematik wird von Castoriadis um einiges deutlicher als von Foucault thematisiert. Vgl. Castoriadis 1981

59   Unter „prädiktiver" Medizin ist eine neue Form der Präventiv-Medizin zu verstehen, die gemäß dem Humangenomforschungsprogramm der Kommission der Europäischen Gemeinschaft vom Juli 1988 in eugenischer Orientierung darauf abzielt, „Personen vor Krankheiten zu schützen, für die sie von der genetischen Struktur her äußerst anfällig sind und gegebenenfalls die Weitergabe der genetischen Disponiertheit an die nachfolgenden Generationen zu verhindern." (Kommission der Europäischen Gemeinschaft 1988, 3)

60   Zu den Erkenntnisfortschritten der Humangenomforschung und der „prädiktiven" Medizin vgl. z.B. Hohlfeld 1987, 53 ff; Kollek 1987, 9 ff; Blachnik-Göller 1990, 82 ff; Kevles/Hood 1995

Die Verbindung von (Human)Genetik und Mathematik, die heute für die angewandte Genomanalyse als prädiktive Medizin konstitutiv ist, hat sich in der Geschichte der Genetik seit dem Beginn des zwanzigsten Jahrhunderts beständig verstärkt. Perspektivisch war die Genetik bereits seit den zu ihrer Zeit verkannten Mendel-Regeln, offiziell seit dem „Hardy-Weinberg-Gesetz" (1908) zur Berechnung der „Mutationsrate" in einer Population der Mathematik verpflichtet. Für die sich auf die „strenge" mathematische Methode des englischen Mathematikers Godfrey H. Hardy und des deutschen Arztes Wilhelm Weinberg berufende Populationsgenetik, die Ronald A. Fisher und John B. S. Haldane in den dreißiger Jahren begründeten, hat diese mathematische Methode, auch wenn sie die grundlegende Technik ihrer Forschungen war, immer noch vergleichbar der Anthropologie dem quantifizierenden Nachweis der als „a priori" vorausgesetzten Schädlichkeit genetischer Mutationen gedient. Sie galten für die Populationsgenetik als degenerierte Abweichung von einer idealen Norm der Population.[61] Die „Krankheit" der Population ergab sich hier nicht (mathematisch) aus der Sache der Genetik selbst.

Anders verhält es sich heute in der prädiktiven Medizin: In dieser angewandten Humangenomforschung ergibt sich mit der „DNS-Analyse" - im Vergleich zu den gendiagnostischen Techniken der „Phänotyp-Analyse", „Chromosomenanalyse" und „Genproduktanalyse"[62] - das Wissen von der Funktion und der Norm der DNS-Abschnitte *aus der Sache selbst*. Eine auf der DNS-Ebene errechnete Normabweichung eines Genomabschnitts ist gleichzeitig eine funktionale genetische Disposition auf der DNS-Ebene.

Nach der Verkehrung des empirischen Raums der Sichtbarkeit in der epistemologischen Ordnung des Wissens vom 'Menschen' und vom 'Leben', erscheint im einheitlichen Feld des Wissens vom (human)genetischen Code alles so „als ob sich der Organismus selbst reguliert".(Treusch-Dieter 1992, 107) Es besteht jedoch der Verdacht, daß die Humangenetik - wenn auch in grundlegend anderer Form - wie schon die Rassenhygiene als ein Instrument und ein Effekt von spezifisch modernen Macht- und Herrschaftsverhältnissen gelesen werden kann, die nicht nur einer Unterwerfung und Nutzbarmachung der Körper dienen, sondern zugleich die unverzichtbare Voraussetzung der wissenschaftlichen Erkenntnis sind. Die epistemologische Herkunft der Humangenetik aus dem Wissensfeld der alten Eugenik als

---

61 Zum „Hardy-Weinberg-Gesetz" und zu den Anfängen der Populationsgenetik vgl. Weß 1989, 26, 28 ff. In der biologischen Fachliteratur zur Vererbung und Genetik gilt dieses Gesetz zumindest bis zum Ende der siebziger Jahre als Grundmodell der Populationsgenetik. Vgl. Nigon/Lueken 1976, 154 ff

62 Zu den vier Standardverfahren der Genomanalyse, die die Enquete Kommission des deutschen Bundestages „Chancen und Risiken der Gentechnologie" vom 6.1.1987 politisch-juridisch codifiziert hat vgl. z.B. Blachnik-Göller 1990, 78 ff

Rassenhygiene, läßt vermuten, daß sie die uns zeitgemäße Form einer neuen Eugenik nach dem Überschreiten der Epochenschwelle ist, deren Zu- und Eingriffe auf / in die Körper gerade deswegen von der Humangenetik nicht als solche thematisiert werden, da mit dem Denken des genetischen Codes jeder gen- und reproduktionstechnologische Eingriff selbst als Funktion und Norm der von demselben Code vorgegebenen „Selbstorganisation" des Lebens erscheint.

II. DER MACHTTHEORETISCHE KONTEXT: DAS WISSEN VOM MENSCHEN UND DIE MACHT ZUM LEBEN

Die Genealogie des Menschen: Die Produktion des Individuums

Aus der machtanalytischen Perspektive Foucaults ist jedes Wissen vom Menschen und „seinem" Leben Bestandteil organisierter und zugleich organisierender Praktiken, die für die Produktion wie Reproduktion der charakteristischen Macht- und Herrschaftsverhältnisse der modernen Gesellschaft verantwortlich sind. Als diskursive Praktiken moderner Bevölkerungspolitik legitimieren die Humanwissenschaften nicht nur die politischen Strategien; die diese Strategien realisierenden *politischen Technologien* sind vielmehr die Möglichkeitsbedingungen der Wissensbildung und des „Erkenntnisfortschritts" der Humanwissenschaften selbst. Der Mensch, den der Rechtsstaat *politisch-juridisch* zu schützen vorgibt, ist deshalb als Instrument und Effekt eines Zusammenspiels von Wissen und Macht, von Humanwissenschaft und Technik, zu begreifen. Wie Foucault in „Überwachen und Strafen" (1977) zeigt, ist die Entstehung des humanwissenschaftlichen Wissens an die Entwicklung spezifischer Techniken zur *Unterwerfung* und *Nutzbarmachung* der Körper gekoppelt. In den humanwissenschaftlichen Diskursen des neunzehnten Jahrhunderts erscheint der 'Mensch' als Schlußfolgerung einer empirischen Forschung; die faktische Untersuchung des empirischen Menschen setzt jedoch den normierten menschlichen Körper voraus. Dieser 'Mensch', welcher in der Moderne für die Wissenschaft erst die Formulierung eines allgemeinen Begriffs des Menschen ermöglicht, ist das Produkt einer vielseitigen Macht-/Wissenstechnologie, die sich im klassischen Zeitalter als Disziplinarzwang herausgebildet hat.

Wie läßt sich ausgehend von den klassischen Disziplinarzwängen die Formierung einer produktiven Macht denken, die einerseits ein Herrschaftsverhältnis installiert, andererseits das Objekt der Unterwerfung zugleich als erkennendes Subjekt produziert, das dann als „unterworfener Souverän" den Platz des konstitutiven Forschungsgegenstandes der Humanwissenschaften in der Ordnung des Wissens einnehmen kann? Diese Genealogie des Menschen kann aus den machtanalytischen Schriften Foucaults rekonstruiert werden.

Die zwei Register der Macht - das Gesetz / die Disziplin

In vormodernen Gesellschaften läßt sich nach Foucault die 'Macht' in ihrer rein abschöpfenden Funktion analysieren: Ihren symbolischen und realen Ausdruck findet sie im Verhältnis des Souveräns zum Untertan. Als Gesetzesmacht des absolutistischen Souveräns entspricht sie weitgehend dem seit der griechischen Polis geltenden „Recht über Leben und Tod", das real nur über den Tod des unterworfenen Objekts ausgeübt werden konnte. Diese Macht war somit ein Recht, „sterben zu *machen* und leben zu *lassen* (...) Die Macht war vor allem ein Zugriffsrecht auf die Dinge, die Zeiten, die Körper und schließlich das Leben; sie gipfelte in dem Vorrecht, sich des Lebens zu bemächtigen, um es auszulöschen." (WW 162) Seit dem klassischen Zeitalter haben sich jedoch mit der Entwicklung des „Mechanismus der Disziplin" (DM 75) die Strategien und Techniken der Macht grundlegend verändert. Die Abschöpfung ist seither ein Element unter vielen Elementen einer Macht, die primär als eine *produktive* Macht bezeichnet werden muß, da sie ihre Objekte wie das Wissen über sie selbst produziert. So sind gerade „das Individuum und seine Erkenntnis (...) Ergebnisse dieser Produktion." (ÜS 250)

Foucault erklärt die Funktionsweise der beiden Formen der Macht - die *Gesetzesmacht* / die *Disziplinarmacht* - in „Überwachen und Strafen" am Modell zweier historischer Strafstile: Dem Bericht von der Vierteilung des des Attentats auf den König beschuldigten Damien aus dem Jahre 1757 stellt er eine Gefängnisordnung aus dem Jahre 1838 gegenüber. Während das erste Strafritual der symbolischen Wiederherstellung des infragegestellten Tötungsrechts des Souveräns dient und damit der Macht des Gesetzes zuzuordnen ist, beschreibt die minutiöse Reglementierung des Tagesablaufs der Häftlinge die Funktionsweise der Disziplinarmacht. Die historische Ablösung der „Marter" durch das Gefängnis wurde von den mit der „Aufklärung" aufkommenden, auf der Vertragstheorie fußenden Strafrechtsreformdebatten begleitet. Unter Berufung auf eine „Menschlichkeit des Strafens" (ÜS 113) sollte sich die Strafpraxis, nunmehr konzipiert als eine pädagogische Belehrung des Täters, nicht mehr auf den Körper, sondern auf die „Seele" des Delinquenten richten. Verkündetes Ziel dieser „Besserungsstrafe" (ÜS 166) war die Wiederherstellung des Rechtssubjekts.

Wenn sich jedoch die Strafe an eine „Seele" oder eine „menschliche Natur" *im* Täter richtet, so wird nicht entsprechend der Codierung des juridischen Diskurses über das Verbrechen als Tat geurteilt, sondern über „Leidenschaften, Instinkte, Anomalien, Schwächen, Unangepaßtheiten, Milieu- oder Erbschäden." (ÜS 27 f) Foucault zufolge beruht diese moderne Strafrechtspraxis auf einem Wissen, das ausserhalb des Rechtssystems entstanden ist und welches dieses geradezu infragestellt. So steht der im neunzehnten Jahrhundert aufkommende Diskurs der Kriminologie epistemologisch den Diskursen der Humanwissenschaften und nicht den politischen

Rechtsdiskursen nahe. Tatsache ist, daß sich in der Moderne das Gefängnis und die Haftstrafe als vereinheitlichte Strafpraxis durchgesetzt hat. Gleich dem Belehrungsmodell des „aufklärerischen" Strafrechtsreform-Diskurses ist das Gefängnis auch als „seelische" Besserungstechnik konzipiert; das Objekt der Haftstrafe bleibt nach wie vor der Körper, während die „Seele" nur als bloßer „Sitz der Gewohnheiten" (ÜS 166) erscheint, die es zu modellieren gilt.

> „Was durch diese Besserungstechnik (...) wiederhergestellt werden soll, ist nicht so sehr das Rechtssubjekt, das in die fundamentalen Interessen des Gesellschaftsvertrags integriert ist, sondern das *gehorchende Subjekt*, das Individuum, das Gewohnheiten, Regeln und Ordnungen unterworfen ist und einer Autorität, die um es und über ihm stetig ausgeübt wird und die es automatisch in sich selber wirken lassen soll." (ÜS 167; Hervorhebung A.L.)

Damit steht der *Realität* der Zwangsinstitution die *Idee* einer Strafbürgerschaft gegenüber. Diese Dichotomie verweist auf eine - von der französischen Revolution bis heute - charakteristische Trennung des politisch-öffentlichen Diskurses über die Macht, der sich wie die Rechtstheorie letztlich auf das „Recht der Souveränität" (DM 75) bezieht, und einer Realität der Macht, die weniger mit einer juridischen Theorie denn mit einer technologischen Praxis, dem „Mechanismus der Disziplin" (ebd.) verbunden ist. Im politischen Diskurs der Moderne ist nach Foucault die Figur des Königs der archimedische Punkt der Machttheorie geblieben: „Im politischen Denken und in der politischen Analyse ist der Kopf des Königs noch immer nicht gerollt." (WW 110) Das Problem für eine Machtanalytik der modernen Gesellschaft besteht somit darin, daß die auf der „Theorie der Souveränität" (DM 90) basierenden politischen Diskurse über die Macht die spezifisch modernen Techniken der Macht verbergen. Insofern können sie selbst als eine Strategie der Macht analysiert werden.

> „Die Rechtssysteme (...) ermöglichten durch die Konstituierung eines öffentlichen, auf der kollektiven Souveränität gründenden Rechts eine Demokratisierung der Souveränität, während gleichzeitig diese Demokratisierung der Souveränität von Grund auf von den Mechanismen des Disziplinarzwanges bestimmt wurde." (DM 91 f)

Die Machtverhältnisse in der modernen Gesellschaft werden somit einerseits durch die Gestaltung eines öffentlichen Rechts, das „um das Prinzip des sozialen Körpers und die Delegierung seitens jedes einzelnen aufgebaut" ist, andererseits durch ein „Raster der Disziplinarzwänge", das den „Zusammenhalt des sozialen Körpers tatsächlich gewährleistet" (DM 92), bestimmt. Das „Recht der Souveränität" (DM 75) kreuzt den „Mechanismus der Disziplin" (ebd.). Für eine Analytik moderner Machtverhältnisse resultiert aus den Schlußfolgerungen Foucaults, daß man im Koordinatensystem der Machtstrategien und -techniken zwei Analyseebenen zu unterscheiden hat: zum einen die *politischen Technologien* der Macht als horizontale Achse der Produktion, zum anderen die *politisch-juridischen* Verordnungen und Gesetze als vertikale Achse der Reproduktion. Letztere wird gerade von der sich historisch etablierenden Technologie der Macht errichtet und in Relation zu ihrer Entwicklung modifiziert. Das Gesetz wie die politisch verkündeten Werte und Normen einer Gesellschaft sind insofern auch diskursive Indizien für einen vorangegangenen „kriegerischen" Sieg einer spezifischen Machtformation. Dieser Ursprung des Gesetzes wird von Nietzsche denunziert, wenn er die „Lehre vom freien Willen" infragestellt.

> „Hier wird eine Erfahrung, die der Mensch im gesellschaftlich-politischen Gebiete gemacht hat, fälschlich auf das allerletzte metaphysische Gebiet übertragen: dort ist der starke Mann auch der freie Mann, (...) während der Unterworfene, der Sclave, gedrückt und stumpf lebt. - Die Lehre von der Freiheit des Willens ist eine Erfindung der herrschenden Stände." (Nietzsche 1988, Bd. 2, 545)

Die Rede Nietzsches läßt sich den „historisch-politischen Diskursen" (VLK 9 f) vom „Gesellschaftskrieg" zuordnen, die nach Foucault seit der französischen Revolution dazu gedient haben, die allgemeine „philosophisch-juridische Rede" (ebd.) von der Rechtmäßigkeit des Gesetzes anzugreifen. Vor dem Hintergrund der historisch-politischen Diskurse ist Macht nicht als „politische Theorie" sondern als „komplexe strategische" Konstellation in einer Gesellschaft zu analysieren. Gesetzesapparat, Rechte und Pflichten, Werte und Normen einer Gesellschaft, sind aus dieser machtanalytischen Perspektive nur das sichtbare, politische „Zeremoniell" einer Macht, das der Effekt einer mikrophysikalischen „Formalität" von Experimenten ist.[1]

Der Mechanismus der Disziplin - das Pathologische / das Normale

Die Disziplinarinstitution des Gefängnisses läßt sich deshalb als Modell einer modernen Machttechnologie analysieren, da es mit seiner architektonischen Ordnung und den Tagesablauf der Häftlinge minutiös regelnden Anstaltsverordnungen den formalisierten Raum für Experimente bietet, in denen historisch neue Zugriffstechniken auf die Körper nicht nur entwickelt sondern beständig spezifiziert werden können. Wie die „Marter" als Straftechnologie der absolutistischen Todesmacht zielt die neue Technologie auf den Körper des ihr unterworfenen Gesetzesbrechers ab. Das Ziel des Zugriffs ist jedoch nicht mehr die Vernichtung sondern die Disziplinierung des Körpers. Die „Seele" oder die „menschliche Natur", auf die sich der politisch-juridische Diskurs berufen kann, wird durch die Techniken der Disziplin auf einem politisch-technologischen Register der Macht produziert. Die Disziplin schreibt die

---

1   Zu Foucaults Machtanalytik vgl. ferner MM 114-123; WW 113 ff. Zum kriegerischen und revolutionären „Ursprung" moderner Machtverhältnisse vgl. VLK. Hier bezieht sich Foucault indirekt auf die „historisch-politische" Rede Nietzsches.

Vorgaben der Macht einer multifunktionalen Maschine vergleichbar in die Körper ein.[2] „Die Seele (wird zum) Gefängnis des Körpers." (ÜS 42) Foucault bezeichnet die Disziplinartechnologie „als politische Anatomie des Details" (ÜS 178). Ihre Techniken der Körperkontrolle dienen einer ökonomisch-effizienten Unterwerfung und Nutzbarmachung der Körper zugleich. Die Techniken zur Ausschöpfung der Kräfte der Körper sind direkt mit deren Einfügung in verwertende Nützlichkeitssysteme verschaltet. Die machtökonomische Effizienz der disziplinären Dressurmethoden gründet sich auf ihre vielseitigen Einsatzmöglichkeiten, da ihre Verwendung nicht an eine bestimmte Raum- und Zeitstruktur gebunden ist. Um Abschöpfung wie Produktivität zu erreichen, muß die Arbeitsweise der Disziplinen vielschichtig sein: Zu den im klassischen Zeitalter entstandenen und vom Militär herkommenden Techniken der direkten Körperdressur wie der räumlichen Verteilungskunst, der Zeitplanung, der Zerlegung der Körper in einzelne Funktionseinheiten, die das Funktionieren des Körpers „als Element einer vielgliedrigen Maschine" (ÜS 212) gewährleisten, schalten sich in der Moderne die „Mittel der guten Abrichtung" (ÜS 220) - die „hierarchische Überwachung" und die „normierende Sanktion".[3]

Die „normierende Sanktion" errichtet ein eigenes System der Bestrafungen. Eine „Mikro-Justiz der Zeit" (ÜS 230) und der Organisation des „Raumes" ermöglicht die Bestrafung kleiner Verspätungen, Abwesenheiten und Arbeitsunterbrechungen sowie die Verhinderung unübersichtlicher und ungeregelter Massenansammlungen. Somit sind die Grundprinzipien der Disziplin - „Jedem Individuum seinen Platz und auf jeden Platz ein Individuum." (ÜS 183) / „Strafbar ist alles, was nicht konform ist." (ÜS 231) - aufs Engste miteinander verkoppelt. Die „normierende Sanktion" unterscheidet sich nicht nur aufgrund einer pedantischen „Kleinlichkeit" vom „groben" Strafsystem des Gesetzes, sondern vor allem deswegen, da sie nicht wie jene „Makro-Justiz" mit der einfachen Codierung 'Erlaubt' versus 'Verboten' operiert. Als „Mikro-Justiz" ordnet sie die Objekte der Macht in differenzierende und hierarchisierende Skalen ein, wodurch sie diese als Subjekte zugleich individualisiert und homogenisiert.

„An die Stelle der Male, die Standeszugehörigkeit und Privilegien sichtbar machten, tritt mehr und mehr ein System von Normalitätsgraden, welche die Zugehörigkeit zu

---

2   Als literarische Darstellung dieses Bildes einer „Körper-Einschreibungsmaschine" vgl. Kafka „In der Strafkolonie" 1970, 100-123. Zur „zivilisierenden" Einschreibung von „Seele", „Gewissen", „Gedächtnis" in die Körper vgl. Nietzsches Abhandlung zur „Mnemotechnik" in „Die Genealogie der Moral". Vgl. Nietzsche 1988, Bd. 5, 294 ff

3   Auf dem epistemologischen Niveau des Wissens würden dem klassisch-militärischen Modell der Disziplin die Pflanzentableaus des Naturforschers Linné entsprechen, der sich selbst als „General der Floraarmee" bezeichnet hat. Vgl. Baumunk/Rieß (HG) 1994, 51 ff

einem homogenen Gesellschaftskörper anzeigen, dabei jedoch klassifizierend, hierarchisierend und rangordnend wirken. Einerseits zwingt die Normalisierungsmacht zur Homogenität, andererseits wirkt sie individualisierend, da sie Abstände mißt, Besonderheiten fixiert und die Unterschiede nutzbringend aufeinander abstimmt." (ÜS 237) „Das Normale etabliert sich als Zwangsprinzip" (ebd.)

Die Erhebung des Normalen zum *reproduktiven* Prinzip der Macht führt zu einer wachsenden Bedeutung der Norm auf Kosten der Funktion des Gesetzes. „Statt eine Grenzlinie zu ziehen, die die gehorsamen Untertanen von den Feinden des Souveräns scheidet, richtet sie (die Macht, A.L.) die Subjekte an der Norm aus, indem sie sie um sie herum anordnet." (WW 172)

Gegen die Institution des Gefängnisses wurde in seiner Geschichte häufig der Vorwurf erhoben, daß es seine politisch-juridisch verkündete „Resozialisierungsfunktion" nicht erfülle, sondern vielmehr Delinquenz produziere. Aus der machtanalytischen Perspektive Foucaults ist dieses Resultat jedoch nicht als ein Mißerfolg der Arbeitsweise dieser Disziplinarinstitution zu bewerten. Als historisches Modell für das alltägliche Funktionieren der Disziplin bringt das Gefängnis mit dem Delinquenten als Repräsentant eines neuen Typs von Gesetzwidrigkeit eine für die Sicherung der „Normalität" der modernen Gesellschaft nicht nur funktionale, sondern unverzichtbare pathologische Figur hervor. Der moderne Delinquent ist nicht eine codierte Form des Rechtsbrechers im Strafrecht, er ist vielmehr ein anthropologischer Typus der *Anomalie*. Produziert werden pathologisierte Individuen, welche nicht aus der Gemeinschaft ausgeschlossen werden, sondern durch die Verflechtung der Institution mit Polizei- und Verwaltungsapparat zentral kontrollierbar und in die Gesellschaft eingeschlossen sind. Dem Gefängnis ist es „gelungen, den Delinquenten als pathologisches Subjekt zu produzieren." (ÜS 357) Das Pathologische erscheint insofern als (Dys)Funktion der gesellschaftlichen Normalität und nicht als 'Das Andere der Vernunft'. Da das Pathologische nicht mehr als eine graduelle Abweichung von der Norm ist, existiert in den Diskursen zur modernen Gesellschaft kein Außen.

Der Gegenpol zum diskursiv wie institutionell produzierten Pathologischen ist eine ideale Norm des Menschen, obwohl für das Wissen diese Norm als ein aus der empirisch-wissenschaftlichen Erforschung der menschlichen Normalität ermittelter, wenn auch tatsächlich unerreichbarer statistischer Durchschnitt erscheint.[4] Die Norm, die im humanwissenschaftlichen Diskurs an die Stelle des Gesetzes tritt, kann als ursprünglich gegebene erscheinen, da das hergestellte Pathologische in der Ge-

---

4   Der „Durchschnittsmensch" läßt sich mathematisch und bevölkerungsstatistisch nur über den „arithmetischen" Mittelwert bestimmen, der im Gegensatz zum „objektiven" Mittelwert nie real erfahrbar sein kann, da er nicht durch ein real existierendes Objekt vertreten wird. Vgl. Ewald 1993, 182-195.

stalt des „Delinquenten", des „Geisteskranken" oder des „Perversen" empirisch sichtbar wird.[5] „Es ist also durchaus nicht paradox, wenn man sagt, daß das Anormale logisch ein Zweites, tatsächlich aber ein Erstes ist." (Canguilhem 1974, 167) Der Gegensatz 'Normal / Pathologisch', der den Gegensatz 'Erlaubt / Verboten' überlagert, wird über die Existenz produzierter pathologischer Subjekte aufrechterhalten. Als pathologisierte Randgruppen der Gesellschaft sind sie aus der Gemeinschaft *Ausgeschlossene*; aufgrund ihres Platzes im Normalitätskontinuum des „Gesellschaftskörpers", der sie hervorgebracht hat, sind sie *Eingeschlossene* zugleich. Der Realität pathologisierter Körper kann damit die humanwissenschaftliche Idee des Menschen als Faktum gegenüberstehen.

Das Modell der Pest - von der Normierung zur präventiven Normalisierung

Die Herkunft der Doppelung von Ein- und Ausschluß im Kontinuum der Normalität läßt sich ausgehend vom „Modell der Pest" rekonstruieren, das sich herkömmlich als gesellschaftlicher „Ausnahmezustand" formiert hat, jedoch im Verlauf der Moderne zunehmend zu einem Regulierungsmodell des gesellschaftlichen „Normalzustandes" wird.[6] Der in den Dekreten des siebzehnten Jahrhunderts für den Fall, daß sich in einer Stadt die „Pest-Seuche" ankündige, vorgeschriebene „medizinische" und „hygienische" Maßnahmenkatalog stellt nach Foucault das „kompakte Modell einer Disziplinaranlage" (ÜS 235) dar. Vorgesehen ist in den Pest-Dekreten nicht nur die Kontrolle der bereits Erkrankten sondern vor allem die totale Überwachung jeglicher Bewegungen aller Bürger der Stadt. Jeder wird als potentiell von der Seuche infiziert wahrgenommen.

> „Gegen die Pest, die Vermischung ist, bringt die Disziplin ihre Macht, die Analyse ist, zur Geltung. (...) Der Pest als zugleich wirklicher und erträumter Unordnung steht als medizinische und politische Antwort die Disziplin gegenüber. Hinter den Disziplinarmechanismen steckt die Angst vor den 'Ansteckungen', vor der Pest, vor den Aufständen, vor den Verbrechen, vor der Landstreicherei, vor den Desertationen, vor den Leuten, die ungeordnet auftauchen und verschwinden, leben und sterben." (ÜS 254)

---

5   Zu den vielfältigen Gestalten des Pathologischen in der Moderne vgl. ÜS 388, 392 (Der Delinquent), PG 99-115, bes. 108 ff (Der Geisteskranke) und WW 50 ff (Der Perverse)

6   Das „Modell der Pest" kündigt an der Epochenschwelle zur Moderne die Auflösung der „alten" Gesellschaft durch die „Gesellschafts-Maschinerie" des Disziplinarregimes an. Obwohl es sich herkömmlich als „Gegengesellschaft" zu dieser Auflösung formiert, wird das „Modell der Pest" im Verlauf der Moderne für alle Prozeduren der Individualisierung und Identifizierung konstitutiv, die heute den „Normalzustand" eines vorgeblich von „Immunschwächen" gefährdeten „Volkskörpers" bestimmen. Zur Genealogie des Pestmodells ausgehend von der Praxis der Inquisition vgl. Treusch-Dieter 1992b

Die „Pest-Stadt" ist ein Modell mit realer Wirkung, das auf die Kontrolle und Überwachung der gesamten Gesellschaft zielt. Die für moderne Machtformationen charakteristische Überkreuzung der „alten" Gesetzesmacht mit den „neuen" Mechanismen der Disziplin ist hier historisch angelegt. Gleichzeitig zielen die Zwangsmaßnahmen zur Bannung der Seuche auf eine „lückenlose Registrierung" des pathologisierten Normalen in der *Horizontalen* und eine „zentrale Lenkung" in der *Vertikalen* ab. Wer sich der positivierenden Überwachung durch den medizinischen Blick der per Gesetz ermächtigten Ärzte entzieht, wird durch die Macht des Gesetzes mit dem Tode bestraft.

Das historische Gegenmodell zur Pest ist der „Aussatz" (ÜS 254), welcher nach Foucault als historisches Modell für die „große Einsperrung" (ebd.) der „Irren" im siebzehnten Jahrhundert gedient hat.[7] Während im Lepra-Modell die Objekte der Macht aus der Gemeinschaft der Lebenden ausgeschlossen werden, schließt man sie im Pest-Modell zwecks differenzierter und sorgfältiger Behandlung in einen hierarchisierten und parzellierten „Todesraum" ein. „Bannung" und „Analyse" treten an die Stelle von „Verbannung" und „Stigmatisierung" (ÜS 255). Dabei handelt es sich auf den ersten Blick um zwei sich ausschließende „Träume" der Macht, die sich in der Moderne als durchaus miteinander kombinierbar erweisen: Die Disziplinargesellschaft ist der Traum der Politik, während die reine Gemeinschaft der Traum der Justiz ist. „Alle Machtmechanismen, die heute das Anormale umstellen, um es zu identifizieren und modifizieren, setzen sich aus jenen beiden Formen zusammen, von denen sie sich herleiten". (ÜS 256)

Die historische „Pest-Stadt" als temporäre Gegengesellschaft beschreibt die Mechanismen zur Kontrolle eines Ausnahmezustandes. Die Disziplin dient hier der Reproduktion der Gesetzesmacht des Souveräns im Ausnahmefall. Dementgegen wirken die Disziplinen im alltäglichen „Normalzustand" der modernen Gesellschaft weitgehend automatisch. Hier produziert die Disziplinartechnologie *präventiv* die Unterwerfungen unter die Macht. An die Stelle der die Macht reproduzierenden Disziplin als Blockade gegen eine von außen gekommene Bedrohung tritt ein moderner „Mechanismus der Disziplin" als Maschine, der die permanente Herstellung und Bereitstellung produktiver Körper im Inneren der Gesellschaft nach den Anforderungen der kapitalistischen Ökonomie gewährleistet.[8] Das Modell dieser präventiven Disziplinierung ist nach Foucault die architektonische Struktur des

---

7 Zur „großen Gefangenschaft" des Wahnsinns vgl. WG 68 ff

8 Zu dieser für die Industrialisierung konstitutiven Bereitstellung produktiver Körper im Sinne der „ursprünglichen Akkumulation" vgl. Marx 1962, 443: „Alle Arbeit an der Maschine erfordert frühzeitige Anlernung des Arbeiters, damit er seine eigene Bewegung der gleichförmig kontinuierlichen Bewegung eines Automaten anpassen lerne."

„Panopticons".[9] Die Struktur des Panopticons läßt sich auf die verschiedensten Disziplinarinstitutionen, sei es das Gefängnis, die Schule, die psychiatrische Anstalt oder die Fabrik, übertragen. Im *Panoptismus* wird die Macht unsichtbar; sichtbar sind dagegen die Objekte der Macht. „Die Perfektion der Macht vermag ihre tatsächliche Ausübung überflüssig zu machen." (ÜS 258) Denn erstens zwingt der Panoptismus die der Macht Unterworfenen zur Selbstüberwachung, da die Eingeschlossenen sich so verhalten müssen, als seien sie der permanenten Kontrolle ausgesetzt. Zweitens führt dieses Überwachungssystem zur *Internalisierung* der Kontrolle im Sinne einer „subjektivierenden Unterwerfung". (ÜS 238)

> „Derjenige, welcher der Sichtbarkeit unterworfen ist und dies weiß, übernimmt die Zwangsmittel der Macht und spielt sie gegen sich selber aus; er internalisiert das Machtverhältnis, in welchem er gleichzeitig beide Rollen spielt; er wird zum Prinzip seiner eigenen Unterwerfung." (ÜS 260)

Die *Umkehrung* des Machtverhältnisses im panoptischen Prinzip entspricht der Wendung „pathologisierender" Normierungen nach den Disziplinarverordnungen von außen in eine „alltägliche" Normalisierung der Individuen, die diese Verordnungen durch Selbstkontrolle aller vorstellbaren Risiken präventiv vorwegnimmt.[10] Die damit sich durchsetzende „Normalisierungsgesellschaft"[11] ist der Effekt der historischen Transformation von der Strafe zur Kontrolle und Überwachung; und schließlich von der 'Überwachung / Kontrolle' zur 'Selbstüberwachung / Selbstkontrolle'. Der Panoptismus ist somit nicht nur eine Disziplinarmaschine; es handelt sich um eine Maschine, die tendenziell ohne äußere Energie als selbstreferentielles System funktioniert.

> „Eine Disziplinargesellschaft formiert sich also in der Bewegung, die von den geschlossenen Disziplinen, einer Art gesellschaftlicher 'Quarantäne' zum endlos verallgemeinerungsfähigen Mechanismus des 'Panoptismus' führt." (ÜS 277)

9　„Das Panopticon ist ein bevorzugter Ort für Experimente an den Menschen und für die zuverlässige Analyse der Veränderungen, die man an ihnen vornehmen kann. Das Panopticon vermag sogar seine eigenen Mechanismen zu kontrollieren. In seinem Zentralturm kann der Direktor alle Angestellten beobachten, die seinem Befehl unterstehen: Pfleger, Ärzte, Werkmeister, Lehrer, Wärter; er kann sie stetig beurteilen, ihr Verhalten ändern, ihnen die besten Methoden aufzwingen; und er kann selbst ebenfalls leicht beobachtet werden. Ein Inspektor, der unversehens im Zentrum des Panopticon auftaucht, kann mit einem Blick, ohne daß ihm etwas verborgen bleibt, darüber urteilen, wie die gesamte Anstalt funktioniert. ..." ÜS 262

10　Den Umschlag von der Disziplin zur Prävention analysiert Castel in der Medizin an der Transformation der hygienischen Techniken zur Bannung von gefährlichen Krankheiten hin zu den diagnostischen Techniken der Risikodetektierung. Vgl. Castel 1983

11　Zur Wendung von der klassisch-disziplinären Normierung zur modernen Normalisierungsgesellschaft vgl. Ewald 1991, 163 ff

Aus dem äußerlichen Panoptismus der Disziplinaranlage, der an der Schwelle von der Klassik zur Moderne entstanden ist, geht letztlich die Selbstbeobachtung des Individuums als internalisierter Panoptismus durch ein vielseitiges Angebot an Psychotechniken hervor. Dieser *Selbst-Panoptismus* wird zur Voraussetzung jeglicher Selbsterkenntnis und Subjektkonstituierung. Die zu überwachenden, von der „subjektiven Vernunft" im Inneren des eigenen Körpers zu bannenden „Gefahrenherde" werden von den Humanwissenschaften seit dem neunzehnten Jahrhundert in unsichtbaren Funktionen in der Tiefe der Körper lokalisiert. Die hinsichtlich ihrer Normierungs- und Normalisierungseffekte wichtigste dieser Funktionen ist der „Sex". Zu differenzieren ist hier zwischen „Sex" und „Sexualität". Während die Sexualität nach Foucault einen Erkenntnisbereich der Humanwissenschaften bezeichnet, ist der Sex nur eine imaginäre Instanz des Wissens, die sich schon deswegen dem empirischen Raum der Sichtbarkeit entziehen muß. Die Sexualität ist dem Sex vorgängig.

> „Der Sex ist das spekulativste, das idealste, das innerlichste Element in einem Sexualitätsdispositiv, das die Macht in ihren Zugriffen auf die Körper, ihre Materialität, ihre Kräfte, ihre Energien, ihre Empfindungen, ihre Lüste organisiert." (WW 185)

Der imaginäre Sex wird zum entscheidenden Instrument und Effekt des normalisierenden Machtwissens der Moderne. Vom Einzelnen ist der Sex mit Hilfe des professionellen „Sexualitäts-Wissens" der Medizin und der Psychologie in den Griff zu bekommen, da der individuelle Sex als Ursprung jeder krankhaften Abweichung von der Normalität gilt. Mit Hilfe dieses Wissens läßt sich jede individuelle Verhaltensweise in eine kontinuierliche 'Normalitäts-Pathologieskala' der Sexualität einordnen, wodurch jeder und jede erfahren kann, an welchen Punkten er / sie sein Verhalten zu ändern hat, um sich zu normalisieren, weil er / sie dies selbst so will. Somit wird über den Sex ein normierender Disziplinarmechanismus, „eine allmähliche, stetige und kaum wahrnehmbare Abstufung, in der man gleichsam auf natürlichem Wege von jedweder Verhaltensabweichung zum Rechtsbruch und umgekehrt von der Übertretung des Gesetzes zur Abweichung von der Regel, einem Durchschnitt, einer Anforderung, einer Norm übergeht" (ÜS 386), internalisiert.

Die Spezifität der Macht der Humanwissenschaften liegt gerade darin, daß es ihnen gelingt die Pathologie in die Körper einzuschreiben mit dem Effekt, daß sich diese normierende Einschreibung als individuelle Normalisierung in der Selbstkonstitution des Individuums als Subjekt wieder ausschreibt. In dieser Umkehrung wird „(d)ie Macht (...) tendenziell unkörperlich und je mehr sie sich diesem Grenzwert annähert, um so beständiger, tiefer, endgültiger und anpassungsfähiger werden ihre Wirkungen: der immerwährende Sieg vermeidet jede physische Konfrontation und ist immer schon im vorhinein gewiß." (ÜS 260 f) Während die in diesen Mechanismus integrierte und mit der äußeren Wirkung des Gesetzes vergleichbare Scheidung

'Normal/Pathologisch' zur *Individualisierung* führt, bewirkt das Kontinuum 'Normal-Pathologisch' eine *Homogenisierung* des Menschen. Jeder Mensch erscheint als *in sich* normal und pathologisch zugleich. Die Norm stiftet Identität wie Differenz.

In der Doppelfigur des Menschen, die den Forschungsgegenstand der Humanwissenschaften epistemologisch begründet, finden sich beide Register der Macht wieder. Das Wissen vom Menschen ist das Resultat von politisch-technologischen Experimenten am empirischen Menschen, das als „Zeremoniell der Macht" auf das Register des idealen Menschen (sei es auch nur als „gesunde Sexualität"[12]) übertragen wird. Die von den humanwissenschaftlichen Normen kolonisierten Gesetze legitimieren die Norm, während die normalisierende Macht der Norm das Gesetz versichert. Das Gesetz löst sich nicht auf, sondern es funktioniert als Norm. Seine moderne Funktion besteht nach Foucault gerade darin, die normalisierende Macht annehmbar zu machen und die auf das menschliche 'Leben' gerichteten Strategien und Techniken der Macht in einen rechtlichen Diskurs einzuführen, so daß sich jeder und jede anscheinend jenseits aller Unterdrückungen auf ein Recht zum Leben, ein Recht auf seinen und ihren Körper, seine und ihre Gesundheit berufen kann.[13]

Das skizzierte Unterwerfungsverhältnis, das seinen Ausgang bei den historischen Pest-Dekreten des siebzehnten Jahrhunderts nahm, hat sich mit Hilfe des empirischen Wissens vom Menschen tief in die einzelnen Körper eingegraben. Der im Pestmodell vorgegebene Mechanismus zur Pathologisierung des zuvor Normalen verschiebt sich ausgehend von der „Bannung" einer Epidemie, der eine reinigende „Analyse" zu folgen hat, zunehmend in Richtung einer beständig zu regulierenden *Endemie*, die das Modell für eine Reinigung der Körper von innen her ist.

Erster Exkurs: Wissensproduktion durch Prüfung und Geständnis

Die Auseinandersetzung mit Foucaults Machtanalytik hat gezeigt, daß die Ordnung des humanwissenschaftlichen Wissens nicht isoliert von ihrem gesellschaftlichen Hintergrund untersucht werden kann. Die Produktionsstätte dieses Wissens vom Menschen ist weniger das naturwissenschaftliche Experiment sondern die Überprüfung des Menschen in der Gesellschaft, wodurch das humanwissenschaftliche Experiment zugleich zur Reproduktionsstätte von Macht und Herrschaft wird. Die Voraussetzung jeder humanwissenschaftlichen Erkenntnis ist, gemäß deren Anspruch eine positive empirische Wissenschaft zu sein, die experimentelle Untersuchung des Menschen nach dem Vorbild der Naturwissenschaften. Die Orte des Experiments

---

12 Zum Funktionswandel der Sexualität und deren Normalisierungseffekten vgl. Hegener 1992
13 Zu dieser Transformation des Rechts, die als Wendung vom „liberalen Recht" zu den „sozialen Rechten" zu bezeichnen ist vgl. Ewald 1993, 26 ff

sind jedoch herkömmlich verschiedenste Disziplinarinstitutionen, deren Techniken heute in nahezu alle Alltagsbereiche integriert sind. Insofern ist die Produktion des Wissens mit der Entwicklung von auf die Körper *zugreifenden* Techniken der Disziplinierung und Normierung verbunden.

Die erkenntnistheoretische Figur des Menschen als „empirisch-transzendentale Dublette" ist den Prozeduren der Disziplinarinstitutionen vorausgesetzt: Der Gegenstand der Disziplinen sind gewissermaßen immer „zwei" Menschen, da der als ideale Norm gesetzte Mensch nie der Gleiche sein kann wie der empirische Mensch, den es als statistischen Durchschnitt zu ermitteln gilt. Im humanwissenschaftlichen Experiment müssen ideale *Norm* und *Durchschnitt* aufeinander bezogen werden, um eine Erkenntnis des Menschen überhaupt erst zu ermöglichen. So entsteht real das Paradox der Humanwissenschaften, daß der Mensch, solange es ihn für dieses Wissen gibt, ein unerreichbarer Durchschnitt bleibt, wobei er zugleich als ideale Norm immer schon vorausgesetzt ist. Aufgrund dieser „hartnäckigen" Differenz, fehlt den Humanwissenschaften ein eigenes wissenschaftliches Kriterium, welches eine endgültige Definition des Menschen aus der empirischen Untersuchung legitimieren würde. Damit bleibt ihre Wissensbildung auf einen klassischen Mechanismus zur Überprüfung der Dressurergebnisse der Disziplinarmacht verwiesen. Dieser grundlegende und dennoch unscheinbare Mechanismus ist die *Prüfung*.

Die Prüfung ist der *Knotenpunkt* zwischen politisch-technologischem und politisch-juridischem Register im Moment der Wissensbildung über den Menschen. In ihr lassen sich die ideale Norm des Menschen und sein statistischer Durchschnitt aufeinander beziehen. Normierung und Wissenserhebung, Normalisierung und (Selbst)Erkenntnis vollziehen sich im selben „AugenBlick". Nach Foucault kombiniert die Prüfung, welche in sämtlichen Disziplinarinstitutionen - von der Psychiatrie bis hin zur Pädagogik, von der Diagnose der Krankheiten bis zur Überprüfung der Arbeitskräfte - ritualisiert war und ist, die zentralen Funktionsprinzipien der Disziplinarmacht - die Techniken der hierarchischen Überwachung mit der normierenden Sanktion.

> „Sie ist ein normierender Blick, eine qualifizierende, klassifizierende und bestrafende Überwachung. Sie errichtet über den Individuen eine Sichtbarkeit, in der man sie differenzierend behandelt. (...) In ihr verknüpfen sich das Zeremoniell der Macht und die Formalität des Experiments, die Entfaltung der Stärke und die Ermittlung der Wahrheit." (ÜS 238)

Für die Analytik der Macht ist es entscheidend, daß das Funktionieren des Prüfungsmechanismus gerade von einer „subjektivierenden Unterwerfung" abhängig ist, da in der Prüfungssituation die Objekte der Macht zu Subjekten werden, die an sich selbst als „objektivierende Vergegenständlichung" den Erfolg ihrer eigenen Abrichtung demonstrieren. In ihrer Selbst-Objektivierung produziert die Prüfung ein empirisches Wissen über den Menschen. Sie ist die Wissensfabrik der Humanwissenschaften schlechthin, da sich in der Prüfung Disziplin und Wissen, Verhalten und Erkenntnis direkt aufeinander beziehen lassen.[14]

Für diese Wissensproduktion sind drei Charakteristika der Prüfung fundamental: Erstens kehrt sich in der Prüfung „die *Ökonomie der Sichtbarkeit der Macht* in der Machtbeziehung um." (ÜS 241; Hervorhebung A.L.) Während die Macht selbst unsichtbar wird, werden die Objekte der Macht im Prüfungsritual zur Sichtbarkeit gezwungen. „Die Prüfung ist gleichsam die Zeremonie dieser Objektivierung." (ÜS 242)

Zweitens wird in der Prüfung *Individualität dokumentierbar.* Durch die Anhäufung individueller Daten, die die Messung globaler Phänomene und Abstände zwischen Bevölkerungsgruppen ermöglichen, formieren sich zugleich eine Reihe von individuellen Codes wie der medizinische Code der Symptome, „mit denen sich die durch die Prüfung ermittelten individuellen Züge vereinheitlichen und verschlüsseln lassen." (ÜS 244). Die der Prüfung angeschlossenen Aufzeichnungsapparate ermöglichen somit die Konstitution des Individuums als beschreibbaren und analysierbaren Gegenstand wie den Aufbau eines Vergleichssystems. Sie ist der „Mikrokosmos" der Normalisierungsgesellschaft, da sie im Augenblick der Wissenserhebung zugleich individualisiert und homogenisiert, die Individuen diszipliniert und Bevölkerungsgruppen reguliert. Durch die Intergration dieses Doppelmechanismus in die klassischen Erforschungen der „menschlichen Natur" wurde in der Moderne die „epistemologische Blockade der Wissenschaften vom Individuum aufgehoben" (ÜS 246). Wie Foucault in „Die Geburt der Klinik" (1988) zeigt, begründet gerade der prüfende Blick des Arztes bei der Diagnose, das „Individuum in seiner unreduzierbaren Qualität." (GK 12)

Drittens macht die Prüfung jedes Individuum zu einem meßbaren und vergleichbaren, aber auch manipulierbaren und zu *normalisierenden Fall,* indem sie es an der Norm ausrichtet. Da für die Prüfung der individuellste Unterschied von Bedeutung ist, zeichnet man die „banalen" Gedanken und „kleinen" Verhaltensweisen des Prüflings akribisch auf. Die Prüfung markiert die historische „Umkehrung der politischen Achse der Individualisierung. (...) Den Platz des Ritters Lanzelot nimmt Gerichtspräsident Schreber ein." (ÜS 248 f)

> „Je anonymer und funktioneller die Macht wird, um so mehr werden die der Macht Unterworfenen individualisiert: und zwar weniger durch Zeremonien als durch Überwachungen; weniger durch Erinnerungsberichte als durch Beobachtungen; nicht durch Genealogien, die auf die Ahnen verweisen, sondern durch vergleichende Messungen, die sich auf die Norm beziehen; weniger durch außerordentliche Taten als durch Abstände." (ÜS 248)

---

14 In diesem Sinne mußte das Gegenstück zum klassischen Wissen der Medizin geradezu das wohldisziplinierte Spital sein. Vgl. GK 79 ff

Die Normalität eines Individuums bestimmt sich über seine individuelle pathologische Abweichung von der Norm als Durchschnitt, die jedoch, solange man den Menschen denkt, in einer idealen Norm ausgeschrieben werden muß. „Der erkennbare Mensch (Seele, Individualität, Bewußtsein, Gewissen, Verhalten ...) ist Effekt / Objekt dieser analytischen Erfassung, dieser Beherrschung / Beobachtung." (ÜS 394) „Die Geburt der Wissenschaften vom Menschen hat sich wohl in jenen ruhmlosen Archiven zugetragen in denen das moderne System der Zwänge gegen den Körper, die Gesten, die Verhaltensweisen erarbeitet worden ist." (ÜS 246) Ob Psychologie, Statistik, Demographie, Kriminologie oder Sozialhygiene - sie alle haben sich in ihren Anfängen in Disziplinarinstitutionen entwickelt und ihrerseits zur Spezifizierung der Diskurse und Praktiken der jeweiligen Prüfungsmaschinerie beigetragen. Eine einschneidende Modifizierung dieses Mechanismus zur Macht-/Wissensbildung ermöglicht in der Moderne die „Idee des Sexes". Auf den Sex als „allzumenschliches" Prinzip lassen sich in der Prüfung alle individuellen „Sexualitäten" beziehen. In den Verfahren zur Überprüfung des Sexes wird die direkte und funktionale Verkopplung von subjektivierender Unterwerfung und objektivierender Vergegenständlichung sichtbar. Einerseits werden die Objekte der Macht dem Humanwissenschaftler (Arzt, Psychologen, Sexologen ...) zur Schau gestellt.[15]

> „Das Auge wird zum Hüter und zur Quelle der Wahrheit; es hat die Macht, eine Wahrheit an den Tag kommen zu lassen, die es nur empfängt; sofern es ihr das Tageslicht geschenkt hat; indem es sich öffnet, eröffnet es die Wahrheit (...) Das Feste, das Dunkle, das Dichte der in sich verschlossenen Dinge hat Wahrheitskräfte, die nicht dem Licht entliehen sind, sondern der Langsamkeit des Blicks, welcher die Dinge durchläuft und umkreist und langsam durchdringt, wobei er ihnen immer nur seine eigene Helligkeit spendet. Der Aufenthalt der Wahrheit im dunklen Kern der Dinge ist paradoxerweise an die souveräne Macht des empirischen Blicks gebunden, der ihre Nacht an den Tag bringt." (GK 11)

Andererseits sind die dem prüfenden Blick unterworfenen Objekte zugleich die Subjekte, welche sich mit Hilfe der *Geständnistechnologie* selbst unterwerfen.[16] Die Techniken des Geständnisses haben ihren historischen Ursprung nicht in den Diszi-

---

15 Diese Modifizierung des Prüfungsmechanismus, die der Wendung vom die Dinge an ihrer sichtbaren Oberfläche klassifizierenden Blick zum empirischen Blick auf die synthetisierenden Organisationen der Dinge in ihrer Tiefe entspricht, korrespondiert mit der modernen Reorganisation des Wissens, welche die Entstehung der Humanwissenschaften im allgemeinen und die moderne Medizin im besonderen ermöglicht hat. Vgl. GK 9 ff

16 Dreyfus und Rabinow ordnen diesen beiden Techniken der Wissensbildung über den Menschen zwei Arten von Humanwissenschaften zu - die „objektivierende" Variante (wie die Soziologie und Bevölkerungswissenschaften) und die „subjektivierende" Variante (wie die Psychologie). Vgl. Dreyfus/Rabinow 1987, 191 ff; 210 ff. In den Macht-/Wissensdispositiven der Normalisierungsgesellschaft sind beide jedoch direkt aufeinander bezogen.

plinarinstitutionen sondern in der mittelalterlichen Praxis der Inquisition. Mit der Integration der Prüfungstechniken in das Geständnis tritt an dem Platz des Inquisitors die Wissenschaft vom Menschen, welche dazu aufgefordert ist, bis ins kleinste Detail die biologischen und psychischen Geheimnisse des geständigen Prüflings herauszufinden. Da bei den medizinischen Problemen, die sich um die „Sexualität" anordnen, ein in der Tiefe der Körper verborgenes pathologisches Prinzip vorausgesetzt ist, fragt der Arzt den Patienten nicht nur „Was haben sie?" sondern vielmehr „Wo tut es ihnen weh?" (GK 16). Bei der medizinischen Diagnostik der Moderne handelt es sich nicht nur um ein „Examen" sondern um eine „Entzifferung" (GK 76) *im* Individuum. Für die humanwissenschaftliche Erkenntnis wird somit ein umfassendes Geständnis des Patienten erforderlich, das den Abgleich individuellster Daten mit einem allgemeinen medizinischen Code der Symptome ermöglicht. Diese Untersuchung verlangt einen „Austausch von Diskursen durch Fragen, die Geständnisse abzwingen und durch Bekenntnisse, die die Verhöre weit übersteigen" (WW 59)

Der Wissenschaft gegenüber erhebt das nach seinem „Sex-Geheimnis" (Treusch-Dieter, 1990, 217) begehrende Subjekt bereitwillig das Wort; bedarf es doch wie schon in der Beichte des interpretierenden Spezialisten, um die „tiefen" Geheimnisse seiner Sexualität zu erfahren. Der Schlüssel zum Geständnis als *Selbsttechnologie* liegt in dem „alten" Glauben, man könnte mit der Hilfe von Experten das Wahre über sich selbst aussagen - nach dem Motto: „Das Wahre, rechtzeitig dem Richtigen gesagt und zwar von dem, der es innehat und zugleich verantwortet, dieses Wahre heilt." (WW 87) Das Geständnis wird so zur Diagnose und Heilung zugleich. In der Verknüpfung von Disziplinartechnologie (Prüfung) mit der Selbsttechnologie (Geständnis) schlägt Normierung als „Fremdzwang" in Normalisierung als „selbstbestimmtes" Handeln um. Das Subjekt produziert den eigenen Körper als nützlichen und kontrollierten Körper und reproduziert damit das gesellschaftliche Verhältnis der Macht in sich selbst. Das sich selbst unterwerfende Subjekt strukturiert sein Verhalten nach dem Wissen von einer Norm, die empirisch ebenfalls in dieser kleinen Wissensfabrik der Humanwissenschaften, einer mit der Geständnistechnik kombinierten Prüfung, produziert wurde und immer wieder neu hergestellt wird.

Die Moderne: Die Verwaltung und Bewirtschaftung der Gattung

Seit dem Aufkommen der Disziplinartechnologie haben sich die Zugriffe der Macht auf die Körper zunehmend von der Abschöpfung und Repression hin zur Produktion und Produktivitätssteigerung verschoben. Der Mensch selbst ist das Instrument und der Effekt der Disziplinierungen und Normierungen dieser von außen auf den Körper einwirkenden Technologie der Macht. Im Verlauf des neunzehnten Jahrhunderts transformieren sich jedoch die Strategien und Techniken der Macht zu einem umfassenden hygienischen Zugriff auf das menschliche 'Leben' als *biologischer Organismus*. Der hygienisch orientierte Zugriff zielt perspektivisch bereits auf einen Eingriff in das Leben ab, wie er ab der Mitte des zwanzigsten Jahrhunderts von den Gen- und Reproduktionstechnologien realisiert wird. Die Angriffsfläche dieses Zugriffs auf die Körper ist für das Wissen nicht mehr der Mensch als Individuum sondern als Gattung oder Spezies. Dabei handelt es sich um (sozial)hygienische Techniken zur Bannung einer *Epidemie*, obwohl deren eigentliches Ziel die Regulierung einer *Endemie* ist. Die hygienischen Versuche zur Regulierung endemischer Übel innerhalb des „Gesellschaftskörpers" charakterisieren die Arbeitsweise dieser neuen, nicht-disziplinären Form der Macht, die Foucault in „Der Wille zum Wissen" (1983) als „Macht zum Leben" bezeichnet.

Ab dem neunzehnten Jahrhundert ordnet sich die Macht des Gesetzes nunmehr einer Macht unter „die das Leben verwaltet und bewirtschaftet." (WW 163) Das Verhältnis von Macht und Gesetz verkehrt sich diametral. Während die Macht der Disziplinen in der Klassik eher an den Rändern der Gesellschaft wirkte, rücken im Verlauf der Moderne die Mechanismen der Macht ins Zentrum der Gesellschaft, um deren Alltag und Normalität herzustellen und zu regeln. Die Macht des Gesetzes wird an den Rand gedrängt und regrediert zur letzten Stütze der modernen Formen der Macht. Das „Recht zum Töten" als äußerste Form der Ausübung der Gesetzesmacht bildet nunmehr das „Komplement einer positiven 'Lebensmacht'" (ebd.). Als Macht *zum* Leben zielt sie auf die Steigerung und Vervielfältigung der Potentiale des Lebens ab, „um es im einzelnen zu kontrollieren und im gesamten zu regulieren."(ebd.) Im Zentrum ihrer Strategien und Techniken steht nun jedoch die „biologische Existenz der Bevölkerung" (WW 164) „Jetzt richtet die Macht ihre Zugriffe auf das Leben und seinen ganzen Ablauf; der Augenblick des Todes ist ihre Grenze und entzieht sich ihr; er wird zum geheimsten, zum privatesten Punkt der Existenz." (WW 165)[17] Wenn der von der Macht herbeigeführte Tod ins Spiel kommt, so in der Form, daß er dem Schutze des Lebens der Bevölkerung dient. „Rechtens tötet man diejenigen, die für die anderen eine Art biologischer Gefahr darstellen." (ebd.)

Den Interessen des Menschen als Individuum tritt somit das „Heil" seiner biologischen Gattung gegenüber, das nicht der Einzelne sondern eine seinen Interessen übergeordnete *Biopolitik* zu versichern hat. Wie können sich deren bevölkerungs-

---

17 Die Verschiebung des Todes vom innersten Zentrum des Einflußbereichs der Macht hin zu ihrer äußeren Grenze entspricht der von Autoren wie Richard Sennett problematisierten Verkehrung von Privatheit / Öffentlichkeit im Übergang zur Moderne. Vgl. Sennett 1986, vor allem Teil III 172 ff. Während verschiedenste Bereiche des Lebens politisiert werden, wird der Tod zur privatesten (Nicht)Existenz.

politische Programme jedoch auf die bereitwillige Teilnahme der Einzelnen verlassen, wenn hinsichtlich deren Maxime einer Effektivierung des Lebens der Gattung, gegebenenfalls der individuelle Tod herbeizuführen ist?

Die zwei Körper des Menschen - Maschinenkörper / Volkskörper

Kennzeichnend für den Komplex der Lebensmacht ist die Verschaltung von zwei Serien an Machtstrategien und -techniken, die sich seit dem siebzehnten Jahrhundert getrennt entwickelt und geradezu zwei unterschiedliche Körper des Menschen in den Griff genommen hatten. Zuerst haben sich um den diskursiven *Pol des individuellen Körpers*, des „Körpers als Maschine" (WW 166) die Techniken der Disziplinarmacht formiert. Ziel der Disziplinen war die Kontrolle und die Dressur des Menschen als Individuum, um seine Kräfte und Fähigkeiten in geregelter und ökonomisch nutzbarer und verwertbarer Form zu steigern.

> „Denn das Leben und die Zeit des Menschen sind nicht von Natur aus Arbeit, sie sind: Lust, Unstetigkeit, Fest, Ruhe, Bedürfnisse, Zufälle, Begierden, Gewalttätigkeiten, Räubereien etc. Und diese ganze explosive, augenblickhafte und diskontinuierliche Energie muß das Kapital in kontinuierliche und fortlaufend auf dem Markt angebotene Arbeitskraft transformieren." (MM 117)

Im Übergang vom achtzehnten zum neunzehnten Jahrhundert hat sich um einen diskursiven *Pol des „Volkskörpers"* eine „Biopolitik der Bevölkerung" (WW 166) formiert. Im Gegensatz zur Orientierung der Disziplin an den einzelnen Körpern bedient sich die Biopolitik homogenisierender Techniken die auf eine Verwaltung und Bewirtschaftung des Menschen als biologische Gattung ausgerichtet sind. Die Zielscheibe der biopolitischen Machttechnologie ist der „multiple Körper" (LS 33) einer Population mit seinen inneren „organischen" Prozessen wie der Entwicklung des Gesundheitszustandes, der Krankheitshäufigkeit oder der Ernährungsweise. Die Fortpflanzung, Sterblichkeit und Gesundheit der Bevölkerung definieren nunmehr ein Feld, das der Staat zu re(gul)ieren hat. Die Interventionen der Biopolitik sind präventiv ausgerichtet, da ihre Aufgabe die Kontrolle von potentiellen Zufallsereignissen und Wahrscheinlichkeiten ist. „Es geht darum, Sicherheitsmechanismen um diese Zufälligkeiten herum zu errichten, die einer Population von Lebewesen inhärent sind" mit dem Ziel „ihr Leben zu optimieren." (LS 34) Dazu sind die „biologischen Prozesse der Spezies Mensch" (ebd.) genauestens zu erfassen, um deren bevölkerungspolitische Regulierung zu ermöglichen. Während die Disziplin eine *Dressurtechnologie* ist, die der Leistungssteigerung des individuellen Körpers dient, ist die Biopolitik eine *Sicherheitstechnologie*, um globale geregelte Gleichgewichtszustände zu erreichen.[18]

Die Arbeitsweise der Biopolitik als Sicherheitstechnologie des modernen Staates funktioniert strukturell nach dem von Francois Ewald analysierten Modell der Versicherung des Arbeitsunfalles. Im „Vorsorgestaat" (1993) des neunzehnten Jahrhunderts gilt der Unfall nicht mehr als „katastrophaler" Zufall sondern als vorhersehbares und somit versicherbares Risiko. Der Unfall ist weniger eine Ausnahmezustand sondern der Normalzustand des Arbeitsprozesses. Er ist vielmehr ein von der Normalität kontinuierlich hervorgebrachtes „soziales Übel" (Ewald 1993, 20), das es zu erkennen, zu verwalten und - im Sinne der Versicherungsgesellschaft - zu bewirtschaften gilt. Im Gegensatz zur Bannung einer Epidemie handelt es sich hier in erster Linie um die präventive Regulierung einer Endemie, wobei sich diese Regulierung durchaus bei Bedarf des epidemischen Modells bedienen kann.[19] Die Schadensregulierungstechniken der Versicherung, die an die Stelle der juristischen Haftung treten, sind das Modell für die grundlegenden Normalisierungsprinzipien der Biopolitik.

Nimmt man wie Ewald die „Theorie des Durchschnittsmenschen" des Soziologen Adolphe Quételet von 1835 als diskursives Indiz, so lassen sich seit dem neunzehnten Jahrhundert *zwei* Normierungsweisen der sich etablierenden Lebensmacht unterscheiden. Der Mensch, den die Bevölkerungspolitik zu verwalten hat, ist ein anderer wie der Mensch, der von der Disziplinartechnologie hergestellt wird. Quételets „Theorie des Durchschnittsmenschen" beschreibt den Menschen als das „fiktive Durchschnittsindividuum" (Ewald 1993, 183) der bevölkerungspolitischen Statistik. Der sich im Begriff des Durchschnittsmenschen widerspiegelnde Individualisierungs- und Homogenisierungsmodus geht nicht vom durchschnittlichen individuellen Kör-

---

18 In dem Maße wie die Disziplinartechnologie die ursprüngliche Akkumulation der „Akkumulation des Kapitals" im „industriellen Zeitalter" gewesen ist, könnte man hier von einer ursprünglichen Akkumulation sprechen, die die „Humankapital-Innovationen" des „biotechnologischen Zeitalter" ermöglicht hat.

19 Die Debatte um den Arbeitsschutz hat zum Beispiel in der Medizingeschichte die Begründung der „Sozialmedizin" als biopolitisch orientierte Humanwissenschaft veranlaßt. Hier zeigt sich, daß das Modell der Epidemie durchaus mit dem der Endemie kompatibel ist. Nach Aussage des frühen Sozialmediziners Rudolf Virchow von 1848 „habe (diese Medizin A.L.) 'in dem sie in ihren Forschungen den Lebensverhältnissen der verschiedensten Volksklassen' nachgehe 'und die feinen, gleichsam geheimen Schwankungen des Massenlebens' verfolge, 'bei den meisten sozialen Schwierigkeiten die entscheidende Stimme'.(...) 'Von Zeit zu Zeit' würden 'jene Schwankungen größer, zuweilen ungeheuer, indem einzelne Krankheiten in epidemischer Form' aufträten. 'In solchen Fällen' werde 'die öffentliche Gesundheitspflege souverän, der Arzt gebietend'". Zit. nach Eckart 1994. 255

per, bemessen an einer idealen Norm des Menschen aus, sondern vom Mittel einer multiplen Menschenansammlung - von der Gruppe oder der Masse.

> „Die Theorie des Durchschnittsmenschen ist nichts anderes als ein Instrument, das es ermöglicht, eine Population, eine Kollektivität - und die Individuen, aus denen sie besteht - nicht mehr auf etwas zu beziehen, das außerhalb von ihnen liegt, etwa auf ihren verborgenen Ursprung, ihre glückliche Zukunft, auf ein Ziel, sondern auf sich selbst." (Ewald 1993, 192)

Im Disziplinarmechanismus wird der einzelne Mensch an einer (idealen) Norm ausgerichtet und bewertet, welche durch das empirisch hergestellte und erfahrbare Pathologische aufrechterhalten wird. Entsprechend der Kategorie des Durchschnittsmenschen dagegen klassifiziert man Menschen in Relation zur durchschnittlichen Normalität einer Population. Anstelle der disziplinären Einordnung in hierarchische Skalen von '0 - 10' geht es hier um die Abweichung vom (arithmetischen) Mittelwert. Damit erscheint der Mensch der Bevölkerungspolitik des neunzehnten Jahrhunderts als von der Mathematik und der Statistik und nicht von den klinisch-medizinisch orientierten Humanwissenschaften definiert.

> „(D)er Mensch, (...) ist (...) jenes fiktive Wesen, bei dem alles in Übereinstimmung mit den für die Gesellschaft ermittelten Durchschnittsergebnissen geschieht. (...) Der Durchschnittsmensch ist in einer Nation das, was der Schwerpunkt in einem physikalischen Körper ist; die Beurteilung aller Erscheinungen des Gleichgewichts und der Bewegung kann nur ausgehend von ihm erfolgen." (Quételet zit. nach Ewald, 1993, 190)

Demgegenüber ist jedoch zu betonen, daß die biopolitischen Praktiken der Moderne immer die quantitative Methode der bevölkerungsstatistischen Theorien überstiegen haben. In den Strategien und Techniken der Lebensmacht - das wird die Genealogie der Eugenik zeigen - finden sich Disziplin und Versicherung in einer präventiv orientierten Bannung der Epidemie und Regulierung der Endemie miteinander vereint. In der Verknüpfung von individuellen Disziplinartechniken und biopolitischer Sicherheittechnologie eröffnet sich gerade ein neues Feld an Macht- und Wissensverfahren, in dem gleichzeitig nicht nur die Kontrolle (Reproduktion) und die Modifizierung (Produktion) der Leistungsfähigkeit einzelner Körper sondern des gesamten menschlichen Lebens möglich wird. Weniger der 'Mensch' sondern vielmehr das 'Leben' selbst wird im zwanzigsten Jahrhundert zunehmend zum Instrument und Effekt der Kontrolle durch das Wissen und des Zugriffs durch die Macht. Der Zugang der Macht zum Körper verläuft über die *individuelle* Verantwortung für das Leben. Einem jeden wird die Aufgabe übertragen, für seine individuelle Gesundheit, für deren Erhaltung und Steigerung Vorsorgemaßnahmen zu treffen, womit zugleich die „Gesundheit" der Gattung als gesichert gilt.[20] Damit hat im biopolitischen Diskurs das 'Leben' den Platz des 'Menschen' ersetzt.

> „In dem von ihnen gewonnenen und forthin organisierten und ausgeweiteten Spielraum nehmen Macht- und Wissensverfahren die Prozesse des Lebens in ihre Hand, um sie zu kontrollieren und zu modifizieren. Der abendländische Mensch lernt allmählich, was es ist, eine lebende Spezies in einer lebenden Welt zu sein, einen Körper zu haben sowie Existenzbedingungen, Lebenserwartungen, eine individuelle und kollektive Gesundheit, die man modifizieren, und einen Raum, in dem man sie optimal verteilen kann. *Zum ersten Mal in der Geschichte reflektiert sich das Biologische im Politischen.*" (WW 169 f, Hervorhebung A.L.)

Nach Foucault liegt „die biologische Modernitätsschwelle einer Gesellschaft (...) dort, wo es in ihren politischen Strategien um die Existenz der Gattung selber geht." (WW 170 f) Im zwanzigsten Jahrhundert haben sich die Strategien und Techniken der Lebensmacht von der Verabsolutierung der Tötungsfunktion der Gesetzesmacht zugunsten der Optimierung des Lebens der „Rasse" im Nationalsozialismus hin zum expansiven Einsatz der Gen- und Reproduktionstechnologien verschoben, wodurch das Gesetz zunehmend zu einer Versicherung eines Rechts wird, in „das 'Wie' des Lebens" (LS 35) zu intervenieren. Mit dem Ziel einer „Maximalisierung des Lebens" - von den Versuchen zur Fortpflanzungsförderung „höherwertiger Rassenteile" bis hin zu den heutigen Versuchen der Optimierung des individuellen genetischen Materials - verschaffen sich diverse klinisch-medizinisch und staatlich-medizinische Institutionen unter dem Banner der Gesundheit umfassende Zugriffs- und Eingriffsmöglichkeiten auf / in das Leben.

Die das Leben sichernde und fördernde Macht bedarf „fortlaufender, regulierender und korrigierender Mechanismen" (WW 171), um innerhalb des Kontinuums des Lebens alle Phänomene des Lebens in einem Bereich von Wert und Nutzen anzuordnen, dessen Eckwerte ein „unwertes" Leben (die Pathologie des Normalen) und ein „wertvolles" Leben (die ideale Norm) sind. Was gerade zwischen dem individuellen Körper und dem kollektiven „Gattungskörper", zwischen dem Disziplinären und dem Regulatorischen zirkuliert, „das es gestattet, zugleich die disziplinäre Ordnung des Körpers und die Zufallsereignisse einer biologischen Vielheit zu kontrollieren" (LS 40), ist eine *Norm des Lebens*. Wenn die staatlich-medizinische „Norm der Regulierung" das zu verwaltende und zu bewirtschaftende biologische Kontinuum der Gattung definiert, somit homogenisierend wirkt, so ist es die klinisch-medizinische „Norm der Disziplinierung", die die Individuen, wahrgenommen als Organismen im biologischen Sinne, kontrolliert und bewertet und somit individualisierend wirkt.

---

20 Zur Entstehung der Verpflichtung zur eigenen Gesundheitsvorsorge in der Technik der Versicherung vgl. Ewald 1993, 23 f

„Die Normalisierungsgesellschaft ist eine Gesellschaft, in der sich gemäß einer or-thogonalen Verknüpfung die Norm der Disziplin und die Norm der Regulierung miteinander verbinden. (...) (E)s (ist) ihr gelungen (...), die gesamte Oberfläche zu bedecken, die sich vom Organischen zum Biologischen erstreckt, vom Körper zur Bevölkerung - über das doppelte Spiel der Disziplinartechnologien einerseits und der Regulierungstechnologien andererseits." (LS 40)

Das Sexualitätsdispositiv - die Schaltstelle der Macht zum Leben

Zur hegemonialen Form der Macht konnte die Lebensmacht dadurch werden, daß sich die am Individuum orientierten Dressurtechnologien mit den Techniken zur Sicherung des Lebens der Gattung im „Sexualitätsdispositiv" (WW 126) verbunden haben. Historisch hat sich die Sexualität im achtzehnten Jahrhundert ausgehend von der Problematisierung des „lusttreibenden Kindes" in der „Onaniedebatte" an den Rändern der Institution der Familie herausgebildet.[21] Als zentrale Institution im „Allianzdispositiv" (WW 126) hatte die Familie die Verknüpfung von Gesetz und Erbe durch Ehe und Fortpflanzung garantiert. Hier haben sich die Angriffsfronten des Sexualitätsdispositivs wie die „Sexualisierung des Kindes", die „Hysterisierung der Frau", die „Geburtenkontrolle" und die „Psychiatrisierung der Perversen" for-miert, die mit der zunehmenden Überlagerung des Allianzdispositivs (Gesetz) durch das Sexualitätsdispositiv (Norm) der Lebensmacht zum Durchbruch verholfen ha-ben. Im Sexualitätsdispositiv erscheint die undisziplinierte und unregulierte Sexuali-tät sowohl als Herd individueller Krankheiten als auch als Ursache für die „Degeneration der Art".

Als körperliches Verhalten wird die Sexualität durch disziplinäre und individuali-sierende Kontrollen in einer permanenten Überwachung festgehalten, da sie auf-grund ihrer Zeugungseffekte die großen biologischen Prozesse innerhalb der Bevöl-kerung beeinflußt. Die Sexualität wird zur „Chiffre der Individualität" (WW 174), zur Möglichkeit der Analyse und Dressur. Gleichzeitig wird sie als zentrales „Thema politischer Operationen" und „ökonomischer Eingriffe" zur „Förderung oder Ein-schränkung der Fortpflanzung" zum Anlaß für „ideologische Kampagnen" (ebd.) zur Hebung der Moral und des Verantwortungsgefühls für die Gattung, das Volk, die Rasse, die Nation. Als Fortpflanzungsfunktion dient die Sexualität als entscheidende Variable zur Messung der „politischen Energie" und der „biologischen Kraft" (ebd.) einer Bevölkerung. Zwischen beiden Polen der Sexualität, den Zeugungseffekten und der individuellen körperlichen Lust staffelt sich somit eine Serie von Taktiken zur Kombination der Körperdisziplinierung mit der Bevölkerungsregulierung.

---

21 Vgl. dazu Hegener 1992, 76 ff

In der Geschichte der Disziplinierung und Regulierung der Sexualität hat man sich nach Foucault „auf die Erfordernisse der Regulierung gestützt (Arterhaltung, Nachkommenschaft, kollektive Gesundheit), um Wirkungen auf dem Niveau der Disziplin zu erzielen. Die Sexualisierung des Kindes vollzog sich in Form einer Kampagne für die Gesundheit der Rasse. (...) Die Hysterisierung der Frau, die zu einer sorgfältigen Medizinisierung ihres Körpers und ihres Sexes führte, berief sich auf die Verantwortung, die die Frauen für die Gesundheit ihrer Kinder, für den Bestand der Familie und somit das Heil der Gesellschaft tragen. Umgekehrt läuft das Verhältnis bei der Geburtenkontrolle und bei der Psychiatrisierung der Perversen: hier waren die Eingriffe regulierender Natur, mußten sich aber auf die Notwendigkeit der individuellen Disziplinen und Dressuren stützen." (WW 174 f)

Im Macht-/Wissensdispositiv der Sexualität fungiert insbesondere die Medizin als „politische Interventionstechnik" (LS 39), um die organischen Prozesse in den Körpern mit den biologischen Prozessen der Gattung zu verbinden. Als „Medizin der Perversionen" (WW 142) wirkt gerade die psychiatrische Medizin disziplinierend, wie die medizinische Hygiene in den „Programmen der Eugenik" (ebd.) regulierend wirkt. Solange die Produktion und Reproduktion des menschlichen Lebens mit der menschlichen Sexualität verkoppelt bleibt, die sexuelle Fortpflanzung noch nicht gen- und reproduktionstechnologisch ersetzbar ist, sind die medizinischen Disziplinierungen der fortpflanzungsunbezogenen Sexualität dem politisch-technologischen Register und die Regulierungen der fortpflanzungsbezogenen Sexualität dem politisch-juridischen Register der Macht zuzuordnen. Wenn die Familie als „Keimzelle" des Staates und seiner symbolischen Ordnung auftreten kann, legitimiert diese Allianz die Fortpflanzung als Norm der Sexualität, wobei die fortpflanzungsbezogene Sexualität das System der Allianz tatsächlich (re)produziert.[22] *Die staatlich-medizinische Norm der Regulierung und die klinisch-medizinische Norm der Disziplinierung sind hier das Gleiche.* Die normale individuelle Sexualität ist die fortpflanzungsbezogene Sexualität und entspricht somit zugleich der durchschnittlichen Norm einer staatlich-medizinisch regulierten Fortpflanzung der Gattung.

Bis zur Ära der Gen- und Reproduktionstechnologien, deren Anbruch die Entdeckung des genetischen Codes markiert, bleiben die Norm der Disziplinierung und die Norm der Regulierung in einer Norm des Menschen vereint. Bereits in den Diskursen der Eugenik als Rassenhygiene zeichnet sich historisch jedoch eine Differenz zwischen den beiden Normen ab. Im Diskurs der Rassenhygiene werden Sexualität und Fortpflanzung perspektivisch voneinander *entkoppelt*.

---

22   Vgl. dazu Treusch-Dieter 1990, 33 f, 233 ff

III. DIE GENEALOGIE DER EUGENIK: VOM HYGIENISCHEN ZUGRIFF ZUM GENETISCHEN EINGRIFF

Die Rassenhygiene: Eugenik als Biopolitik

Vom Ende des neunzehnten bis zur Mitte des zwanzigsten Jahrhunderts dominieren die eugenischen Programme zur Fortpflanzungsreglementierung die Strategien der Biopolitik. Die Eugenikbewegung versteht sich von Beginn an als „angewandte Wissenschaft" (Weingart 1985) von der menschlichen Gattung, die sich als medizinische und politische Interventionstechnik in den „Volkskörper" zu organisieren hat. Indem die Strategien der Eugenik sich als hygienische Reinigung der „Rasse" etablieren, erscheinen ihre staatlich-medizinischen Zugriffstechniken auf die Körper als eine wissenschaftliche Weiterentwicklung der medizinischen Prophylaxe. Das Ziel dieser „Rassenhygiene" war die Steigerung der Qualität des menschlichen „Erbes" durch die hygienische Verhinderung einer „Degeneration der Art". Der „Patient" dieser medizinischen Prophylaxe ist somit nicht der 'Mensch' als endliches Individuum sondern ein unendliches, generationenübergreifendes 'Leben' der Gattung.

Innerhalb des Sexualitätsdispositivs ist der diskursive Einsatzort der Eugenik die Problematisierung der menschlichen Sexualität, insofern diese aufgrund ihrer Fortpflanzungsfunktion der Akt ist, in dem das genetische „Menschheitserbe", so auch ein „genetisch-minderwertiges" Erbe, von einer Generation zur nächsten weitergegeben werden kann. In Analogie zur Tierzucht galt die Fortpflanzung als das einzige technisch kontrollierbare Moment, um eine Verbesserung des Erbguts durch „künstliche Zuchtwahl" zu erreichen. Zur technischen Verwirklichung ihres „Zuchtprogramms" mußte sich die Eugenik, da gen- und reproduktionstechnologische Eingriffe in das Erbmaterial noch utopisch waren, als biopolitische Strategie einer hygienischen Regulierung der endemischen „Übel im Volkskörper" formieren. Bezeichnenderweise wurde ihr in Deutschland von Alfred Ploetz 1895 der Name „Rassenhygiene" gegeben. Bevölkerungspolitische Praxis konnte die Eugenik jedoch erst in der „Rassenpolitik" des Nationalsozialismus werden. Durch den Staatsrassismus, der die Eugenik zum Gesetz und zur Norm erhob, kam die Rassenhygiene als „angewandte Biologie" auf der Ebene der Politik ins Spiel. Die rassenhygienischen Techniken wurden zur normierenden Praxis der Biopolitik des NS-Staates.

Die Formierung der Eugenik - die Pathologisierung der Fortpflanzung

Das von Francis Galton 1883 verkündete Ziel der Eugenik bestand darin, im Sinne einer „positiven" Eugenik, durch die Steigerung der Fortpflanzungsrate bei Individuen mit „hohen Erbqualitäten" eine Verbesserung des „Erbguts" der nachfolgenden Generationen zu erreichen. Die deutsche Rassenhygiene propagierte dagegen, im Sinne einer „negativen" Eugenik, die „Bekämpfung der Degeneration" des „Erbguts" der menschlichen Gattung mittels einer Senkung der Fortpflanzungsrate bei Individuen mit „unterdurchschnittlichen Erbqualitäten" (Weingart u.a. 1992, 39 f).[1] Da die Rassenhygiene sich auf eine Tradition (sozial)hygienischer Techniken zur Bannung von Epidemien berufen konnte, stand ihr Programm der politisch-technologischen Realisierung näher.

Rassenhygienisch definiert sich das Programm der Eugenik als eine Verbesserung traditioneller medizinisch-hygienischer Maßnahmen, jedoch mit dem neuen Versprechen der vorbeugenden Bekämpfung der *biologisch-genetischen* Degeneration der Gattung 'Mensch'. Das „therapeutische" Ziel ist im rassenhygienischen Diskurs nicht mehr eine klinisch-medizinische Überwachung und Steigerung der körperlichen Kräfte des Individuums. Die diskursiven Strategien der Rassenhygiene zielen auf eine Verwaltung und Bewirtschaftung der Gattung als *Genpool* durch staatlich-medizinische Interventionstechniken ab. Die individuelle Gesundheit hat sich einer „Gen-Gesundheit" der biologischen Art unterzuordnen. Damit wird im rassenhygienischen Diskurs ein eigentümlicher Gegensatz zwischen einer am Individuum und einer an der Gattung orientierten Medizin vorgegeben.

Innerhalb des Komplexes an Strategien und Techniken der modernen Macht zum Leben erscheint die Medizin gerade deswegen als strukturierende humanwissenschaftliche und politische Interventionstechnik, weil sie zugleich disziplinierende Effekte auf der Ebene der individuellen Körper und regulierende Effekte auf der Ebene des „Gattungskörpers" hervorbringen und organisieren kann. Als medizinisch-biologische Heilung des kranken Körpers, wie auch als medizinisch-psychiatrische Therapie seiner pervertierten Sexualität bringt die Medizin produktive Körper hervor, die, indem sie an der Norm „gesunder" Fortpflanzungsfähigkeit ausgerichtet werden, „ideell" auch die Gesundheit der Gattung organisieren müßten. Während die medizinische Disziplin als therapeutische Praktik der Wiederherstellung einer abhandengekommenen Produktivität dient, wehrt sie als prophylaktische Hygiene den Zustand der Unproduktivität im Vorfeld ab. Es wäre also naheliegend, anzunehmen, daß die medizinischen Körpertechniken ebenfalls eine biologische Degene-

---

1   Die wichtigste wissenschaftsgeschichtliche Quelle für die anschließenden Kapitel ist die umfangreiche Studie von Peter Weingart, Jürgen Kroll und Kurt Bayertz zur „Geschichte der Eugenik und Rassenhygiene in Deutschland" (1992)

ration der Gattung abwenden könnten. Im Sinne einer Sozialmedizin wäre die Medizin somit eine am Individuum orientierte Körpertechnik, die zugleich, staatlichmedizinisch verwaltet, die „Volksgesundheit" sichert. Die Fortpflanzungsrate und damit die durchschnittliche Lebenskraft der Bevölkerung wäre machtökonomisch effizient reguliert.[2]

Gerade diese „Kooperation" einer klinischen Medizin des Individuums, sei sie nun therapeutisch oder prophylaktisch orientiert, mit einer staatlich-medizinischen Biopolitik stellt der rassenhygienische Diskurs der Eugenik bis zur Mitte des zwanzigsten Jahrhunderts grundsätzlich infrage. Vor dem diskursiven Horizont des darwinistischen Evolutionismus und der biologisierten Degenerationstheorie schöpft der deutsche Rassenhygieniker Wilhelm Schallmayer den Verdacht, daß der Mechanismus der „natürlichen Selektion", der im Denken der Rassenhygiene als alleiniger Mechanismus zur Verhinderung einer Degeneration des „Volkskörpers" gilt, durch das Wirken der herkömmlichen medizinischen Körpertechniken blockiert werde. Für Schallmayer verhindert die Medizin die von der darwinistischen Evolutionstheorie vorausgesetzte Höherentwicklung der Art, „so oft es derselben gelingt, mangelhaft organisierten oder allgemein schwächlichen Menschen, z.B. den Tuberkulösen, das Leben zu verlängern; denn sie gibt ihnen hierdurch die Möglichkeit zur Erzeugung einer zahlreicheren Nachkommenschaft, als es unter dem bloßen Walten der Natur der Fall gewesen wäre." (zit. nach Weingart u.a. 1992, 38)

In gleicher Weise sieht der Arzt Alfred Ploetz durch den medizinischen „Schutz der Schwachen die Tüchtigkeit unserer Rasse bedroht" (zit. nach Weingart u. a. 1992, 40). Von den Rassenhygienikern wird jedoch nicht nur einer am Individuum orientierten Medizin sondern auch den sozialhygienische Programmen in der Bevölkerungspolitik ihr gesundheitsförderlicher Wert abgesprochen. Körperliche Ertüchtigungstechniken im weitesten Sinne wie sozial- und gesundheitspolitische Fürsorgemaßnahmen für Arme und Schwache gelten vielmehr als gesundheitsschädlich für eine im Verlauf der Evolution potentiell erreichbare und umfassendere biologischgenetische „Gesundheit der Gattung". Der rassenhygienische Diskurs schreibt die Medizin von einer „Dressurtechnologie" der Körper in eine „Sicherheitstechnologie" der Bevölkerung, wahrgenommen als Genpool, um. Die medizinische Hygiene wird auf eine biopolitische Regulierungstechnik festgeschrieben, die der Effektivierung eines - dem Individuum „jenseitigen" - genetischen 'Lebens' der Gattung bzw. der „Rasse" dienen soll.

Innerhalb des Macht-/Wissensdispositivs der Sexualität bedeutet diese diskursive Umschreibung, daß die Sexualität als Schaltstelle der Produktion des Wissens wie der Reproduktion der Macht zum Leben in einen „fortpflanzungsbezogenen Sex"

---

2   Zur Nicht-Entstehung der Sozialmedizin den politischen Ursachen ihres Scheiterns seit 1848 vgl. Böhme 1980

zum einen und einen „fortpflanzungsunabhängigen Sex" (Treusch-Dieter 1990, 233) zum anderen entkoppelt wird. Die sich im neunzehnten Jahrhundert innerhalb des Sexualitätsdispositivs ausdifferenzierenden und im zwanzigsten Jahrhundert zunehmend autonomisierenden Bereiche der „Medizin der Perversionen" und der „Programme der Eugenik" (WW 142) sind im rassenhygienischen Diskurs noch über die „Idee der Entartung", aber nicht über die medizinisch-psychiatrische Analyse der sexuellen Handlungen aufeinander bezogen. Dem Programm der Eugenik zur Steuerung eines gewissermaßen „naturgesetzlichen" Fortschritts der menschlichen Gattung steht mit dem Degenerationsdiskurs die Gefahr des evolutionären Rückschritts durch „illegitime" Fortpflanzung gegenüber.

Beschworen wird der Rückschritt durch einen biologisierten Degenerationsdiskurs, der sich jedoch um die Jahrhundertwende von einem „medizinisch-biologischen Diskurs" in einen „biologisch-genetischen Diskurs" (Treusch-Dieter, 1990, 235) transformiert hat. Im medizinisch-biologischen Degenerationsdiskurs des neunzehnten Jahrhunderts, dessen epistemologische Ordnung das Wissen der darwinistischen Biologie und der medizinischen Psychiatrie vorgab, war eine Abwehr der Degeneration durch gesundheitsförderliche Körpertechniken potentiell noch möglich. Die Ordnung des biologisch-genetisch gewendeten Diskurses der Rassenhygiene gibt jedoch das neodarwinistische Wissen von der Ausschließlichkeit „direkter Vererbung" vor.[3]

Aufgrund dieser Umstrukturierung im Diskurs erscheint die Degeneration als genetische „Mutation" in die „Keimbahn" des Menschen eingeschlossen und somit der nicht-genetische Erwerb von außen ausgeschlossen. Körperliche Dressurtechnologien gelten fortan für die Eugenik nicht nur als sinnlos; sie verhindern vielmehr durch ihre Erhaltung von „genetisch-minderwertigem" Leben das vom Fortschrittskontinuum der Evolution vorgezeichnete „Heil der Rasse". Die Pole des eugenischen Normalisierungskontinuum sind damit nicht mehr die Normalität der Fortpflanzung und die innere Pathologie der Sexualität des Menschen; sie sind vielmehr eine Normalität der Evolution der Gattung und eine Pathologie der gegenwärtigen Normalität des Lebens einer Population. Die Norm der Evolution stellt dabei nicht eine Norm durchschnittlicher Umweltanpassung dar; sondern diese ist auf eine ideale Norm der vollkommenen „Rasse" zu beziehen, deren „Vollkommenheit" es zu erreichen gilt.

---

3   Zur Verdeutlichung dieser Differenzierung vgl. Treusch-Dieters Unterscheidung zwischen „medizinisch-psychiatrischem Diskurs" (17. Jh. - Mitte 19. Jh.), „medizinisch-biologischem Diskurs" (Mitte des 19. Jh.) und „biologisch-genetischem Diskurs" (Wende 19. / 20. Jh.), der den mit der Entdeckung des genetischen Codes einsetzenden „biotechnologischen Diskurses" vorbereitet. Treusch-Dieter 1990, 235.

Im eugenischen Programm der Rassenhygiene wird die gegebene Normalität menschlicher Fortpflanzung pathologisiert, indem der Fortpflanzung des „genetisch-höherwertigen" Lebens die Fortpflanzung des „genetisch-minderwertigen" Lebens entgegengesetzt wird.[4] In Analogie zur Transformationen des Wissens der darwinistischen Biologie in das neodarwinistische Wissens der „klassischen" Genetik, die Weismanns „Keimplasmatheorie" eingeleitet hat, wird im rassenhygienischen Diskurs das medizinisch-biologische Modell der Epidemie durch das biologisch-genetische Modell der *Endemie* ersetzt. Nach dem Modell der Endemie wird die Normalität der Fortpflanzung selbst zum inneren Prinzip, das die sichtbaren „sozialen Übel" hervorbringt. Diese sind für den Rassenhygieniker jedoch nur als Repräsentationen eines grundlegenderen „biologischen Übels" zu lesen.[5] Da in dieser diskursiven Ordnung der fortpflanzungsbezogene Sex zum pathologischen „Übel" wird, darf der Rassenhygieniker die Fortpflanzung der Gattung „nicht irgend einem Zufall, einer angeheiterten Stunde überlassen". Die Fortpflanzung muß vielmehr „nach den Grundsätzen" geregelt werden, „die die Wissenschaft für Zeit und sonstige Bedingungen aufgestellt hat". (Ploetz zit. nach Weß 1989, 97)

In den von Ploetz 1895 erstellten „Grundregeln für eine Rassenhygiene" sind zwei Träume der Eugenik präsent: Sein „realpolitischer" Traum ist es, nur „hochwertigen" Ehepaaren die Fortpflanzung zu erlauben und „stellt es sich trotzdem heraus, dass das Neugeborene ein schwächliches oder missgestaltetes Kind ist, (...) ihm von dem Aerzte-Collegium, (...), einen sanften Tod" zu bereiten; „sagen wir durch eine kleine Dose Morphium." (ebd.). In dem zu seiner Zeit „utopischen" Traum will Ploetz dagegen diese „Auslese auf das Niveau der Keimzellen" (ebd. 95) vorverlegen.

> „Unser Eingreifen (...) besteht in nichts weiter, als die Ausjäte der Keimzellen vor ihrer Vereinigung mit einander zu verstärken auf Kosten der Ausjäte der Keimzellen nach ihrer Vereinigung mit einander und ihrem weiteren Auswachsen zu Individuen." (ebd.)

Während Ploetz' Utopie den gen- und reproduktionstechnologischen *eugenischen* Eingriff in das Leben als „technological fix" (Weingart 1985, 324) vorwegnimmt, ist seine pragmatisch politische Perspektive die eines *hygienischen* Zugriffs auf das Fortpflanzungsverhalten der Bevölkerung. Der hygienische Zugriff auf die Fort-

---

4   In umgekehrter Weise tendiert die „Medizin des Sexes" aufgrund einer sich im zwanzigsten Jahrhundert bis heute vollziehenden Transformation - von der „Medizin der Perversionen" zur Sexualwissenschaft der Sexologen - dazu, eine von der Fortpflanzungsnorm enthobene Sexualität zu normalisieren. Vgl. dazu Hegener 1992, 60 ff. Vgl dazu auch die beiden abschließenden Beiträge von André Béjin in: Ariès u.a. 1984

5   Epistemologisch wird damit die anthropologische Grenze im Ungedachten des Menschen überschritten.

pflanzung entkoppelt jedoch den „fortpflanzungsbezogenen Sex" von einem „fortpflanzungsunabhängigen Sex" *biopolitisch*, während der anvisierte eugenische Eingriff in das Leben bzw. den Genpool auf die *biotechnologische* „Abkopplung" (Treusch-Dieter 1990, 233) jeglicher Lebensproduktion von der Sexualität verweist. Auf die Perspektive der Abkopplung der Fortpflanzung von der Sexualität weisen auch die Aussagen des von den Rassenhygienikern geschätzten Sexualethikers Christian von Ehrenfels hin, der wie Ploetz auf den „technological fix" durch künstliche Befruchtung hofft. Ehrenfels sieht darin gerade die Chance für eine Befreiung des „sexuellen Genußlebens" von den Zwängen der „Zeugung". (Weingart 1985, 324).[6]

Für die rassenhygienische Eugenik reduzieren sich aufgrund ihrer Unkenntnis des Vererbungsmechanismus die Eingriffe in das Leben auf die politisch-juridisch sanktionierten Zugriffe staatlicher Bevölkerungspolitik. Im Gegensatz zu einer quantitativ orientierten Bevölkerungspolitik, die auf die Versicherung eines durchschnittlichen „status quo" der Bevölkerung abzielen würde, will die Rassenhygiene gemäß ihres Selbstverständnisses als medizinische Therapie des „Volkskörpers" eine qualitative und somit selektive Effektivierung der „Lebenkräfte" der Bevölkerung an ihrer genetischen Struktur erreichen. Das Objekt der eugenischen Produktivitätssteigerung des 'Lebens' ist insofern nicht der „Durchschnittsmensch" sondern die menschliche Gattung im biologischen Sinne. Die biologische Gattung erscheint im rassenhygienischen Diskurs als Subjekt und Objekt der Evolution zugleich. Der rassenhygienischen Diskurs schreibt somit die Produktion von 'Leben' in das Register zur Reproduktion staatlicher Bevölkerungspolitik ein. Die Eugenik als Biopolitik wird per Gesetz zur „Ersatzstrategie" einer noch unmöglichen Biotechnologie erhoben.

Die erste historische Bühne des Umschlags der Rassenhygiene vom Wissen zur angewandten Wissenschaft und Technologie der Macht ist der bevölkerungspolitische Diskurs über die „differentielle Geburtenrate" und die Ursachen des Geburtenrückgangs in Preußen und Deutschland um das Jahr 1912. In dieser Debatte wird der schichtspezifische Rückgang der Geburtenzahlen von den Rassenhygienikern als eine „Verschlechterung der Fortpflanzungsauslese" (Schallmayer zit. nach Weingart u.a. 1992, 132) interpretiert. Diese Verschlechterung wird den zu dieser Zeit praktizierten, an Malthus' bevölkerungspolitischen Thesen orientierten Programmen zur quantitativen Senkung der Geburtenzahlen angelastet. Die Programme des sogenannten „Neomalthusianismus" sollten durch Aufklärungskampagnen über die Mög-

---

6   Die auf die Zukunft gerichtete Perspektive einer Trennung von Sexualität und Fortpflanzung in eine rationalisierte Zeugung zum einen und eine freigesetzte sexuelle Lust zum anderen ist für alle Diskurse der Eugenik wie schon Jahrhunderte zuvor für die Staatsutopien Morus' und Campanellas charakteristisch. Vgl. z.B. Weingart 1997

lichkeiten der sexuellen Verhütung der seit der Jahrhundertwende prognostizierten Übervölkerung entgegenwirken.[7]

Schallmayer befürchtete zum Beispiel, daß die „Propaganda der Fruchtbarkeitsbeschränkung wohl bei den tüchtigeren, wertvolleren Elementen der unteren Stände erfolgreich wäre, nicht aber bei den minderwertigen." (zit. nach Weingart u.a. 1992, 132) Gegen die gängige bevölkerungspolitische Praxis seit der Jahrhundertwende setzten die Rassenhygieniker die Notwendigkeit einer an der „Erbqualität" orientierten selektiven Geburtensteuerung. Das Ziel der propagierten, rassenhygienischen Bevölkerungspolitik habe die Wiederherstellung des Mechanismus der „natürlichen Selektion" zu sein, die durch die bisherige Bevölkerungspolitik wie durch die allgemeine medizinische Krankenversorgung permanent gestört werde.[8]

Der Adressat des Appells der Rassenhygiene ist somit der Staat und seine politisch-juridische Machtfunktion. Gefordert werden Gesetze und Verordnungen zur „Versagung staatlicher Ehebewilligung", zur „Verhütung von Fortpflanzung durch Zwangsasylierung oder Sterilisierung" und der „Austausch von Gesundheitszeugnissen als Voraussetzung für die Genehmigung der Eheschließung" (Weingart u.a. 1992, 165 f). Da eine eugenische „Auslese" auf dem „Niveau der Keimzellen" technisch nicht durchzuführen ist, konzentrieren sich die Forderungen der Rassenhygieniker auf diese hygienischen Maßnahmen zur Fortpflanzungskontrolle. Die eugenische Normierung des „genetischen Jenseits" des Menschen soll durch die hygienische Normierungen in seinem „körperlichen Diesseits" erreicht werden. Das politisch-technologische Modell biopolitischer Realisierung ist in Entsprechung zu der von Darwin vorgegebenen Analogie zwischen „natürlicher" und „künstlicher Selektion" die Tierzucht. Die auslesende Instanz der Zucht (die Norm und das Gesetz) - das ist der Staat.

Von den geforderten „Gesundheitszeugnissen" abgesehen wurden die Forderungen der Rassenhygieniker erst im NS-Staat gesetzesmächtig. Im deutschen Kaiserreich wie in der Weimarer Republik blieb die rassenhygienische Sterilisationspraxis auf „klassische" Disziplinarinstitutionen wie psychiatrische Kliniken und Gefängnisse

---

7   Zum bevölkerungspolitischen Streit um die „differentielle Geburtenrate" und die Geburtenpolitik der „neomalthusianistischen Bewegung" vgl. Weingart u.a. 1992, 129-137. Im Rahmen einer kritischen Betrachtung der Geschichte moderner Geburtenpolitik und des Zugriffs auf den weiblichen Körper vgl. Bergmann 1992, 23-49 (zum deutschen Kaiserreich); Usborne 1994, 21-50 (zur Weimarer Republik)

8   Neben einer verfehlten Geburtenpolitik machen die Rassenhygieniker vor allem das „Wirtschaftssystem", die „Urbanisierung" und die „medizinische Versorgung der Kranken" für die von ihnen konstatierte widernatürliche „Contraselection" (Ploetz) verantwortlich. Vgl. Weingart u.a. 1992, 159 ff

begrenzt.[9] Der Nationalsozialismus jedoch, der nach Aussage des „Hitler-Stellvertreters" Rudolf Hess „nichts anderes als angewandte Biologie" (zit. nach Lifton 1988, 36) zu sein hatte, ermöglichte eine rassenhygienische Regulierung der „normalen" Endemien der modernen Gesellschaft. Dem Nationalsozialismus und seiner Rassenpolitik ist es sozusagen gelungen, den Raum der gesellschaftlichen Normalität durch eine Ausweitung der pathologisierten, klinisch-disziplinären Institutionen in eine sich (rassen)hygienisch normalisierende „Bevölkerungsklinik" zu transformieren. Die Zwangsmaßnahmen der rassenhygienischen Biopolitik wurden als „chirurgisch-medizinische Therapien am Volkskörper" propagiert. Die Regulierung der von den Rassenhygienikern analysierten biologisch-genetischen „Übel" in der Bevölkerung vollzog sich zum einen nach dem Modell der Bannung einer Seuche, zum anderen als große Reinigung des „Volkskörpers" in seinem Inneren.

Im rassenhygienischen Diskurs fallen damit die *anthropologische* Norm vom Menschen aus dem neunzehnten Jahrhundert und die seit dem beginnenden zwanzigsten Jahrhundert vorausgesetzte *genetische* Norm des Lebens auseinander: Die „äußere" klinisch-medizinische Norm eines disziplinierten Körpers als Maschine oder Organismus wird durch eine vorgeblich dem Leben „innere", tatsächlich staatlich-medizinisch definierte, eugenische Norm eines biopolitisch regulierten Genpools unterminiert. In dem Maße, wie die nationalsozialistische Bevölkerungspolitik den biologisch-genetischen Diskurs der Rassenhygiene rezipiert, stellt sie die Norm der menschlichen Fortpflanzung und somit den Menschen grundlegend infrage. Das Gesetz des Staates kann sich nicht mehr über die normierenden Praktiken der Körperdisziplinierung und der Bevölkerungsregulierung zugleich legitimieren. Die biopolitischen Versuche zur Regulierung des „Erbes" schreiten als expansive Vernichtung des Menschen voran.

Der rassenhygienische Zugriff - die Reinigungsfunktion des Rassismus

Nach der Pathologisierung der sexuellen Fortpflanzung als Ursache der biologisch-genetischen „Degeneration des Erbes" erscheint die Vernichtung von als „unwert" klassifiziertem 'Leben' als effizienteste biopolitische Strategie, um die nicht realisierbare, biotechnologische Normierung des Genpools zu erreichen. Das ideologische Bild dieser Strategie ist in der nationalsozialistischen Rassenpolitik das einer medizinischen Therapie, die mittels „chirurgischer Schnitte" den „Volkskörper" von inneren krankhaften und organischen „Geschwüren" befreit.[10] Auf den ersten Blick

---

9   Zur Sterilisation von als „erbkrank" deklarierten Geisteskranken und Kriminellen vor 1933 vgl. z.B. Usborne 1994, 183 ff

10   Hitler selbst stellt sich 1925 in „Mein Kampf" als „Chirurg am Volkskörper" vor. Diese Verkehrung des medizinischen Heilungsimperativs in einen Aufruf zum Töten wird von Robert Jay Lifton anhand von narrativen und psychologischen Interviews mit am Vernich-

widerspricht das von den Rassenhygienikern geforderte und vom NS-Staat verwirklichte Recht zur Vernichtung von Leben den Verwaltungs- und Bewirtschaftungsmaximen der modernen Macht zum Leben. An dieser Stelle kommt deshalb der Rassismus ins Spiel. „Die Rasse, der Rassismus, das ist", wie Foucault betont, „die Akzeptabilitätsbedingung des Tötens in einer Normalisierungsgesellschaft" (LS 43).

Dem Rassismus kommt in der Moderne gerade die Funktion zu, eine als biologisches Kontinuum wahrgenommene Bevölkerung in „lebenswert" und „lebensunwert" zu fragmentieren. Der Rassismus hat „die Aufgabe, eine positive Beziehung von der Art zu begründen: 'Je mehr Du tötest, je mehr Du sterben machst, um so mehr wirst Du deshalb leben'. (...) Je mehr minderwertige Rassen verschwinden, je mehr die anormalen Individuen eliminiert werden, um so weniger Degenerierte wird es im Verhältnis zur Spezies geben, um so mehr werde ich - nicht als Individuum, sondern als Spezies - leben, werde ich stark sein, werde ich kraftvoll sein, werde ich mich vermehren können." (LS 42 f)

Diese Relation liegt dem Degenerationsdiskurs der Rassenhygiene zugrunde. Als positive biologische Beziehung, in der das Töten als lebensförderlich erscheint, legitimiert sie entsprechend der Maxime der Lebensmacht die von Rassenhygienikern wie von Nationalsozialisten geforderte Vernichtung von „unwertem" Leben. Hierbei handelt es sich um eine spezifisch moderne Modifikation einer „Relation des Krieges", die im „Diskurs der Rassen" (VLK 51), dem „Rassenkampfdiskurs" des im achtzehnten Jahrhundert abdankenden Adels, etabliert wurde. Jener Diskurs der Rassen ist nach Foucault als Prototyp jedes „historisch-politischen Diskurses" (VLK 9 f) zu verstehen. Er ist herkömmlich ein Diskurs gewesen, um die politisch-juridische Rede vom Gesetz als Mittel zur Schlichtung des Krieges durch den Schiedsspruch des neutralen Dritten oder den Vertrag gleichberechtigter souveräner Individuen als Ideologie anzuklagen.

Im ursprünglichen „historisch-politischen Diskurs" erschien das Gesetz als Instrument der siegreichen „Rasse" (seit dem ausgehenden achtzehnten Jahrhundert sprach man von Klasse) zur Unterdrückung der besiegten „Rasse". Dieser Diskurs

---

tungsprogramm des Nationalsozialismus beteiligten Ärzten analysiert. Vgl. Lifton 1988. S. 19 ff. Diese Umschreibung des Heilungsimperativ tritt in der Praxis der „Euthanasie" deutlich hervor. Die den Euthanasieaktionen im Nationalsozialismus vorausgesetzte „Genese des Begriffs 'Euthanasie'" wird bei Klaus-Peter Drechsel ausführlich dokumentiert. Vgl. Drechsel 1993, 18 ff. Die von mir vollzogene Reduktion des rassenhygienischen Programms der Nationalsozialisten auf eine „negative" Eugenik der „chirurgisch-medizinischen" Schnitte in den „Volkskörper" vernachlässigt die „Menschenzüchtungsversuche" wie zum Beispiel den von der SS geleiteten „Lebensborn e.V.". Diese Programme scheiterten vor allem politisch, aufgrund ihrer Inkompatibilität mit dem im Nationalsozialismus beschworenen „Heil der Familie", das als Allianzsystem die Souveränität des NS-Staates zu legitimieren hatte. Vgl. z. B. Weingart 1985, 324 ff

stand den Reden vom Gesellschaftsvertrag diametral entgegen. Während der (klassische) historisch-politische Diskurs der Rassen die Gesellschaft in zwei verfeindete politische Parteien spaltete - in die das Gesetz vertretende und in die vom Gesetz unterjochte, die es zu befreien galt und von der aus man sprach - wird im „Diskurs der Rasse (im Singular)" (VLK 51), der Ende des neunzehnten Jahrhunderts auftritt, die Gesellschaft als ein biologisch-monistischer „Volkskörper" vorgestellt.

Die Gesellschaft erscheint nun als „von gewissen heterogenen Elementen bedroht (...), die ihr aber nicht wesentlich sind. (...) Das sind die Fremden, die sich eingeschlichen haben; das sind die Abweichenden, das sind die Nebenprodukte der Gesellschaft." (VLK 50) Mit der rassenideologischen Rezeption des Darwinismus transformiert sich der historisch-politische Rassenkampfdiskurs in eine „historisch-biologische Rassentheorie" (VLK 25). Der „Rassenkampf" wird in das Organisationsprinzip des 'Lebens' der Gattung integriert, welches die Bevölkerung eines Staates zu repräsentieren hat.[11] Das als Unrecht anklagbare Gesetz der herrschenden Klasse (bzw. Rasse) wird so zum unhintergehbaren Lebensgesetz des „Kampfes ums Dasein", den die „eigene Rasse", die mit der Norm der menschlichen Gattung gleichgesetzt wird, zu führen hat. In dieser modifizierten Form kehrt der „Rassenkampf" in den Degenerationsprognosen der Rassenhygiene wieder, auf die sich die nationalsozialistische Biopolitik stützen kann.

Im rassenhygienischen Diskurs hat sich die Rasse rezentriert und innerlich verdoppelt, wodurch der „Rassenkampf (...) zum Diskurs eines Kampfes (wird), der nicht mehr zwischen Rassen zu führen ist, sondern von einer Rasse aus, die die wahre und einzig richtige ist, die die Macht hat und die die Norm vertritt, gegen die die von dieser Norm abweichen und das biologische Erbe gefährden." (VLK 26) Dieser moderne Rassismus ist mit Foucault als „Staatsrassismus" (VLK 27) zu bezeichnen; es handelt sich um einen „Rassismus, den die Gesellschaft gegen ihre eigenen Produkte ausspielt" (ebd.) und durch den „die 'ständige Reinigung' (...) zu einer grundlegenden Dimension der gesellschaftlichen Normalisierung" wird. (ebd.)

Die von den Nationalsozialisten und der Rassenhygiene (als staatlich-medizinischem Komplex) durchgeführte „ausmerzende" eugenische Normierung der Bevölkerung - von der „Kindereuthanasie" in psychiatrischen Kliniken über die „T4-Aktion" bis „Auschwitz" - wird über die Funktion des Rassismus legitimiert.[12] Wäh-

---

11 Nach George L. Mosse liefert der Darwinismus mit seiner Übertragung von Darwins Grundbegriffen „auf den Kampf ums Überleben und die Auslese der tüchtigsten Rasse" selbst den entscheidenden Beitrag zur modernen Rassentheorie. Vgl. Mosse 1990, 95.

12 Die „T4-Aktion" von 1939 war die Ausweitung der „Euthanasie" auf alle klinischen Einrichtungen unter der Leitung der Reichsarbeitsgemeinschaft Heil- und Pflegeanstalten, die in der Berliner Tiergartenstr. 4 residierte. Vgl. Burleigh/Wippermann 1991, 148

rend die antisemitische Rede der Nationalsozialisten die Rasse (der „Arier") als Mythos transzendental überhöht, versucht der Diskurs der Rassenhygiene diesen Mythos durch das rassenanthropologische Wissens empirisch zu beweisen. Die „arische" oder „nordische Rasse" wird gesetzesmächtig zur idealen Norm erhoben und die „jüdische Rasse" symbolisiert die pathologische Abweichung von der Norm, die im rassenhygienischen Diskurs mit biologisch-genetischer Minderwertigkeit und Degeneration gleichgesetzt ist.[13]

Die Beschwörung des „Ariers" zum Ideal der Menschheit steht im diskursiven Kontext der deutschen Gobineau-Rezeption durch die Bayreuther Gobineau-Gesellschaft ab 1894. Der „Arier" wird in ihren Reden als weiße Grundrasse vorausgesetzt; ihre Rassenvermischung im Verlauf der Geschichte gilt als Ursache der Degeneration. Die Rede des Grafen Arthur de Gobineau läßt sich geradezu als Abgesang auf den alten Diskurs der Rassen lesen.[14] Im Zentrum steht hier die Trauer um einen nicht wieder gut zu machenden Verlust des „blauen Blutes", dem Symbol der Standesprivilegien der souveränen Macht des Adels, die mit dem Aufkommen der Lebensmacht abzudanken hat. Houston Steward Chamberlain, der Bayreuther Prophet des Arier-Mythos beschwört, Gobineaus Rede interpretierend, eine Wiederkehr angeblich verlorener „Standeswahrnehmung der Deutschen als Volk und Rasse" durch eine Reinigung des gemeinsamen „deutschen Blutes": „Reinheit wurde zum Symbol für die Reinheit und die Lebenskraft der Rasse." (Mosse 1990, 126)

Im Antisemitismus wird den Juden als von der Norm Abweichende die Funktion übertragen, das „biologische Erbe" und die „Lebenskraft" der Rasse zu gefährden. Rassenideologisch vorausgesetzt wird, daß sie die ursprüngliche „Reinheit des Blutes" verunreinigt haben und diese Verschmutzung als „Pestreiter" stets aufs Neue bestätigen.[15] Indem die Rassenhygiene und die nationalsozialistische Rassenpolitik den modernen Diskurs der Rasse aufgreifen, binden sie den Sex restaurativ an die „Symbolik des Blutes" und an die Sorge um seine Reinheit zurück. Wie Hitler in

---

13 Für Alfred Ploetz galt das „Arische" bzw. „Nordische" als Wertmaßstab. Bereits 1913 bekannte er sich zu den Zielen „nordischer Geheimorganisationen" und hielt die „Erhaltung der nordischen Rasse" für „ernstlich bedroht". Zit. nach Weingart u.a. 1992, 132

14 Für Gobineau kennzeichneten den „Arier" die Tugenden adliger Standeswahrnehmung, wobei er die Rasse des Ariers und die Klasse des Adels miteinander gleichsetzte. Der Effekt der Vermischung des „blauen Blutes" durch die eindringende „gelbe Rasse", die für Gobineau die Klasse der Bourgeoisie ist, sei die Degeneration des „Ariers". In der deutschen Rezeption wird die „gelbe Rasse" Gobineaus durch die „jüdische Rasse" ersetzt. Zum „Diskurs der Rassen" bei Gobineau und zum „Arier-Mythos" als moderner „Diskurs der Rasse (im Singular)" vgl. Mosse 1990, 76 ff und Weingart u.a. 1992, 94 ff

15 Zu den Mythen des ausgehenden 19. Jahrhunderts über die „Reinheit des Blutes" als „Geheimnis der Rasse" und dessen Vermischung durch die Juden als das „Prinzip des Bösen" vgl. z.B. Mosse 1990, 118-135; Von Braun 1995

„Mein Kampf" (1925/1926) programmatisch erklärt, hat der NS-Staat ein „völkischer Staat" zu sein, der mit dem „Volkskörper" identisch ist. Die rassenhygienische Sorge um die „Reinheit des Erbguts" und die rassenideologische Sorge um die „Reinheit des Blutes" fallen in der von Hitler anvisierten, im NS-Staat realisierten Biopolitik in Eins:

> „Der völkische Staat hat die Rasse in den Mittelpunkt des allgemeinen Lebens zu setzen. Er hat für ihre Reinerhaltung zu sorgen. (...) Er hat, was irgendwie ersichtlich krank und erblich belastet und damit weiter belastend ist, zeugungsunfähig zu erklären und dies auch praktisch durchzusetzen. (...) Es gibt nur ein heiligstes Menschenrecht, und dieses Recht ist zugleich die heiligste Verpflichtung, nämlich: dafür zu sorgen, daß das Blut rein erhalten bleibt, um durch die Bewahrung des besten Menschentums die Möglichkeit einer edleren Entwicklung dieser Wesen zu geben." (Hitler zit. nach Weingart u.a. 1992, 367 f)

Die bereits vor 1933 von Rassenhygienikern wie Ploetz und Schallmayer entworfenen Vorschriften für eine eugenische Fortpflanzungsreglementierung spiegeln sich in Hitlers Programm wieder. Einerseits lassen sie sich als eine Wiederkehr von vormodernen Elementen adliger Standeswahrnehmung lesen; andererseits kommt das moderne Element der Sorge um die biologisch-genetische Degeneration der Rasse hinzu. „Aus der Sorge um den Stammbaum wurde die Sorge um die Vererbung." (WW 150) Da die Rassenhygieniker in der Bevölkerung nicht auf eine „freiwillige", normalisierende Internalisierung ihrer eugenischen Norm zur selektiven Fortpflanzungsbeschränkung zählen konnten, erschienen ihnen Sterilisationsgesetze und eine Verstaatlichung des Ärztestandes als unausweichlich. Die Rückbindung des Sexes an die „Symbolik des Blutes" verlangte geradezu nach einer Verstärkung der souveränen Macht des Staates, die direkt mit der wissenschaftlichen Profession verschaltet war.[16] Fritz Lenz, einer der führenden deutschen Rassenhygieniker im Nationalsozialismus, sprach von einer ohnehin bestehenden „Wesensverwandtschaft der Rassenhygiene" mit der „Staatsidee des Faschismus". Des Faschismus eigentliches Ziel sei „das dauerhafte Leben, das sich durch die Kette der Generationen zieht, das heißt aber die Rasse." (Lenz zit. nach Weingart u.a. 1992, 171)

In der nationalsozialistischen Bevölkerungspolitik sind die medizinische Expertenmacht der Rassenhygiene und die staatliche Gesetzesmacht der Rassenpolitik das Gleiche. Der nazistische Staatsrassismus greift das rassenhygienische Programm des biologisch-genetischen Schutzes der Rasse auf, um den „Volkskörper" mit medizinisch-biologischen Methoden von seinen endemischen Normabweichungen, den als

---

16 Bis 1933 war eine derartige eugenische Reglementierung der Gesellschaft und Verkopplung von Politik und Wissenschaft kaum möglich. Zur Stagnation des Einflusses der Rassenhygiene auf die politische Macht vor dem Nationalsozialismus vgl. Weingart u.a. 1992, Kap. IV

„genetisch-minderwertig" klassifizierten Geisteskranken, sexuell Perversen, Kriminellen ... und als „rassisch-minderwertig" eingestuften Juden, Slawen, Sinti und Roma ... zu reinigen.[17] Die rassenhygienische Reinigung schritt von der Sterilisationspraxis über die Programme der „Euthanasie" bis hin zu den „Selektionen an der Rampe" (Lifton 1988, 211) von Auschwitz voran. Die endemische „Selbstreinigung der Rasse" ist mit der Bannung und Analyse einer beschworenen Epidemie verbunden. Die Juden symbolisieren Epidemie und Endemie zugleich. Die „Pest-Rede" der Nationalsozialisten - das ist der Antisemitismus.[18] Als „nationslose" und „nomadisierende" Rasse werden die Juden aus der Gemeinschaft der Rasse ausgeschlossen (verbannt), als „jüdisch-kapitalistisch-bolschewistische Verschwörung" (Mosse 1990) sind sie zugleich in die Gesellschaft eingeschlossen (gebannt); denn sie bedrohen sie von innen her.[19]

Die technisch unmögliche eugenische Normalisierung, die dem Modell der regulierten Endemie vorausgesetzt ist, und auf die der biologisch-genetische Diskurs der Rassenhygiene verweist, wird von der nationalsozialistischen Rassenpolitik als hygienische Normierung durch die Inszenierung eines epidemischen Ausnahmezustandes und der medizinisch-biologischen Bannung der Epidemie letztlich im Holocaust durchgesetzt. Aufgrund der Dopplung von der Regulierung einer Endemie und der Bannung einer Epidemie im Diskurs hat sich der NS-Staat zugleich äußerst disziplinär und versicherungsförmig organisiert. Zu deren Realisierung wurde die Tötungsfunktion der Gesetzesmacht auf verschiedensten staatlich-medizinische wie klinisch-medizinische Institutionen ausgeweitet. Der NS-Staat hat sich nach dem Modell einer disziplinären Bevölkerungsklinik im „Ausnahmezustand" formiert, um eine Versicherung eines endemischen „Normalzustandes" zu erreichen.

Im nationalsozialistischen Pest-Modell sind somit zwei Normen orthogonal miteinander verbunden: Die „arische Rasse" übernimmt die Position des Gesetzes und der idealen Norm, die Norm der Disziplinierung ist. Mit ihr ideologisch gleichgesetzt wird insgeheim die eugenische Norm einer inneren, biologisch-genetischen Regulierung des Genpools der Gattung. Zur Aufrechterhaltung der „Rasse-Norm" ist die Produktion empirisch erfahrbarer pathologischer Subjekte unabdingbar. Die

---

17 Zur nationalsozialistischen Rassenpolitik als große Reinigung des „Volkskörpers" vgl. Burleigh/Wippermann 1991, vor allem „Part II. The 'Purification' of the Body of the Nation"

18 Zum Antisemitismus als genuin modernes Phänomen innerhalb einer auf die Vernichtung des Anderen ausgerichteten endemischen „Reinigung des Volkskörpers" vgl. Bauman 1992, 87 ff

19 Das Thema von der „Nichtseßhaftigkeit" der Juden wird durch „alte" Mythen wie die vom ewig wandernden Juden Ahasverus transportiert. Der Mythos der „Weltverschwörung" beruft sich auf die gefälschten Protokollen der „Weisen Zions" vgl. Mosse 1990, 149 f bzw. 213

Techniken zur Sichtbarmachung des Pathologischen, der „Verwandlung des Mythos in Wirklichkeit" (Mosse 1990, 257) sind die nationalsozialistischen Zwangsverordnungen zur stigmatisierenden Kennzeichnung der Juden im Alltag bis zu den klinisch-disziplinären Manipulationsstrategien an Menschen in den Konzentrationslagern.[20]

Die von Foucault analysierte historische „Pest-Stadt" sollte durch die gesamtgesellschaftliche Einsetzung der „Disziplin als Blockade" die Gesetzesmacht des absolutistischen Souveräns sichern. Der „Holocaust" als Pest-Modell der Moderne dient jedoch weniger dazu, die souveräne Macht einer NS-Elite abzusichern, sondern vielmehr eine „expertenmächtige" Regulierung des Lebens zu versichern. Wenn die Pest als historisches Modell der Disziplinarmacht die Produktion des Menschen als Subjekt/Objekt seines eigenen Panoptismus vorweggenommen hat, so kann man sagen, daß der rassenhygienische „Holocaust" als historisches Modell der eskalierenden Lebensmacht in der Ersetzung des Menschen durch die Rasse die biotechnologische Produktion des Lebens durch die Macht des humangenetischen Experten vorwegnimmt; die heute als „Panoptismus" der Gene erscheinen will.

Zweiter Exkurs: Wissens(re)produktion durch rassenhygienische Selektion

Obwohl die von der Rassenhygiene angestrebte biologisch-genetische Selektion des „Erbgutes" im Prinzip eine Gen-Prüfung voraussetzt, bleibt die tatsächliche Wissensbildung der Selektion auf den klassischen Mechanismus zur Überprüfung der Dressurergebnisse am menschlichen Körper angewiesen. Da der genetische Code in der Ordnung des Wissens noch nicht als lesbar erscheint, bedient sich die Rassenhygiene der medizinisch-biologischen Tests der physischen Anthropologie.[21] Die

---

20   Zu den Stufen dieser Pathologisierung („Definition", „Enteignungen" und „Konzentration") vgl. Raul Hilbergs Darstellung des Vernichtungsprozesses, Hilberg 1990. Zur Beschreibung der Manipulationsstrategien an Menschen in den Konzentrationslagern zitiert Mosse die Memoiren des Auschwitz-Kommandanten Rudolf Höss, der die jüdischen Lagerhäftlinge als korrupte Arbeitsverweigerer beschreibt. Was Höss nach Mosse nicht sehen will, ist, daß das Verhalten der Lagerhäftlinge bereits das Instrument und der Effekt einer von der SS betriebenen „Günstlingswirtschaft" ist. Vgl. Mosse 1990, 257

21   Mit der Integration des Wissens der „klassischen" Genetik in die physische Anthropologie durch den bedeutenden deutschen Rassenanthropologen und Rassenhygieniker Eugen Fischer in den 30er Jahren wurde das „große Köpfemessen" (vgl. Gould 1988, 73 ff), der an Paul Brocas Craniometrie orientierten Anthropologie, um die Blutgruppen- und Zwillingsforschung erweitert. Fischers „Anthropobiologie" blieb - solange das Experiment am Menschen ausgeschlossen war - auf das Datenmaterial aus der Familienforschung beschränkt. Vgl. Weingart u.a. 1992, 355-360. Die klassischen Vermessungsmethoden des Phänotyps in der physischen Anthropologie wurden von Josef Mengele in seinen Experimenten zur Zwillingsforschung in Auschwitz angewandt. Vgl. Lifton, 1988, 391.

Genetik als eigentliche empirische Leitwissenschaft der Eugenik häuft zwar im Zuge ihrer Erweiterung der „klassischen" Genetik um die Erkenntnisse der Populationsgenetik beständig neues Wissen über eine unendliche Vielfalt von durch Experimente an Fruchtfliegen erzeugten genetischen Mutationen an, konnte sich deren genetische Ursachen jedoch nicht erklären.[22] Entsprechend der rassenanthropologischen Übertragung des darwinistischen Evolutions- und Selektionsmodells auf den Menschen stand für die Rassenhygieniker jedoch von vornherein fest, daß die menschlichen Rassen auf einem gemeinsamen Baum der Evolution des Lebens anzuordnen seien. Als Movens der Evolution galt unhinterfragt der „Kampf ums Dasein", der als Mechanismus der „natürlichen Selektion" Träger von „genetisch-minderwertigerem" Erbmaterial zu eliminieren habe.

Im rassenhygienischen Diskurs treten in der Horizontalen eines Kontinuums der Gattung zwei Pole auf: der Pol des evolutionären Fortschritts, der gemäß des neodarwinistischen Diskurses seit Weismannn der Effekt eines rein genetischen Prozesses ist und der Pol einer biologisch-genetischen Degeneration. Das Rassenideal vertritt dabei als äußere Norm eine innere Norm der Gene, die wiederum ausgehend von der äußeren Norm zu erschließen ist. Indem aber das Rassenideal eine mit dem Gesetz vergleichbare Scheidungsfunktion übernimmt, lassen sich die Bevölkerungsgruppen in der Vertikalen hinsichtlich ihrer Wertigkeit klassifizieren. Die äussere Norm der Rasse ist „das Mittel, um in diesen Bereich des Lebens, den die Macht in Beschlag genommen hat, einen Einschnitt einzuführen: einen Einschnitt zwischen dem, was leben muß und dem, was sterben muß. Schon das biologische Kontinuum der menschlichen Spezies, das Auftauchen der Rassen, die Unterscheidung der Rassen als gut und anderer als minderwertig, all dies stellt eine Art und Weise dar, das biologische Feld zu fragmentieren, (...) innerhalb der Bevölkerung Gruppen gegeneinander zu differenzieren. Kurz, es geht darum, eine Zäsur biologischen Typs innerhalb eines Bereiches errichten zu können, der sich genau als ein biologischer Bereich darstellt." (LS 42)

In der Ersetzung der Norm des Menschen als Individuum durch die Rasse, an der die einzelne „subjektive Vernunft" - im Sinne einer Internalisierung disziplinärer Normierung - keinen Anteil haben kann, wird die Prüfung der Körper zur

---

22 Möglicherweise hatten jedoch die Ergebnisse der Mutationsforschungen des bis 1945 am Berliner Kaiser-Wilhelm-Institut für Hirnforschung tätigen sowjetischen Genetikers Timoféeff-Ressovsky Einfluß auf die 1935 von den Nationalsozialisten verkündeten „Erbgesundheitsgesetze". Diese dienten der Ausweitung der erbbiologischen Bestandsaufnahmen in den medizinisch-psychiatrischen Kliniken und einer Erweiterung der Erfassungskriterien von Erbkrankheiten auf „unauffällige" Familienangehörige. Das Datenmaterial aus diesen Bestandsaufnahmen hat zumindest als Grundlage für die Ermordung von Psychiatriepatienten gedient. Vgl. Roth 1986, 35 ff und Weß 1989, 33

Zwangstechnologie.[23] Die Überprüfung der Körper wird als Zwangsnormierung gesetzesmächtig angeordnet. Die für die humanwissenschaftliche Wissensbildung konstitutive subjektivierende Unterwerfung wird in den rassenhygienischen Prüfungsritualen hinsichtlich der Produktion von Wissen über das Forschungsobjekt zur Farce. Denn das Objekt der Macht, das in der rassenhygienischen Unterwerfung zum Subjekt wird, ist nicht der Mensch als Individuum, sondern das 'Gen' des Menschen, während ihm als Phänotyp die objektivierende Vergegenständlichung seines Genotyps bleibt. In dieser gewaltsamen Unterwerfung des Menschen, die der NS-Staat als „Pest-Dekret" der Moderne anordnet, subjektivieren sich die Gene, indem sie sich spiegelbildlich in den phänotypischen Vergegenständlichungen der Körper zu objektivieren scheinen.

Die rassenhygienische Bewertung des biologisch-genetischen Gesundheitszustandes des „Volkskörpers" setzt Menschenexperimente voraus, die sich der Techniken der Disziplinarprüfungen bedienen, jedoch deren Spielraum bei weitem übersteigen. Insofern stagnierte die Wissensbildung der Eugenik historisch bis zum Nationalsozialismus weitgehend. Was das empirisches Material anbelangt, blieb die Eugenik als Rassenhygiene vor 1933 auf unsystematische und lückenhafte erbbiographische Statistiken bevölkerungspolitischer Genealogen und erbbiologische Krankenakten über medizinisch-psychiatrisch Internierte verwiesen. Was fehlte, war eine „Formalität des Experiments". Im NS-Staat wird die Rassenhygiene zur politikorientierenden Wissenschaft schlechthin und ist somit entscheidend an der Durchsetzung staatsrassistischer Zwangsmaßnahmen beteiligt.[24] Die rassenhygienischen „Experten" werden in die Begutachtungsarbeit der bis 1939 durchgeführten Zwangssterilisationen eingeschaltet.

Von den „Zwangssterilisationen" über die „Euthanasie" bis hin zur „Selektion an der Rampe" von Auschwitz sind rassenhygienisch orientierte Ärzte als humanwissenschaftliche Experten die Prüfer über Leben und Tod. Im Verlauf der „Euthanasie-Aktion" - von der Tötung „erblich-belasteter" Kinder bis zur Tötung von „erbkranken" Erwachsenen - reduziert sich jedoch die Aufgabe des rassenhygienisch orientierten Arztes zunehmend auf seinen prüfenden bzw. selektierenden Blick, der über den bloßen Zeitpunkt des Todes zu entscheiden hat. Während bei der Ermordung von Kindern noch der „normale" Arzt, meist der Leiter der Klinik,

---

23   Vgl. den ersten Exkurs zur Wissensproduktion in diesem Buch

24   Zur Gutachterarbeit der Rassenhygieniker für die Zwangssterilisationen und ihre Beteiligung an der Ausarbeitung der entsprechenden Gesetze vgl. z.B. Weingart u.a. 1992, 407 ff. Das von Eugen Fischer geleitete Kaiser-Wilhelm-Institut für Anthropologie war z.B. für die Ausbildung der Amts- und SS-Ärzte in Anthropologie und Genetik zuständig, die als Gutachter des Reichssippenamtes für die Umsetzung der Nürnberger Gesetze eingeschaltet waren.

über den Zeitpunkt des Todes zu befinden hatte, wird diese Prüfung in der „T4-Aktion" von spezialisierten SS-Ärzten übernommen, deren medizinische Praxis allein auf dem Töten und der Todes(über)prüfung beruht. Das medizinisch-biologische Experiment wird damit zur (Über)Prüfung von Tötung und Tötungserfolg des im / durch den *Augen-Blick* als biologisch-genetisch „lebensunwert" definierten Leben.[25]

Zur Spezifizierung dieser Prüfungs-Technik tragen die medizinischen Experten selbst bei. So hat Hitlers Leibarzt Karl Brandt in den Todesprüfungen der „T4-Aktion" die Effizienz der Tötung durch „Injektion" mit der durch „Giftgas" verglichen. Das Experiment ging zugunsten der „Giftgas-Methode" aus. Somit wurde in der „T4-Aktion" die Methode der Massenvernichtung für die sogenannte „Endlösung" in den Vernichtungslagern entwickelt. Selbst beim absoluten „Exzeß" der Tötungsmacht im vorgeblichen Dienst des Lebens (der Rasse) im Vernichtungslager von Auschwitz, wo von vornherein alle Lagerhäftlinge zum Tode verurteilt waren, entschied der selektierende ärztliche Blick an der Rampe über den Zeitpunkt des Todes eines bereits von vornherein als „unwert" definierten Lebens - zwischen direktem Gang in die Gaskammer oder vorläufiger Verwertung der Noch-Lebenden im Arbeitsdienst. Der „Schlußakt" war das Abwerfen der „Zyklon-B-Tabletten" in die Gaskammern durch die ärztliche Hand und die anschließende Todesfeststellung durch den ärztlichen Blick. Diese pervertierte ärztliche Prüfung galt als *Diagnose* der Krankheit (der biologisch-genetischen Degeneration) und *Heilung* der Rasse (des Genpools) zugleich.

In dieser letzten Reduktion der humanwissenschaftlichen Wissensbildung auf den selektierenden, rassenhygienisch-medizinischen Blick und seine Todesdiagnose wird nicht nur deutlich, daß eine Wissensbildung über die Abrichtung von Körpern das ist, was als humanwissenschaftlicher „Erkenntnisfortschritt" verkündet wird, sondern auch, daß sich in dieser Abrichtung nur das als Wissens reproduziert, was zuvor bereits als Transzendentales gesetzt worden ist. Der humanwissenschaftliche Versuch zur Erkenntnis des Menschen mündet in seinem (empirischen) Tod. Das Konzentrationslager als Vernichtungslager - Schnittstelle zwischen Zeremoniell der Macht und Formalität des Experiments - hat sich nicht nur des Expertenwissens der rassenhygienischen Ärzte bedient, es war auch, wie Mengeles Menschenversuche beweisen, die Voraussetzung für die Wissensbildung ihrer Wissenschaft.[26] Der Humangenetiker Ottmar von Verschuer, ab 1942 der Nachfolger des Anthropologen

---

25 Zu Formierung und Spezifizierung der Medizin als Vernichtungstechnik vgl. im folgenden Lifton 1988, 28, 80 ff und 175; sowie Hillberg 1990, Bd. 2 „Die Vernichtungszentren", 927 ff

26 Zu den von humanwissenschaftlichen „Experten" wie Dr. Mengele in den Konzentrationslagern durchgeführten Menschenexperimenten, an deren Ende nahezu immer der Tod des Forschungsobjekts stand vgl. Lifton 1988, 307-348; 406 ff

Eugen Fischer am Kaiser-Wilhelm-Institut für Anthropologie in Berlin, der seit 1944 Blut-, Organ- und Gewebeproben von seinem Assistenten Joseph Mengele aus Auschwitz erhielt, erklärte bereits 1939 in Hinblick auf die im NS-Staat möglichen klinisch-medizinischen Menschenversuche, daß er es „mit Beglückung erlebt, daß der stillen Arbeit in der Gelehrtenstube und im wissenschaftlichen Laboratorium die Auswirkung im Leben des Volkes zuteil wird." (Verschuer zit. nach Weß 1989, 35)

Im „Selektions-Archipel" Auschwitz treten die Charakteristika des Prüfungsmechanismus, der Wissensfabrik der Humanwissenschaften deutlich hervor: Das Prinzip der Umkehrung der Sichtbarkeit der Macht verkörpern die in „Fünferreihen" diszipliniert antretenden Häftlingskolonnen, die noch kurz zuvor ungeordnet in „überfüllten Viehwaggons" (Lifton 1988, 193) transportiert wurden. Jeder Häftling, sein Weg in den Tod, jeder Tote wird individuell dokumentiert. Jeder Einzelne wird durch „Kahlrasur" und Uniformierung in Häftlingskleidung zum manipulierbaren und durch seinen Tod „normalisierten" Fall - als eine bloße Nummer.

Die moderne Verkopplung von disziplinierender Prüfung und der Selbsttechnologie des Geständnisses, wird in den Todes(über)prüfungen der nationalsozialistischen Rassenhygiene zuungunsten des Geständnisses aufgehoben. Das Sprechen des „Subjekts", welches zur Hebung von „Sex-Geheimnissen" unabdingbar ist, verstummt, da angesichts der produzierten Rasse die Degeneration des Lebens als lesbar gilt und nicht durch eine Normierung der menschlichen Sexualität abgewendet werden kann. Nicht ein verborgenes Prinzip im menschlichen „Ungedachten" steht im Zentrum der Wissenserhebung, sondern der Gesundheitszustand der Gene, deren eugenische „Lesbarkeit" von innen her die Rassenhygiene bereits voraussetzt.[27] Als Hygiene liest sie ihn schlicht anthropologisch von außen ab. So kann man sagen, daß der Mensch zu verstummen hat, wenn die Sprache in der Option einer „Lesbarkeit der Gene" wieder am Horizont des Wissens zu erscheinen beginnt. In der Eugenik als Rassenhygiene ist des Analytikers Ohr der Alleinherrschaft des starren und kalten Blicks des SS-Arztes gewichen - ein Blick, der zugleich ein klassifizierender und ein empirischer Blick ist.

Die Humangenetik: Eugenik als Biotechnologie

Wenn vorausgesetzte Normen einer normierten Biologie, wie in der Verwirklichung des rassenhygienischen Programms geschehen, per Gesetz zur disziplinierenden Norm des Körpers und regulierenden Norm einer Biopolitik der Bevölkerung erho-

---

27 Zu dieser Übergangskonstellation in der epistemologischen Transformation des Wissens, die hinsichtlich des 'Lebens' vom Denken der „klassischen" Genetik, hinsichtlich des 'Menschen' durch das Denken der Rassenhygiene geprägt ist, vgl. die entsprechenden Kapitel im ersten Teil des Buches.

ben werden, ist der (empirische) „Tod des Menschen" vorprogrammiert. Die moderne Verwaltung und Bewirtschaftung des Lebens verlangt dann nach einer äußeren Intensivierung der Macht des Gesetzes und seiner Tötungsfunktion. Der Macht-/Wissenskomplex der rassenhygienischen Eugenik hat gerade wegen des Fehlens eines inneren Kriteriums zur Bestimmung der biologisch-genetischen Qualität des Genpools entscheidend an der sichtbaren Vernichtung von im NS-Staat pathologisierten Bevölkerungsgruppen mitgewirkt. Als staatlich-medizinische Form der Biopolitik blieb die Eugenik auf den hygienischen Zugriff auf das phänotypische Diesseits des Menschen durch per Gesetz angeordnete Disziplinierungen und Normierungen der Körper verwiesen. Die anvisierte Produktivitätssteigerung des Genpools der Bevölkerung erschien nur durch die „therapeutische" Vernichtung von als „genetisch-degeneriert" diagnostizierten Bevölkerungsgruppen und damit deren Fortpflanzungsverhinderung realisierbar. Dabei wurde die Abweichung des Phänotyps vom „Ideal der Rasse" mit Krankheit als medizinisch-biologischer Abweichung von der Norm körperlicher Gesundheit gleichgesetzt, wobei zugleich von der äußeren Normabweichung auf eine biologisch-genetische Abweichung von einer inneren Norm des Genotyps rückgeschlossen wurde. Diese Normabweichung galt als irreversibel.

Da eine präventive Fortpflanzungsauslese nach dem Modell der Tierzucht im Widerspruch zu den Normalisierungsweisen der modernen Gesellschaft steht, war diese flächendeckend nur durch die Vernichtung von als „unwert" klassifiziertem Leben durch gesetzesmächtige Zwangsmaßnahmen zu erreichen. Die „restaurative" Ersetzung des Menschen durch die „Rasse", des Sexes durch das „Blut", führte zu einer extremen Verstärkung der staatlichen Tötungsfunktion. Dabei war das propagierte Ziel der Eugenik paradoxerweise die produktive Verwaltung und Bewirtschaftung des Lebens. Bezogen auf die Perspektive der „künstlichen Selektionen" einer „zweiten Evolution" (Wieser in: Jungk/Mundt 1988, 4), die die Humangenetik in der Ära der Gen- und Reproduktionstechnologien ermöglicht, handelte es sich bei der Rassenhygiene um einen grausamen und hilflosen Versuch zur Wiedereinsetzung der „natürlichen Selektion". Die Basis dafür war ein biologisch-genetisches Wissen von der „ersten Evolution" und eine politischen Technologie, die jedoch nicht der Ordnung dieses Wissens zuzurechnen ist.

Heute stellt dagegen eine biotechnologische Eugenik das Wissen und die Technologie zur Einlösung der Maxime der Lebensmacht bereit. Der gen- und reproduktionstechnologische Eingriff ins menschliche Genom scheint die Verwaltung und Bewirtschaftung des Lebens in einem zu realisieren. Eine Gesetzesmacht des Staates, die durch Sterilisationsgesetze oder Eheverbote die Fortpflanzung der Bevölkerung hygienisch von außen her steuert, erscheint als überflüssig. Die Eugenik transformiert sich von einer biopolitischen Sozialtechnologie zur Biotechnologie. Im biotechnologischen Diskurs werden die Produktion des Lebens und die Reproduktion der Macht von Sexualität und Fortpflanzung abgekoppelt.[28]

Die Normalisierung der Eugenik - der humangenetische Eingriff

Die mit dem Wissen der Molekulargenetik „sehend" gewordene Eugenik ermöglicht in der humangenetischen Praxis eine eugenische Normierung des Lebens, die sich biotechnologisch im genotypischen „Jenseits" des Menschen vollzieht. Wie dies der Molekulargenetiker Joshua Lederberg 1962, kurz nach der Entdeckung des genetischen Codes auf dem CIBA-Symposium verkündete, hat man es nun mit einer neuen Eugenik zu tun, die als „Euphänik" (Lederberg in: Jungk/Mundt (HG) 1988, 293) zu bezeichnen ist. Unter Euphänik ist nach Lederberg eine Eugenik zu verstehen, die in absehbarer Zukunft den Phänotyp ausgehend vom Genotyp umgestalten wird:[29]

> „Die neueren Fortschritte der Molekularbiologie bieten uns bessere eugenische Mittel, dieses Ziel zu erreichen. Aber müssen dazu unbedingt Verfahren der Tierzucht auf den Menschen übertragen werden? (...) Innerhalb weniger Generationen könnten wir einige Kunstgriffe von unschätzbarem Wert erlernen. Weshalb sollen wir uns jetzt mit der somatischen Selektion aufhalten, die in ihrer Wirkung so langsam ist? Mit einem Bruchteil dieser Anstrengung könnten wir bald die Manipulierung von Chromosomenploidität, Homozygosis, gametischer Selektion und die gesamte Diagnose von Heterozygoten lernen, um in ein oder zwei Generationen eugenischer Praxis das zu erreichen, wozu wir heute zehn oder hundert brauchen." (Lederberg in: Jungk/ Mundt 1988, 293 f)

---

28 Die Wiederkehr der Eugenik in der Biotechnologie wird von verschiedensten Autoren thematisiert. Vgl. z.B. Rifkin 1986; Hansen/Kollek 1987; Beck 1988; Weingart 1997. Zur Transformation des eugenischen Wissens von der Anthropologie zur Humangenetik bzw. von der Sozialtechnologie zur Biotechnologie vgl. Weingart u.a. 1992, 631; Zur Kontinuität und Delegitimierung der sozialtechnologischen Eugenik in den Debatten über Sterilisationsgesetze in den 50er bzw. 60er Jahren in den USA und in Deutschland vgl. ebd. 593 ff. In der Tradition der sozialtechnologischen Eugenik befürwortete noch 1984 die Leiterin der Hamburger humangenetischen Beratungsstelle die Sterilisation „erblich belasteter" Kinder und Jugendlicher. Vgl. Schmidt-Bott 1987, 73-83. Trotz dieser offensichtlichen Kontinuitäten ist es unbestreitbar, daß sich die normale Praxis der Eugenik auf eine biotechnologische Praxis z.B. in der pränatalen Diagnostik verlagert hat.

29 Auf diesem Symposium wurde nach dem „rassenhygienischen Holocaust" von einer sich selbst als solche definierenden wissenschaftlichen Elite wie den bekannten Genetikern und Biologen H. J. Muller, J. Lederberg, F. Crick, J. Huxley und J. B. S. Haldane offen über die Möglichkeiten einer genetischen Verbesserung der Menschheit diskutiert. Staatliche Zwangsmaßnahmen zur Durchsetzung neuer Züchtungstechnologien wurden nicht ausgeschlossen. Während Muller, Crick und Huxley auf sozialtechnologische Maßnahmen der Fortpflanzungskontrolle verwiesen, prophezeite Lederberg für die nächste Zukunft eine „neue" eugenische Praxis als Biotechnologie. Vgl. Jungk/Mundt (HG) 1988, besonders das Kap. „Eugenik und Genetik"

Lederbergs Aussage markiert den Beginn einer Ära der Genetik als Technologie - den Beginn einer „zweiten Evolution", „bei der, wie im natürlichen Prozeß, neue genetische Programme dem Selektionsdruck äußerer Bedingungen unterworfen werden." (Wieser in: Jungk/Mundt 1988, 4) Die technische Umsetzung der Visionen Lederbergs beginnt bereits wenige Jahre nach dem Symposium mit der Entdeckung der Restriktionsenzyme und der Erfindung von Methoden zur Sequenzierung von Proteinen und Nukleinsäuren. Erbinformationen gelten heute nicht nur als entschlüsselbar, sondern genetische Bauanweisungen können aus der DNS herausgeschnitten, verändert und zum Beispiel durch „Transporterviren" wiedereingesetzt oder auf andere Organismen und Arten übertragen werden. Damit hat der biotechnologische Diskurs den biologisch-genetischen Diskurs ersetzt.

Durch die Verkehrung des hygienischen Zugriffs in den biotechnologischen Eingriff wird eine gleichzeitige, eugenische Effektivierung und Regulierung des Lebens am genetischen Material realisiert. Nicht mehr das Gesetz sanktioniert die Biopolitik einer hygienisch orientierten Eugenik: Die am Genotyp selbst vom „Gen-Ingenieur" entworfenen Ausgestaltungen des Lebens haben eine Anpassung der Gesetze zur Folge. Das Gesetz reagiert nachträglich auf die sich am Phänotyp ausschreibenden Umschreibungen des genetischen Codes.[30] Während es das Ziel der alten Eugenik gewesen ist, über die biopolitische Verwaltung einer als Genpool wahrgenommenen und pathologisierten Bevölkerung die Bewirtschaftung der Gene zu erreichen, versucht die neue Eugenik, über die biotechnologische Bewirtschaftung des genetischen Materials eine biopolitische Verwaltung der Bevölkerung durch die technologische Herstellung gesellschaftlicher Normalität zu ersetzen.

Die molekulargenetischen Visionen einer Ersetzung sozialtechnologischer Zugriffe durch biotechnologische Eingriffe werden in den fünfziger Jahren in den USA, ab den sechziger Jahren in Deutschland von einem problematisierenden Diskurs begleitet, der die Eugenik ethisch-moralisch verurteilt. In den siebziger Jahren mündet dieser Diskurs in eine offizielle Ächtung der an der Regulierung des Genpools einer Bevölkerung orientierten Eugenik. Der diskursive Effekt ist die strategische Absage der Interessensverbände der Humangenetik an sozialtechnologische Orientierungen zugunsten einer die individuelle Gesundheit verwaltenden und bewirtschaftenden prädiktiven Medizin. Dieser diskursive Perspektivenwechsel der Eugenik von einer biopolitischen Sicherheitstechnologie zu einer „Dressurtechnologie" an den indivi-

---

30 Ein gutes Beispiel ist die bereits in der Einleitung dieses Buches angeführte „europäische Bioethikkonvention". Sie dient gerade einer „Nachbesserung" der Menschenrechte, deren politisch-juridischer Bedarf durch die neuen Techniken der Biomedizin hervorgerufen wurde. Vgl. Lösch 1997. Anschaulich wird die Reaktion des Gesetzes auf die genotypischen Erforschungen und Umschreibungen bereits in Treusch-Dieters Analyse des BVG-Urteils zur Umgestaltung des § 218 vom Juni 1993, Treusch-Dieter 1994a.

duellen Genen wird als „Medikalisierung der Humangenetik" (Weingart u.a. 1992, 652) bezeichnet.

Im Dienste der Individualmedizin formiert sich die Humangenetik seither - wie jede Humanwissenschaft - ausgehend vom Pathologischen, als „klinische Genetik". Die Entwicklung zu einer „normalen" Genetik, die alle menschlichen Merkmale und nicht nur „genetische Defekte" diagnostizieren will, ist jedoch von Anfang an vorgegeben. Der medizinischen Diagnostik bietet die Humangenetik die Bestimmung (Bannung) und Aufklärung (Analyse) genetischer Krankheitsdispositionen an. Anfang der sechziger Jahre wird die Diagnosetechnik des genetischen Screenings entwickelt, das der routinierten Analyse vielfältiger, genetischer Normabweichungen dienen kann. Das historisch erste Verfahren ist das von Robert Guthrie 1961 entwickelte „PKU-Screening", dessen Technologie seit den siebziger Jahren auf die Diagnostik diverser „normaler" genetischer Dispositionen ausgeweitet wird. Wenn im Gegensatz zur medizinischen Therapierbarkeit der „Phenolketonurie (PKU)" am menschlichen Körper eine herkömmliche, medizinische Therapie nicht möglich ist, bietet die Humangenetik wie beim „Lesch-Nyhan-Syndrom" die gentherapeutische Reparatur defekter Gene an. Bei den Screening-Techniken, die sich nicht auf die Identifikation einer bestimmten „Erbkrankheit" beziehen, wie dem sogenannten „carier screening", weiten sich die diagnostischen Techniken der Humangenetik in Richtung einer Identifizierung genetischer Prädispositionen aus. Den Schritt von der „klinischen Genetik" zur Genetik des Normalen ermöglicht schließlich die „Gen-Marker-Technologie".[31]

Wenn eine Gentherapie - wie bei den meisten bis heute diagnostizierten „genetischen Defekten" technisch nicht praktizierbar ist - bleibt als Konsequenz aus der humangenetischen Erkenntnis die eugenische Methode der Verhinderung von nun technisch als „genetisch-minderwertig" diagnostiziertem Leben. Der Zugriffsort der eugenischen Selektion hat sich jedoch von der Post- zur Pränatalität des Menschen verlagert. Die Techniken der Selektion zielen auf den Ei-Einzeller ab. Diesen Einsatz ermöglichen die genetischen Testmethoden in der pränatalen Diagnostik, deren erste die 1966 entwickelte Technik der „Amniozentese" ist. Der Einsatz von Gen-Tests in der pränatalen Diagnostik ermöglicht im Moment der eugenischen Selektion eine Diagnose, die zugleich als Therapie auftritt. Da sich eine hygienische Disziplinierung und Normierung der Körper im Sinne eines Fortpflanzungsverzichts erübrigt - nach der Abtreibung des „gendefekten Fötus" besteht schließlich die Möglichkeit einer neuerlichen Schwangerschaft - verlangt die pränatale Praxis der neuen Eugenik scheinbar keine Verhaltensänderung mehr.

---

31 Vgl. z.B. die Beiträge von C. Thomas Caskey und Leroy Hood in: Kevles/Hood 1995, 123 ff und 156 ff

„Aus dem eugenischen Zeugnis, das über die Fortpflanzungserlaubnis entscheiden, die Klasse der zulässigen Partner festlegen und das von einer staatlich sanktionierten eugenischen Behörde erteilt werden sollte, wird ein Gen-Paß, der die genetisch bedingten Krankheits- und Lebensrisiken angibt, von einem Arzt ausgestellt wird und nicht mehr des staatlichen Zwangs bedarf." (Weingart u.a. 1992, 678)

Hygienische Normierung schlägt damit in eugenische Normalisierung um. Durch die Ausweitung der genetischen Diagnostik auf eine Vielfalt „normaler" menschlicher Merkmale, die genetischen Prädispositionen, wird aus dem staatlich-medizinischen Zwang zum Fortpflanzungsverzicht der internalisierte Selbstzwang zur individuellen Lebensführung nach Wahrscheinlichkeitskalkülen, was durchaus eine postnatale Verhaltensänderung zur Folge hat.[32] Das „neue" panoptische Prinzip ist eine permanente Selbstbeobachtung, um milieubedingte Gesundheitsgefährdungen im Vorfeld auszuschließen. Der Ursprung der potentiellen „Übel" ist jedoch nicht mehr ein vom „Subjekt" mit Hilfe von Experten kontrollierbarer und modifizierbarer Sex. Der Ursprung allen „Übels" hat sich auf die Ebene der Gene verlagert, die nur vom humangenetischen Experten kontrolliert und modifiziert werden können. Die humangenetischen Techniken kommen jedoch mit dem Versprechen einer „Befreiung des Menschen" aus seinen genetischen Unterwerfungen daher; sie „kommt nicht als Bedrohung, sondern als Versprechen, nicht als Strafe, sondern als Geschenk" (Rifkin 1986, 210). Als am individuellen „Heil" ausgerichtete neue Eugenik setzt sie auf Normalisierung statt Gesetz und Verbot. An die Stelle verordneter Hygiene der Gattung ist das Modell einer „freiwilligen", genetischen Beratung des Individuums getreten.[33] Die Sorge um den Genpool scheint der Sorge ums Individuum gewichen.

Die Transformation der humangenetischen Orientierung vom Genpool der Gattung zum Individuum, von Gesetz, Disziplinarzwang und biopolitischen Zwangsmaßnahmen zur normalisierenden Praxis einer „genetischen Prävention" (Treusch-Dieter 1990, 242) stellt keinen Bruch zu den Strategien einer Macht zum Leben dar, der es nach wie vor um eine Verwaltung und Bewirtschaftung der biologischen Gattung geht. Die Debatte der sechziger Jahre über eine genpool- oder individualmedizinische Orientierung der Humangenetik ist vielmehr das diskursive Indiz für eine entscheidendere Umstrukturierung der Techniken der Lebensmacht. Die entscheidende Differenz liegt nicht zwischen Genpool und Individuum sondern zwischen Eugenik und Euphänik - einer Eugenik, die noch Hygiene war und einer Euphänik, die eigentlich erst Eugenik ist. Vor dem Hintergrund dieses epochalen

---

32 Zu den Zwängen eines genetisch-päventiv orientierten Lebens vgl. z.B. Daele 1989

33 Die von Anne Waldschmidt analysierten Subjektivierungsweisen in den Expertendiskursen zur genetischen Beratung von 1945 - 1990 skizzieren die Normalisierung der neuen Eugenik über die genetische Beratung, insofern diese Diskurse im Modell der „Selbstobjektivierung" als Subjektivierungsweise der 90er Jahre münden. Vgl. Waldschmidt 1996.

Umschlags hebt sich die Differenz zwischen Individuum und Gattung in einen Genpool auf, der individuelles und Menschheits-Genom zugleich ist.

Dieser Umschlag vom hygienischen Zugriff in den eugenischen Eingriff spiegelte sich bereits in den diskursiven Positionen des CIBA-Symposiums wieder. Im Sinne einer alten Eugenik die in ihrer Orientierung am Genpool der Bevölkerung strategisch noch Sozialtechnologie, technisch bereits Biotechnologie ist, liest sich der Diskussionsbeitrag des „Code-Knackers" Francis Crick. Er steht der Eingangs zitierten Vision Lederbergs vom reinen „technological fix" gegenüber.

> „Haben die Menschen überhaupt das Recht, Kinder zu bekommen? Wie wir von Dr. Pincus (dem Wegbereiter für die Erfindung der „Anti-Baby Pille" A.L.) hörten, wäre es für die Regierung nicht sehr schwierig, der Nahrung etwas beifügen zu lassen, was den Nachwuchs unterbindet. Außerdem könnte sie - das ist hypothetisch - ein anderes Mittel bereithalten, das die Wirkung des ersten aufhebt und das nur solche Leute erhalten, deren Fortpflanzung erwünscht ist. Das wäre keineswegs indiskutabel. (...) Wenn man die Menschen davon überzeugen könnte, daß ihre Kinder keineswegs Privatangelegenheit sind, so wäre das ein gewaltiger Fortschritt. Die zu beantragende Erlaubnis für das erste Kind könnte unter verhältnismäßig einfachen Bedingungen gegeben werden. Sind die Eltern genetisch belastet, so erhalten sie nur für ein Kind die Genehmigung, unter besonderen Umständen vielleicht für zwei." (Crick in: Jungk/Mundt (HG) 1988, 303)

1961 beschwor der Genetiker Hermann Muller in seinem Vortrag „Germinal Choice - A New Dimension in Gen-Therapy" auf dem zweiten internationalen Kongreß für Humangenetik in Rom - in Wiederholung seiner Ideen zur künstlichen Befruchtung von 1925 - die in unmittelbare Nähe gerückte Option des „technological fix" durch „In-Vitro-Ferilisation".[34] Mullers Rede von einer „planmäßigen Samenwahl" durch die technischen Möglichkeiten der Reproduktionstechnologie weist auf die Perspektive der Euphänik hin. Mit den die Produktionstechnologien der „Gen-Ingenieure" ergänzenden Reproduktionstechnologien der künstlichen Befruchtung verliert für die Eugenik die „Weigerung der erblich Belasteten, ihre Unzulänglichkeiten einzugestehen und ihre Familiengröße einzuschränken, (...) ihre Bedeutung in einer Bevölkerung, die ohnehin renoviert" (Weingart u.a. 1992, 642) wird.[35] Jenseits des Menschen steht somit dem gentechnologischen Eingriff in das Genom der repro-

---

34 Die künstliche Befruchtung war bereits der Traum der alten Eugenik. Für den Darwinisten und Evolutionsbiologen Julian Huxley war die Möglichkeit der künstlichen Befruchtung schon 1936 durch ihre technische Trennung der Sexualität von der Zeugung die Chance zur Verwirklichung einer nicht „ausmerzenden" Eugenik. Mullers Ideen einer planmäßigen Samenwahl sind auch in das explizit als „antifaschistisch" konzipierte „Genetiker-Manifest" von 1939 eingeflossen. Vgl. dazu Weß 1989, 37 f.

35 Das erste Retortenbaby wird 1978 geboren. Zu den Möglichkeiten der „In-Vitro-Fertilisation" vgl. z.B. Scheller 1985, 177 f. Zur Geschichte der Reproduktionstechnologie vgl. Corea 1988

duktionstechnologische Zugriff auf den fötalen „Genpool" gegenüber. Beide Technologien ergänzen sich derart funktional, daß diese Relation von Produktion und Reproduktion, von Bewirtschaftung und Verwaltung ohne weiteres umkehrbar ist. Indem sich auf der fundamentalen Ebene des Genoms die Differenz zwischen Individuum und Gattung zugunsten der „genetischen Identität" eines unbegrenzt-endlichen Codes aufhebt, fallen die ideale Norm und der Durchschnitt des Menschen in der Norm des menschlichen Genoms in Eins. Der Genpool der Gattung findet sich in jeder individuellen DNS wieder. Die für den individuellen Genotyp zu erreichende Norm wird ihm in Abhängigkeit von seiner „genetischen Identifizierung" - der von vornherein bestehenden oder hergestellten genetischen Identität seines Genoms - vorgeschrieben. Aus dem Grundsatz der klassischen Disziplinarmacht - „Jedem Individuum seinen Platz und auf jeden Platz ein Individuum" (ÜS 183) - wird „Jedem der Platz, der ihm entspricht" (Ewald 1993, 193); genauer gesagt - „...genetisch entspricht". Das Ziel der Regulierungstechniken einer Biopolitik der Postmoderne ist nicht mehr die Beseitigung der „biologischen Übel" sondern die Herstellung einer „gesunden" Balance an genetischen Dispositionen in einem kybernetischen System. Innerhalb dieses Normalitätskontinuums gilt als anormal nicht mehr die einzelne „Erbkrankheit" sondern eine ungewohnte Schwankung einer Rate an genetischen Dispositionen.

Dritter Exkurs: Wissensproduktion durch humangenetische Beratung

Die Transformation des biologisch-genetischen Diskurses der Eugenik in den biotechnologischen Diskurs der Euphänik geht mit einer entscheidenden Modifikation der humanwissenschaftlichen Wissensproduktion einher. Der genomanalytische „Entschlüsselungsdiskurs" (Treusch-Dieter 1994a, 114) der prädiktiven Medizin tritt an die Stelle des medizinisch-biologischen Diskurses der Hygiene. Der Ausgangspunkt des empirischen Blicks des Genomanalytikers ist nicht mehr der Körper des Menschen, durch den hindurch in der anthropologischen Ordnung des Wissens das Auge des Experten eine tieferliegende und ursprünglichere Wahrheit zu enthüllen versuchte, sondern das Genom, dem der genetische Code vorausgesetzt ist. Dieser „Ursprung des Lebens" ist genomanalytisch entschlüsselbar, da der neue Raum empirischer Sichtbarkeit technisch hergestellt werden kann. Als Erkenntnis gilt in der humangenetischen Diagnose nicht mehr eine in der humanwissenschaftlichen Prüfungstechnologie produzierte psychosomatische, sondern eine vorgängig gesetzte gentechnologische Identität.

Angesichts von dieser Umkehrung des prüfenden Blicks in der medizinischen Diagnostik, die der biotechnologische Diskurs als „Lesbarkeit" des Lebens von innen thematisiert, müßte die „Wissensfabrik" der Humangenetik die reine Gen-Prüfung sein. Demgemäß wäre die prädiktive Medizin eine Technologie, die zum Erwerb ihres Wissens und zur Bewertung des von ihr untersuchten Lebens auf die Überprüfung menschlicher Körper und die Geständnisse der „Subjekte" verzichten könnte. Da der Effekt der Gen- und Reproduktionstechnologien die Abkopplung der Produktion und Reproduktion des Lebens vom menschlichen Körper (wie dem Sex) ist, erscheint eine machtökonomisch effiziente Verwaltung und Bewirtschaftung der Gattung nun jenseits von staatlich-medizinischer Biopolitik und klinisch-medizinischer Körperdressur praktizierbar. Tatsächlich bleibt der eugenischen Gen-Prüfung weiterhin eine hygienische Prüfung der Körper beiseitegestellt, die einerseits eine kontrollierte Bereitstellung des von der Humangenetik benötigten genetischen Materials versichert und andererseits die nach wie vor praktizierte sexuelle Fortpflanzung überwacht. Diese „alte" Prüfungstechnologie am Phänotypus dient der Normalisierung der Überprüfungen des Genotypus.

Im Entschlüsselungsdiskurs der Genomanalyse scheinen Ideal und Durchschnitt, individuelles Genom und Gattungs-Genom durch die gleichzeitig mögliche biotechnologische Modifikation und genomanalytische Kontrolle des menschlichen Genoms (als individuellem und universellem Pool der Gene) in Eins zu fallen. Die Produktion des Wissens vom Leben ist auf dieser molekularen Ebene zugleich eine Reproduktion der Macht über das Leben. Das Genom als „genetische Identität" jedes Menschen tritt im Experimentierfeld des medizinisch-industriellen Komplexes der Biotechnologie als Subjekt und Objekt jenseits der phänotypischen Handlungen des Individuums auf. Diesem Entschlüsselungsdiskurs ist neben der Genomanalyse ein zweites biotechnologisches Projekt zuzuordnen.

Beide Projekte lassen sich vor dem Hintergrund einer Analytik der Lebensmacht auf die zwei Register der Macht beziehen.[36] Der Vertikalen zuzuordnen wäre „HUGO", das Entschlüsselungsprogramm zur Sequenzierung und Kartierung des menschlichen Genoms (seit 1988) und die ihm vorangegangenen Zerschneidungen der DNS (seit 1971) - der Horizontalen die „RETORTE", die reproduktionstechnologischen Projekte zur Produktion von Embryonen außerhalb des weiblichen Körpers (seit 1971) wie die Rekombinationsprogramme dieser zerschnittenen DNS (seit 1973). Über die prädiktive Medizin sind beide Technologien in der Praxis miteinan-

---

36 Zur Genese dieses biotechnologischen Komplexes: 1971 entdeckt der Genetiker Herbert Boyer, daß bestimmte „Restriktionsenzyme" nur zwischen bestimmten Basenpaaren der DNS schneiden. Dieser Entdeckung folgt 1973 durch Anny Chang und Stanley Clark die erste DNS-Rekombination durch Verpflanzung eines DNS-Abschnittes von einem Bakterium auf ein anderes; kurz darauf von einem Frosch auf ein Bakterium. Vgl. z.B. Ewig 1990, 51. „HUGO" (= Human-Genom-Organisation) wird 1988 als Dachverband für das Großprojekt zur Totalsequenzierung des menschlichen Genoms mit dem Ziel der Vernetzung nationaler Entschlüsselungsprojekte gegründet. Vgl. z.B. Blachnik-Göller 1990, 87 ff. Zur Verbindung von pränataler Diagnostik und In-vitro-Fertilisation vgl. z.B. Schroeder-Kurth/Wehowsky (HG) 1988 und Schindele 1990

der verkoppelt. Die durch die prädiktive Medizin, vor allem in der pränatalen Diagnostik gewonnenen DNS-Abschnitte sind zugleich die materielle Grundlage der Genomanalyse, während die Genomanalyse die Information für die gentechnische Rekombination des individuellen Genoms zurückliefert.

Eine eugenische Verwaltung und Bewirtschaftung des Lebens ist in dieser Verkopplung der Technologien durch die Möglichkeiten des Wissens und der Macht zur Umgestaltung des Genoms versichert. Auf dieser molekularen Ebene hebt sich die Differenz zwischen produktiven und reproduktiven Effekten der Macht letztlich auf: „HUGO" kartiert, sequenziert und genomanalysiert, während „RETORTE" fertilisiert, rekombiniert und gentherapiert. Die Differenz zwischen Produktion und Reproduktion schwindet; denn das „Geständnis" der Gene ist Diagnose und Heilung zugleich.[37] Die herkömmlichen Funktionen der Lebensmacht sind somit direkt in ein formales Experiment integriert. Dadurch kann die Gen-Prüfung, die der „Labor-Mikrokosmos" der biotechnologisierten Normalisierungsgesellschaft ist, hinsichtlich der Produktion und Reproduktion des Lebens einer Bevölkerung auf ein politisch-juridisches Zeremoniell der Macht verzichten. Mit der Transformation der Eugenik zur Euphänik erfolgen Kontrolle und Modifikation des Lebens im Inneren des Experimentierfeldes selbst: „HUGO" als Verwalter des idealen Menschen und „RETORTE" als Bewirtschafterin des empirischen Menschen sind beide „in vitro".

Obwohl für die Einlösung der eugenischen Maxime der Lebensmacht nun die reproduktive Funktion einer politisch-juridischen Repräsentation überflüssig wird, existiert dieses Zeremoniell der Macht in Form von staatlichen Lebensschutzverordnungen weiterhin und beruft sich auf paradoxerweise auf die verfassungsrechtlich versicherte „Würde des Menschen". Die staatlichen Verordnungen zum Lebensschutz zielen aber auf eine gesetzliche Codierung der Kontrolle des menschlichen Lebens „in vivo" ab, wodurch sie der politisch-technologisch geförderten Formalität biotechnologischer Experimente „in vitro" äußerlich bleiben. Als Indiz lassen sich zum Beispiel die letzten Umschreibungen des „§ 218" zitieren. Das BVG-Urteil von 1993 zum § 218 versucht gerade die sich seiner Macht entziehende biotechnologische Lebensproduktion politisch-juridisch zu versichern, ohne die politisch-technologisch erwünschte Entgrenzung dieser Produktionen zu gefährden. Denn trotz der Abkopplung der Körperdisziplinierungen von einer euphänischen Produktion des Lebens bemühen sich die politisch-juridischen Verordnungen des Lebensschutzes um eine Festschreibung hygienischer Sicherungsmaßnahmen desselben. Während die

---

37 „Ist erst einmal ein Gen identifiziert, liefert es das Wissen um die Diagnostik und vielleicht auch Therapie seiner Veränderung gleich mit. Die konsequente Weiterentwicklung dieses Konzepts kann also über das von einem 'Normaltyp' abweichende Gen zur Definition von neuen 'Krankheiten' führen, von deren Existenz wir heute noch nicht einmal etwas wissen." Kollek 1987, 21

Eugenisierungen der Gen- und Reproduktionstechnologien der regulierten Maximierung des Lebens „in vitro" dienen, funktionieren vielfältige Hygienisierungen einer tendenziell auf „asexuelle" Prävention ausgerichteten Körperdisziplinierung als Strategien der Macht zur regulierten Minimierung eines sexuellen Restrisikos, das gerade eine unkontrollierte Lebensproduktion „in vivo" ist.[38]

Insofern lassen sich im Komplex der Strategien und Techniken der Lebensmacht im ausgehenden zwanzigsten Jahrhundert zwei eigenständige und dennoch sich funktional ergänzende Macht-/Wissensdispositive unterscheiden: Zum einen bildet sich ein relativ autonomes biotechnologisches Dispositiv heraus, das der politisch-juridischen Regelung durch den Rechtsstaat im Prinzip nicht bedarf. Dieses Dispositiv geht in der Formalität des humangenetischen Experiments auf, das ein medizinisch-industrieller Komplex betreibt. Erkenntnisbereich (RETORTE) und Erkenntnis (HUGO) werden in ihm selbst (re)produziert. Zum anderen existiert jedoch das Sexualitätsdispositiv in modifizierter Form fort. In Hinblick auf die euphänische Regulierung des Lebens durch die Humangenetik ist es reines Zeremoniell der Macht. Produziert werden präventionsdisziplinierte Körper, die die staatlich-medizinische Biopolitik zwar nicht mehr zu bewirtschaften aber dennoch zu verwalten hat. Präventiv gilt es den von der sexuellen Fortpflanzung befreiten, aber dazu fortpflanzungsunabhängigen Sex disziplinierten „Mannequin-Körper" (Hegener 1992) zu garantieren. Diese neue Strategie der Lebensmacht normalisiert sich durch Hygienisierungen wie die „Safer-Sex-Kampagnen", die sich infolge des „Aids-Diskurses" etablierten. Der Trend weist in Richtung der technisierten Ersetzung des Sexes im „Cyber-Sex".[39]

---

38   Zum Gesetzestext und den Kommentaren zum BVG-Urteil vom 28.5.1993 vgl. EuGRZ, 1993, 229-267. Die Forschungsfreiheit der Biotechnologie wird im Namen verschiedenster Regierungsprogramme zur Absicherung der Ausschöpfung der wirtschaftlichen Innovationen im Bereich der Biotechnologie versichert. Treusch-Dieter zufolge läßt sich das BVG-Urteil als Reaktion auf die biotechnologische „Epochenschwelle" lesen, deren Überschreitung zu einer Ersetzung der biopolitischen und disziplinären Kontrollen des Sexes durch die gen- und reproduktionstechnologische Kontrolle des Embryonen-Genoms führt. Wie sich dies bereits in den vorangegangenen BVG-Urteilen zum § 218 ankündigt hat, ist die zukünftige Ersetzung des politisch-juridischen Abtreibungsverbots durch eine Abtreibungs- oder eine Austragungspflicht - je nach Gen-Diagnose - zu erwarten. Reproduktionstechnologisch erscheinen die Mutter und die Gesellschaft im § 218-Urteil als „fötales Umfeld", das das genetische Material bereitstellt; gentechnologisch sind sie jedoch ein zu kontrollierendes Risiko für unkontrollierte DNS-Rekombinationen durch sexuelle Fortpflanzung. Zur Analyse der Umstrukturierung des geltenden § 218 vor der Folie dieser „Humankapital-Innovationen" vgl. Treusch-Dieter 1994a

39   Zu den Machtstrategien einer „Reinigung" der Körper vom Sex als Risikofaktor vgl. z.B. Treusch-Dieter 1990, 218 ff; Dies. 1994b; Hegener 1992, 111 ff; Heitmüller 1994.

Der zweifache Trend zur Hygienisierung der Körper und Eugenisierung der Gene spiegelt sich nach Treusch-Dieter im § 218-Urteil von 1993 wieder. Dieses Urteil verkündet die Unumgänglichkeit von Sicherungsmaßnahmen zur Verwaltung einer als „perifötales Restrisiko" wahrgenommenen Schwangerschaft. Die im BVG-Urteil zur Änderung des § 218 vorgeschlagene „Beratungsregelung" dient in diesem Sinne zum einen dem Schutze eines ungeborenen Lebens als Genom, das der Urteilstext als „genetische Identität" (Treusch-Dieter 1994a, 112) bezeichnet. Zum anderen ist die verordnete Beratung die Voraussetzung für eine genomanalytische Überprüfung einer potentiellen „Menschenwürdigkeit" dieses „Genomlebens". Zur Umsetzung dieses hygienischen und eugenischen Lebensschutzes bedient sich die staatliche Gesetzesmacht des Modells der genetischen Beratung. Durch die Einführung der „Beratungsregelung" löst sich die gesetzgebende Instanz des Staates selbst in eine „flächendeckende Summe von Entschlüsselungsexperten" (ebd. 114) auf: Das politisch-juridische Register hebt sich damit im politisch-technologischen Register der Macht auf, welches durch die institutionelle Verschaltung der Beratung der Mutter und der genetischen Diagnostik zugleich als biologisch-technologisches Register bezeichnet werden kann.

Die Wissensfabrik der Humangenetik ist somit die genetische Beratung, deren flächendeckender Einsatz im Sinne der „Risikoschwangerschaftsberatung" das BVG-Urteil vorschreibt. Paradoxerweise als freiwillige Pflicht wahrgenommen, verspricht die Beratung individuelles „Heil" statt mit gesetzesmächtiger Sanktion zu drohen.[40] Im Prüfungsmechanismus der Schwangerschaftsberatung, die zunehmend direkt mit der genetischen Beratung verbunden ist, wird das Geständnis der Schwangeren über ihr „postnatales Leben" zum Zeremoniell der Macht. Die Formalität des Experiments stellt die pränatale Diagnose über genetische Normabweichungen des „ungeborenen Lebens" dar. Diese Diagnostik produziert den medizinisch-genetischen Befund, der der Schwangeren vom beratenden Arzt mitgeteilt wird, und ermöglicht als Technik der Wissenserhebung den „Erkenntnisfortschritt" der Humangenetik. Der „fötaler" Gen-Test ist somit Grundlagenforschung und Anwendung der Technik zugleich. Als „perifötale" Lebensdatenerhebung über die Mutter fungiert die Schwangerschaftsberatung jedoch auch als disziplinäre Normierungsmaßnahme. Indem die Mutter ihr Leben nach den freiwillig eingeholten Empfehlungen des Arztes ausrichtet, normalisieren sich hygienische Normen, deren Befolgen die Voraussetzung für die biotechnologischen Eugenisierungen ist. Die Notwendigkeit biopolitischer Regulierungsmaßnahmen entfällt.

---

40   Zur Beratung als Pflicht statt Gesetz und zu den Versicherungstechniken der „Risikoschwangerschaft" vgl. z.B. Lenzen 1991, 33-62. Zur „freiwilligen" Normerfüllung; die Teilnahmepflicht an der Beratung ist vorausgesetzt, vgl. Treusch-Dieter 1990, 245 ff

Insofern lassen sich in der Schwangerschaftsberatung zwei Prüfungstechniken unterscheiden: Die erste ist das „alte" Geständnisritual der hygienischen Sex-Prüfung, welches mit der Diagnose der „perifötalen" Lebens bzw. des Lebens der Schwangeren verkoppelt ist. Diese Technik zielt auf eine präventionsdisziplinierende Normierung der „Umweltrisiken" des „Embryonen-Genpools" ab und dient der Erhebung von Wissen über dieses menschliche Restrisiko, das eine biotechnologische Regulierung des Lebens infragestellen könnte. Die zweite Technologie ist die eigentliche eugenische Gen-Prüfung, die auf eine gentechnologische Normierung der Lebensproduktion „in vitro" abzielt und der Wissenserhebung über den Zustand des Genpools und der Möglichkeiten seiner Effektivierung dient.

Während pränatale Diagnostik und prädiktive Medizin die Informationen und das Material für die Projekte der Genomanalyse und gentherapeutische Rekombinationsprojekte bereitstellen, liefern diese Projekte der pränatalen Diagnostik und der prädiktiven Medizin wiederum das Wissen über die genetische Norm des menschlichen Genoms zurück, die das Entscheidungskriterium für die pränatale Selektion ist. In der Gen-Prüfung wird das Sprechen des Menschen durch das „Geständnis der Gene" ersetzt, die sich mit der „Lesbarkeit" des genetischen Codes selbst aussprechen. Solange jedoch der Mensch als Restrisiko das Gen-Geständnis der zu prüfenden Gene stört, hat er weiterhin zu gestehen. Wie das Beispiel der Schwangerschaftsberatung zeigt, ist die Form des Geständnisses wegen der durch diese Technik entstehenden Nahverhältnisse zwischen Arzt und Patient unumgänglich, wobei das „Subjekt" dieser Prüfung weniger die Schwangere denn das „Embryonen-Genom" ist.[41] Das Geständnis ist somit die Voraussetzung zur Normalisierung der neuen Eugenik in zweifacher Form.

Im Beratungsmodell steht der Prüfung des Menschen die Prüfung der Gene gegenüber: Die Wissenserhebung in der Beratungssituation ist durch die „klassischen" Charakteristika des Prüfungsmechanismus gekennzeichnet; sie kehren jedoch in der genetischen Beratung in grundlegend modifizierter Form wieder. Bei der genetischen Beratung handelt es sich um eine Verschiebung der Sichtbarkeit des Objekts der Macht, über das es Wissen zu erheben gilt. In der Schwangerschaftsberatung als genetischer Beratung ist, hat sich die Schwangere zwecks Geständnis dem Zeremoniell der Macht zu unterwerfen. Dabei bleibt sie jedoch einer von ihr losgelösten Formalität des Experiments und des medizinisch-genetischen Befundes ausgeliefert. Denn in Hinblick auf die Gen-Prüfung gehört nicht ihr phänotypisches Verhalten dem Bereich der Sichtbarkeit an; im „Licht" der Sichtbarkeit stehen ihr oder ihres Embryos Genom als - wenn man so will - genotypisches Verhalten. Dokumentiert wird ihre Individualität im Sinne des humanwissenschaftlichen Prüfungsmechanis-

---

41   Zur „Subjektgenese des Embryos" und zur Genealogie des Beratungssubjekts vgl. Bayer 1993

mus nur als präventiv zu regulierenden „perifötalen Restrisikos".[42] Im Zentrum der Wissensproduktion steht die Dokumentation der Individualität des „Embryonen-Genoms" durch die Humangenetik, das entsprechend der Norm seiner „genetischen Identität" versorgt oder zugunsten der Umwelt entsorgt werden soll.

Als individuell zu normalisierender Fall hat sich die Schwangere zugleich an einer disziplinären Norm der körperlichen Prävention und bezüglich des ungeborenen Embryonenlebens an einer biotechnologischen Norm der genetischen Prävention auszurichten, deren Normabweichungen ein variabler Krankheitsbegriff bestimmt, der durch die Erkenntnisse der menschlichen Genomforschung beständig ausgeweitet wird.[43] Im Extremfall hat sie sich selbst zu opfern oder den Embryo in eigener Verantwortung zu entsorgen: „Wo die Gene sprechen hat die Frau zu schweigen". (Treusch-Dieter 1990, 246) Wenn die Gen-Prüfung von einer Sex-Prüfung begleitet wird, so deshalb, um über die Selbsttechnologie des Geständnisses der Schwangeren eine hygienische Normalisierung zu erreichen, die jedoch nur dazu dient, die eugenische Normierung der Gene zu versichern. Das Ensemble an Versicherungstechniken, die sich im Beratungsmodell um die Schwangere als Umwelt des Embryonen-Genoms schalten, sind das historische Modell für die heutigen Zugriffsformen der Macht zum Leben auf die Körper. Damit ist das Schicksal des Menschen bezeichnet: *Wo der genetische Code die Sprache selbst ist, bleibt der Mensch stumm.*

Rückblick: Vom Sexualitätsdispositiv zum biotechnologischen Dispositiv

Die euphorischen Erfolgsmeldungen der Humangenetik über die fortschreitende Entschlüsselung des menschlichen Genoms, die permanente Entdeckung neuer Gene und genetischer Dispositionen, sowie die einsetzenden Erfolge der Gentherapien erwecken den Eindruck einer grundlegenden Verschiebung der Zugriffe der Macht vom menschlichen Körper hin zur Unterwerfung eines dem Menschen jenseitigen Lebens der Gene. Auch in den Mystifizierungen des Diesseits der Körper und Lüste von Cyborgs und Computersexualitäten erscheint es so, als sei der Mensch mit seinem Sex den Zugriffen der Macht entwischt.[44] Mit ihrem Ziel, das Leben machtökonomisch zu verwalten und zu bewirtschaften, setzen die modernen Techniken der Macht die eugenische Selektion des Lebens als Kriterium seiner Produktivitätssteigerung voraus. Diese Selektion findet heute jedoch biotechnologisch statt.

---

42   Zum humanwissenschaftlichen Prüfungsmechanismus vgl. den ersten Exkurs zur Wissensproduktion in diesem Buch.

43   Zur Variabilität des genetischen Krankheitsbegriffs und der Auswirkung der Gentechnologie auf die Krankeitsdefinition vgl. z.B. Hohlfeld 1987, 53-63

44   Daß dem nicht so ist, zeigen auch die Beiträge zum Cyborg von Treusch-Dieter 1997 und Spreen 1997

Insofern das euphänisch zu verbessernde Leben jedoch ein menschliches ist, bleibt die kontrollierte Lebensproduktion der neuen Eugenik immer auch auf hygienische Zugriffe auf die Körper verwiesen - schlicht, um sich des benötigten genetischen Materials zu versichern.

Um die tatsächlichen Verschiebungen der Macht zum Leben über die „biotechnologische Epochenschwelle" hinweg aufzuzeigen, die immer wieder von den Mythen einer Befreiung der Körper und Lüste begleitet werden, sollen nun rückblickend die historischen Transformationen des für die normalisierende Ausbreitung der Lebensmacht entscheidenden Macht-/Wissensdispositiv der Sexualität rekapituliert werden. Die Transformationen des Sexualitätsdispositivs sind nicht im historisch-chronologischen Sinne als sich gegenseitig ablösende und ausschließende Phasen eines Übergangs vom System der 'Allianz' zur 'Sexualität' und zur 'Biotechnologie' zu verstehen.

Die im Verlauf der Moderne im Sexualitätsdispositiv eingesetzten Diskurse und Institutionen existieren im Ensemble an Machtstrategien und -techniken, dessen sich die postmoderne Normalisierungsgesellschaft bedienen kann, nebeneinander. Im Bedarfsfall kann man sich zur Legitimierung biopolitischer Verordnungen immer noch auf eine „Heiligkeit" Familie, eine „Reinheit" der Kultur, die „Gewalttätigkeit" eines Sexes, eine „Volksgesundheit", ein „Erbe" der Menschheit oder auch die „genetische Identität" des menschlichen Genoms berufen Diese Diskurse und Institutionen können sich durchaus funktional ergänzen. Die Erstellung einer Genealogie der Eugenik weist jedoch auf einen Trend der bevorzugten Modelle des Zugriffs der Macht ausgehend vom Dispositiv der Sexualität hin. Dieser Trend verläuft von einer „Verkopplung" zu einer „Entkopplung" und schließlich zu einer „Abkopplung" der menschlichen Sexualität von der Produktion des Lebens.[45]

Bis heute ist das Sexualitätsdispositiv eines der wichtigsten Macht-/Wissensdispositive der Normalisierungsgesellschaft geblieben, da es zugleich eine Produktion des Wissens vom Leben und eine Reproduktion der Macht über das Leben im körperlichen Diesseits des Menschen ermöglicht hat. Die von ihm eingesetzten Diskurse und Institutionen waren direkt an der Wissensbildung der Humanwissenschaften beteiligt. Über die Sexualität verkoppeln sich die biopolitischen Techniken zur Regulierung der Bevölkerung durch staatlich-medizinische Behörden mit den Disziplinierungen der individuellen Körper durch klinisch-medizinische Institutionen. Im Sexualitätsdispositiv reproduziert sich das historisch ältere Allianzdispositiv, das die Gesetzesmacht des Staates familienförmig absichert. Dieses verliert jedoch im „biotechnologischen Zeitalter" zunehmend an funktionaler Bedeutung. In der historischen Verschaltung von Sexualitätsdispositiv und Allianzdispositiv zu Beginn der Moderne diente der durchschnittliche fortpflanzungsbezogene Sex der

---

45   Vgl. dazu Treusch-Dieter 1990, 233 ff

Reproduktion von Gesetz und Allianz, da die Norm der Sexualität die Fortpflanzung war, an der sich die Subjekte durch (Selbst)Normierung, die ihre (Selbst)Erkenntnis einschloß, auszurichten hatten. In dieser Konfiguration stützt die Norm das Gesetz und umgekehrt legitimiert das Gesetz die Norm. Das politisch-juridische Register der Reproduktion der Macht kreuzt das politisch-technologische Register einer kontrollierten Produktion des Lebens.

Die Etablierung der Eugenik als politische und medizinische Interventionstechnik führte zur diskursiven Entkopplung von fortpflanzungsbezogenem und fortpflanzungsunabhängigem Sex, die heute in eine technische Abkopplung der Lebensproduktion von der Sexualität mündet. Die Programme der Eugenik zielten von Anfang an darauf ab, das Leben „von innen her", jenseits von Körper und Sex, biotechnologisch umzugestalten, um es ökonomischer verwalten und bewirtschaften zu können. Solange der „Mechanismus der Vererbung" jedoch nicht geklärt war, blieb die Eugenik, die sich als Rassenhygiene formierte, auf hygienische Zugriffe auf die Körper durch gesetzesmächtig verordnete Selektionen der sexuellen Fortpflanzung angewiesen. Aufgrund der biologisch-genetischen Ordnung ihrer Diskurse, die die menschliche Fortpflanzung an sich pathologisieren, scheidet eine Ausrichtung der individuellen Sexualität an einer Norm der Fortpflanzung aus. Die eugenische Normalisierung schreitet nach dem Modell einer endemischen Reinigung des „Volkskörpers" durch die Vernichtung des Menschen voran.

Zur Etablierung des eugenischen Normalitätskontinuums ist für die Rassenhygiene der ideologische Rückgriff auf die „Reinheit des Blutes", den „Mythos der Rasse" als Gesetz und äußere Norm des Menschen als Gattung unabdingbar. Die vorausgesetzte rassenideologische Norm wird mit der inneren, biologisch-genetischen Norm des Genpools gleichgesetzt. Als Gesundheit des „Volkskörpers" wird diese durch den modernen Staatsrassismus gesetzesmächtig zur Norm der Bevölkerungspolitik erhoben. Da diese Norm per se die ideelle Norm des Menschen als Individuum ersetzt, bildet sein Körper, der zumindest als potentiell krankes Organ im „Volkskörper" wahrgenommen wird, die Zugriffsfläche für hygienische Zwangsdisziplinierungen und Normierungsmaßnahmen durch die Macht verstaatlichter humanwissenschaftlicher Experten. In der Rassenpolitik des NS-Staates schreibt sich das politisch-juridische Register in das politisch-technologische Register der Macht ein. Durch die Erhebung des Blutes zum Gesetz reflektiert sich das Politische *ideologisch* im Biologischen. Es ist zu vermuten, daß dieses staatsrassistische Modell in der Option des Ausnahmezustandes abrufbar bleibt, um bei Materialnotstand hygienische Normierungen im Diesseits des Menschen durchzusetzen.[46]

---

46   Vgl. z.B. die Drohungen der Wissenschaftler Murray und Herrnstein („The Bell Curve") mit Reservaten für „genetisch Zukurzgekommene", falls die Zugänge zu gesellschaftlichen Ressourcen nicht in Relation zu den genetischen IQ's reguliert würden. Vgl. Weß 1994b

Mit den in der zweiten Hälfte des zwanzigsten Jahrhunderts aufkommenden Gen- und Reproduktionstechnologien vollzieht sich eine Abkopplung der eugenischen Verwaltung und Bewirtschaftung des Lebens von Körper und Sex. Das zu (re)- produzierende Leben definiert sich nunmehr jenseits von Individuum und Gattung am menschlichen Genom als zugleich kollektivem wie individuellem Genpool. Eine biotechnologische Lebensproduktion ersetzt politisch-technologische Produktion des Menschen. Die biotechnologische Norm des Lebens stützt sich nicht mehr auf das Gesetz. Das politisch-juridische Register der Macht staatlicher Biopolitik schaltet sich direkt in die „Humankapital-Innovationen" (Treusch-Dieter 1994a, 111) des medizinisch-industriellen Komplexes ein, der das Leben technisch bewirtschaftet und die Formen seiner biopolitischen Verwaltung vorgibt. Die innere Norm des Genoms legt der medizinisch-industrielle Komplex nach Bedarf zum Zweck der Bewertung des zu verwertenden Lebens fest.

Die biopolitische Normierung wird durch eine biotechnologische Normalisierung ersetzt. Im Wissen der Eugenik entspricht diese Ersetzung der Verkehrung des empirischen Raums der Sichtbarkeit. Dem Sexualitätsdispositiv ist somit ein biotechnologisches Dispositiv vorgeschaltet, dessen Lebensproduktionen „in vitro" es „in vivo" zu versichern hat. Das Individuum hat sich für eine „genetische Prävention" zu disziplinieren. „Safer Sex" wird zur Norm der Sexualität, da jede sexuelle Lebensproduktion „in vivo" nun als Risikofaktor für die Produktionen „in vitro" gelten muß. Das politisch-juridische Register der Macht hebt sich im politisch-technologischen Register auf, welches nun die Lebensproduktionen des biologisch-technologischen Register versichert. Das Biologische reflektiert sich *technologisch* im Politischen.

In den humangenetischen Praktiken der neuen Eugenik, die zunehmend euphänisch wirksam wird und deren Verbreitung ein biotechnologisches Dispositiv garantiert, generiert sich ein Wissen vom Menschen als Programm eines universellen Codes des Lebens. Dieses molekulargenetische Wissen ersetzt die humanwissenschaftliche Problematisierung des Menschen. Mit der „Metaphysik des Codes" (Baudrillard) hat das humanwissenschaftliche Wissen oder die Form einer Reflexion, mit der man sich als Mensch zu erkennen suchte, eine „Reise" beendet, die man auch als eine „'Reise' zurück ins Leben" (Kamper 1990, 117) bezeichnen könnte. Der beinahe „zwanghafte" Versuch der Humanwissenschaften eine ursprüngliche Identität des menschlichen Doppelwesens im menschlichen Körper zu finden, endet bei einer Auflösung des Menschen im Code, der - zwar auf eine neue Art - das Menschliche mit dem Nicht-Menschlichen vereint.

Während in der Vormoderne die Erkenntnis als Instrument göttlichen Wissens dem Menschen äußerlich und nur vermittelt über privilegierte geistlich-weltliche Souveräne zugänglich war, wird dieses Erkenntnis-Wissen in der Moderne auf die „Souveränität des Subjekts" übertragen. Beinahe im gleichen Atemzug wird jedoch durch die Erforschung des Menschen im Empirischen dieses Erkenntnissubjekt wieder geopfert. Der humanwissenschaftliche Mensch taucht auf als „unterworfener Souverän", den die Humanwissenschaften durch die Sichtbarmachung seiner inneren Grenzen zu befreien suchen. Gerade durch die damit einhergehenden Entgrenzungen des Wissens vom Menschen, das die sich in seinen Körper „hineingrabenden" Erforschungen ermöglichen, versinkt dieser immer tiefer in neuen Unterwerfungen. Denn das einzige Kriterium für das Fortschreiten der Humanwissenschaften ist dann die Praxis der Eugenik, deren Normierungen sich der Mensch zu unterwerfen hat. Indem sich die Eugenik nach dem Modell einer immer tiefergehenden inneren Reinigung der Körper von Normabweichungen organisiert, ist in ihren Programmen der „Tod des Menschen" rassenideologisch wie biotechnologisch vorgegeben.

Mit dem Überschreiten der „biotechnologischen Epochenschwelle" endet die „Forschungsreise" in einer Überschreitung des „menschlichen Schattens" hin zum „schattenlosen Leben". Seines Schattens entledigt wird der Mensch auf eine ihm jenseitige „genetische Identität" seines Genoms festgeschrieben. In dieser Überschreitung, die man auch als eine „Externalisierung zuvor internalisierter Vermögen" (Kamper 1989, 53) bezeichnen kann, kehrt der Mensch zu einer nicht weniger fundamentalen aber zugleich entlastenden Unmündigkeit zurück, zu deren Überwindung man ihn doch „ursprünglich" aufgerufen hat. Das heutige Wissen des Menschen über seinen Ursprung, seine „genetische Identität", die ihm sein Code vorgibt, hilft seiner (Selbst)Erkenntnis wenig, da das Wissen vom menschlichen Genom ein nicht für ihn bestimmter „Gral der Genetik" ist. „Die DNS repräsentiert eine höhere, quasi göttliche Macht, die das menschliche Schicksal leitet, und die moderne Genetik ist die Instanz, die die Entlastungen bringen kann." (Kollek 1994, 13)[47]

---

47 Das menschliche Genom ist den Teilnehmern einer Konferenz in Santa Fe, New Mexico nach deren Selbstverständnis so zwischen dem 3. und 4. März 1986 als „Gral" erschienen, wo Walter Gilbert, einer der Co-Direktoren des amerikanischen Human-Genom-Projekt, um seine Wissenschaftskollegen in Stimmung für das „Projekt der Entschlüsselung der gesamten menschlichen Erbinformation" zu bringen, „das Genom mit dem Gral, dem mysteriösesten aller Objekte des mittelalterlichen Christentums (verglich)". Kollek, 1994, 5. Da die Vorreiterin eines biotechnologischen „Postfeminismus", Donna Haraway (1984) für eine „sozialistisch-feministische Unterwanderung der Gentechnologie" plädiert hat, stellt sich heute die Frage, ob diese „Befeiungs-Aktion" nicht zum Scheitern verurteilt ist und nicht in eine neue Unterwerfung hineinführt. Wenn die reine „Wahrheit des Grals" nur für auserwählte Ritter von HUGO's Tafelrunde bestimmt ist, so beschmutzt der subversive Postfeminismus die „Reinheit des Genoms" nicht. Dabei ist es sekundär, ob Frau sich (progressiv) für „Cyborg" oder (restaurativ) für eine „Göttin" hält. ...

AUSBLICK:
DAS MENSCHLICHE GENOMPROJEKT

Ein Traum von der genetischen Prävention?

Am 30. September 2005, so schätzt der Entdecker des genetischen Codes und Mitinitiator des globalen Human-Genom-Projektes James D. Watson, wird der Mensch alles über sich wissen. Das „Buch des Menschen", das seine gesamte Erbinformation enthalten soll, wird ihm zur Lektüre vorliegen: ATG - GCT - TGT - AAG - AAC - TTC - .... ein Buch, geschrieben in der Sprache der Gene, circa 3 Milliarden Buchstaben lang. An der Entschlüsselung der gesamten menschlichen Erbinformation beteiligen sich seit 1988 Forschungszentren weltweit: Wichtige Einrichtungen in Europa sind das französische Genforschungszentrum Genethon, das Deutsche Krebsforschungszentrum in Heidelberg sowie das Max-Planck-Institut für molekulare Genetik in Berlin. In Deutschland wird die Humangenomforschung seit 1995 *politisch* vor allem durch das Bundesforschungsministerium (BMBF) und die Deutsche Forschungsgemeinschaft (DFG) gefördert. Ein Blick in das aktuelle Forschungsprogramm der Europäischen Union im Bereich „Biomedizin und Gesundheitswesen (BIOMED 2)" zeigt, daß die Humangenomforschung als die Leitwissenschaft der Medizin des kommenden Jahrtausends gilt. Von ihren Erkenntnissen verspricht man sich grundlegende Verbesserungen der Diagnostik, Prävention und Therapie nicht nur von „klassischen Erbkrankheiten" sondern vor allem von „Zivilisationskrankheiten" wie Krebs, AIDS, Herz-Kreislauferkrankungen und Alzheimer.[1]

Die medizinische Praxis der Humangenomforschung ist die der gendiagnostischen, prädiktiven Medizin. Diese Form der Medizin tendiert dahin, identifizierte genetische Prädispositionen als „genetische Defekte" zu betrachten und sie somit mit Krankheit gleichzusetzen. Im Zuge des Fortschreitens der Erkundung des menschlichen Genoms ist zu beobachten, daß sich die Liste der „Erbleiden" zunehmend dahingehend verlängert, daß alles, was von der durchschnittlichen Norm des Menschen-Genoms abweicht, zu pathologischen Defekten deklariert wird. Wo bisher von einem unerklärlichen Wechselspiel verschiedenster Gene, Stoffwechselpro-

---

1   Vgl. Entscheidung 94/913 EG

zesse und Umwelteinflüsse gesprochen wurde, ist für die Humangenomforschung lediglich von genetischen Prädispositionen die Rede. Die Genkarte *gesichteter* Krankheitspotentialitäten wächst: Von Alzheimer, Brustkrebs, Hauttumoren bis zum familiären Enddarmkrebs wird für jede lokalisierte Disposition ein neuer Gentest bereitgestellt, der seine Anwendung in der Präventivmedizin - von pränatalen Schwangerschaftsuntersuchungen bis zur postnatalen Arbeitsschutzmedizin - finden wird.[2]

Die Vervielfältigung genetischer Risikofaktoren im Fortschreiten der Forschung entspricht durchaus ihren vorrangigen Zielen: So sind die „anwendungsbezogenen Ziele" der deutschen Humangenomforschung ausdrücklich die „Erfassung von Krankheitsrisikofaktoren" und die „Erweiterung der Möglichkeiten zur Diagnostik von Erbkrankheiten und zur Identifizierung von Prädispositionen". (Humangenomforschung-Forschungskonzept, 7) Im „Hoechst Magazin FUTURE" verkünden dazu einige „Detektive in der Bibliothek der Gene", ein „Schiff auszurüsten und seetüchtig zu machen, mit dem der Pharmabereich von Hoechst zum verheißungsvollen Kontinent der dechiffrierten Krankheit aufbricht". Für die Ausrüster, so liest man, ist Krankheit „wie ein Verbrechen, das einige Moleküle begehen". Die Hoechstforscher suchen nach Indizien, „um die Täter zu überführen." (1996, 10 f) Unterschlagen wird dabei, daß es - aus einer von dieser Forschung *abgekoppelten* Perspektive - immer *konkrete* Individuen sind, die in ihren Körpern wissentlich oder unwissentlich den „Tätern" Asyl gewähren und damit in die „Rasterfahndung" miteinbezogen sind.

Wie bereits 1988 im Programmentwurf der Kommission der Europäischen Gemeinschaft für ein Humangenomforschungskonzept mit dem Titel „Prädiktive Medizin" verkündet, ist es das Fahndungsziel der Humangenom-Detektive aufgrund der Unwahrscheinlichkeit zur Ausschaltung „umweltbedingter Risikofaktoren", „soviel wie möglich über Faktoren der genetischen Prä-Dispositionen zu lernen und somit stark gefährdete Personen identifizieren zu können (...), gegebenenfalls die Weitergabe der genetischen Disponiertheit an die folgende Generation zu verhindern." (Kommission der Europäischen Gemeinschaft 1988, 3) Dazu seien „Reihenuntersuchungen" kaum zu umgehen. Aufgrund dieser „kriminalistischen" Ziele wurde das europäische Forschungskonzept 1988 als Institutionalisierung einer neuen Eugenik kritisiert: Der Einsatz von immer spezifischeren Gentests in der prädiktiven Medizin zur Identifizierung von genetischen Risikofaktoren, bringe die Gefahr einer Stigmatisierung der Risikenträger und somit einer erneuten Eugenisierung von Gesundheits- und Sozialpolitik mit sich.[3]

---

2   Vgl. Koechlin 1996. Eine Genkarte der lokalisierten Dispositionen findet sich in BMBF 1995, 12 f

3   Vgl. z.B. Greffrath 1988 und Weß 1989b

Heute scheint dieser Vorwurf, der den Start des europäischen Human-Genom-Projekts um zwei Jahre verzögert hat, in die *Leere* zu laufen. Für die prädiktive Medizin als angewandter Humangenomforschung ist die Selektion von mehr oder minder „gen-defektem Leben" das Kriterium prä- wie postnataler Diagnose schlechthin. Als neue Eugenik kommt sie nicht mehr mit der Drohung vom „Rassentod" daher.[4] Der Politik verspricht diese Eugenik hinsichtlich der problematisierten Kostenexplosion staatlicher Gesundheits- und Sozialfürsorge eine ungeheure Entlastung durch individuelle - gewissermaßen „primär-präventive" - Gesundheitsprophylaxe mit wissenschaftlich garantierter Gengesundheit. Es sei wohl eine Eugenik, aber eine Eugenik glücklicher Menschheit, lautet das Heilsversprechen, das Genomforscher wie der UNESCO-Experte Jean Dausset geben. Die Erforschung des menschlichen Genoms sei „eine Revolution, die in den Dienst der Menschheit zu stellen ist und das von allen erhoffte lange glückliche Leben ohne Beeinträchtigung durch Krankheit bescheren soll. Ich lade Sie ein, diesen Traum mit mir zu teilen. Den Traum von den Genen der Hoffnung." (Dausset 1994, 11)

Dieser Traum ist durchaus nicht neu. Denn in dem Maße wie Gesundheits- und Sozialpolitik in der Moderne auf eine möglichst effiziente und kostengünstige Regulierung der Fortpflanzung, Sterblichkeit und Gesundheit der Bevölkerung abzielt, schreitet sie auf eine rein (bio-)technologische Kontrolle von Produktion wie Reproduktion des Lebens jenseits von Individuum wie Gattung zu. Das Kriterium dieser Politik und Technologie ist die eugenische Selektion. Rein technologisch ist das Regulierungsmodell der neuen Eugenik eine genetische Prävention, die als euphänische Bewirtschaftung des Genoms die eugenische Verwaltung der Endemien eines „Genpools" vorwegnimmt. Das Ziel der genetischen Prävention, die sich durch das Wissen der Humangenomforschung realisieren kann, ist gerade eine Verwaltung von potentiellen Risikofaktoren in einer Population, ohne jemals mit Menschen (bzw. mit den phänotypischen Ausgestaltungen des menschlichen Genoms) in Kontakt treten zu müssen. Der „Traum von den Genen der Hoffnung" verspricht nicht psychosomatische Gesundheit für alle sondern ein Terrain „dechiffrierter Krankheit" (auf DNS-Ebene), auf dem sozial- und gesundheitspolitische Fürsorgemaßnahmen überflüssig sind.

---

4   Vgl. z.B. die Aussagen des Genomforschers Daniel Cohen vom französischen Genforschungszentrum Genethon: „Wenn unsere Hoffnungen in diese Forschungseinrichtungen sich erfüllen, wird es sich dabei dann um ein wenig mehr als Medizin handeln, um einen Schritt hin zur Verbesserung unseres genetischen Erbes. Wir sollten keine Angst vor Worten haben. Es wird eine Art Eugenik sein, gewiß, aber eine Eugenik, die bewahren will, nicht eliminieren, eine humanitäre, nicht eine totalitäre Eugenik, die mir nicht mehr Angst macht als die Praxis des Impfens, die Entdeckung der Antibiotika oder das Verschwinden der Kindersterblichkeit und des Kindbettfiebers." Cohen 1995, 329

Gesundheits- und Sozialfürsorge könnten sich damit jenseits von staatlicher Bio-politik als individuelle Praktik formieren und sich nach der Norm einer informellen Selbstverantwortung des Individuums für seine genetische Prävention organisieren. Der Gencheck im Rahmen von medizinischen Vorsorgeuntersuchungen würde dann auf eine präventive Verhaltensänderung des Individuums im Sinne einer eigenver-antwortlichen Verwaltung von Gesundheitsrisiken und der Erwirschaftung der po-tentiellen Folgekosten abzielen. Dementsprechend sieht der § 52 des „Gesund-heitsstrukturreformgesetzes (GRG)" von 1988 bereits eine „Leistungsbeschränkung bei Selbstverschulden" vor, die durchaus auch auf die Nichtwahrnehmung der prophylaktischen und informellen Selbstverantwortung gegenüber den Angeboten der prädiktiven Medizin angewandt werden kann:[5]

> „Haben sich Versicherte eine Krankheit vorsätzlich oder bei einem von ihnen began-genen Verbrechen oder vorsätzlichen Vergehen zugezogen, kann die Krankenkasse sie an den Kosten oder Leistungen in angemessener Höhe beteiligen und das Kran-kengeld ganz oder teilweise für die Dauer dieser Krankheit versagen und zurückfor-dern." (zit. nach Klees 1990, 47)

Die angewandte Humangenomforschung kommt deshalb als befreiende Entlastung der Biopolitik daher. Das von der Erforschung des menschlichen Genoms verspro-chene „Heil" der genetischen Prävention erspart ihr sowohl Repressions- wie Für-sorgekosten erspart. Im Versuch der biotechnologischen Kontrolle allen 'Lebens' mit dem Wissen über Dispositionen für alle erdenkbaren Lebensrisiken - vom „Sichelzellenanämie-Gen" bis zu „Aggressions-Genen" - eröffnet sich von der End-lichkeit eines entschlüsselten Genomabschnitts zum nächsten ein unbegrenztes Ter-rain an „genetischen Defekten". Der in der präventivmedizinischen Praxis sich nor-malisierende Gencheck könnte in jedem / jeder Einzelnen einen ganzen „Kontinent der dechiffrierten Krankheiten" offenbaren. Jeder Check ein neuer Defekt - so blei-ben die selbst zu verantwortenden Folgekosten dieser Prävention niemand erspart. Aus der machttheoretischen Perspektive einer Abkopplung der Verwaltung und Bewirtschaftung des Lebens vom menschlichen Körper und der sexuellen Fortpflan-zung, dem ein Rückzug der Humanwissenschaften vom 'Menschen' als empirisches Objekt ihrer Forschung entspricht, erscheint dieser Effekt der Analyse des menschli-chen Genoms geradezu als (bio-)politisch „erwünschte" Konsequenz. Auf der Ebene von *Wissenschaft* und *Technik* ermöglicht das Wissen des Genomprojekts eine Pro-duktion und Reproduktion des Lebens durch Re- und Neukombinationen der DNS,

---

5   Zeitgleich zum Gesundheitsstrukturreformgesetzes von 1988 lag mit der beginnenden poli-tischen Förderung der angewandten Humangenomforschung das EG-Forschungsprogramm „Prädiktive Medizin" vor. Ein Jahr später wurde von der Bundesregierung das Programm „Biotechnologie 2000" verabschiedet, das die Biotechnologie so auch die Humangenomfor-schung zur Schlüssel- und Zukunftstechnologie erhebt. Vgl. BMFT 1990

wobei das Genomprojekt als informeller Interessensverbund der beteiligten Genforschungszentren zugleich die ökonomische Verwertung des Wissens durch den von ihm organisierten medizinisch-industriellen Komplex garantiert.[6] Auf der Ebene der *Politik* formieren sich zwei gegensätzliche Strategien der Macht, die sich dennoch gegenseitig äußerst funktional ergänzen. Politisch-technologisch wird im Rahmen staatlicher Forschungsförderung das geordnete Fortschreiten der Genomforschung gegen eine potentielle Unordnung durch konkurrierende wissenschaftliche Projekte abgesichert. Politisch-juridisch scheint man unter dem offiziellen Banner des „Schutzes der Menschenwürde" eine Abwehr unkontrollierter gentechnologischer Eingriffe in die Lebensgestaltung des Individuums zu versichern.

So wird zum Beispiel durch das derzeitige Verbot des Klonens von Menschen versucht, eine unkontrollierte Entgrenzung der Wissenschaft zu verhindern. Zugleich legt dieses Verbot jedoch einen Rahmen des Normalen und Zulässigen fest, innerhalb dessen sich die Wissenschaft, die von der staatlichen Forschungsförderung zur „Schlüsseltechnologie" des 21. Jahrhunderts erhoben wird, zielorientiert entgrenzen kann. Technologisch reflektiert sich das Genomprojekt im Politischen, obwohl sich der politische Diskurs ideologisch weiterhin auf die Menschenrechte beruft. Offensichtlich wird diese Doppelung, wenn man sich den „bio-ethischen Konventionen" zuwendet, die derzeit auf regionaler und globaler Ebene ausgehandelt werden. Verkündet wird die Notwendigkeit der politisch-juridischen Reglementierung der Biomedizin, um den „Schutz der Menschenwürde" weiterhin ideell zu versichern und dennoch materiell die „Freiheit der Forschung" nicht mehr als zur Ordnung ihres Fortschreitens notwendig einzuengen.[7]

Im November 1997 wurde von der UNESCO eine weltweite Bioethikkonvention als „Allgemeine Erklärung zum menschlichen Genom und den Menschenrechten" verabschiedet. In der Entwurfsfassung der UNESCO-Konvention von 1996 wird das politisch-juridische Schutzzeremoniell folgendermaßen skizziert: In Artikel 2 wird das „Genom des / der einzelnen" als „seine / ihre spezifische genetische Identität" definiert. Die „Persönlichkeit des / der einzelnen" lasse sich jedoch nicht „auf seine / ihre genetischen Eigenschaften", also auf eine „spezifische genetische Identität" reduzieren. *„Unabhängig* von ihren genetischen Eigenschaften" hätten „alle

---

6 Die Förderung der Vernetzung von Industrie und Wissenschaft ist gerade eines der vorrangigen Ziele der politischen Forschungsförderung: „Die Generierung von Forschungsideen aus Klinik und Industrie, ihre Einspeisung in Forschungsprojekte durch klinische und industrielle Partner ist ein wesentliches Anliegen des Forschungskonzepts. Enge personelle und strukturelle Kontakte, die diesem Ziel dienen, sind auf allen Ebenen des Forschungsprogramms zu schaffen" Humangenomforschung-Forschungskonzept, 16

7 Vgl. meinen Beitrag zur politischen Debatte um das Klonen von Menschen, Lösch 1998. Das Klonverbot wird sicher dann fallen, wenn nach Abschluß des Human-Genom-Projekts der genom-gecheckte Klon Realität geworden ist.

Menschen ein Recht auf die Achtung ihrer Würde und Rechte" (IBC 1996, Hervorhebung A. L.). Was auf den ersten Blick als eine Absicherung gegen neue biologistische und rassistische Diskriminierungen bestimmter Bevölkerungsgruppen gelesen werden kann, weist jedoch auch auf eine Legitimierung der biotechnologischen Verwaltung und Bewirtschaftung menschlicher Genome hin. Denn zu schützen ist hier eine „Menschenwürde" von juridischen Persönlichkeiten, deren Genome von diesem Schutz insofern ausgeschlossen werden können, wie die Achtung der Rechte des Individuums von seinen „genetischen Eigenschaften", vom Genom als „spezifische genetische Identität", abgekoppelt ist. Darauf weist die Ambivalenz des Wortes „unabhängig" hin.

In Artikel 11 verpflichten sich die unterzeichnenden Staaten somit „unabhängig" vom „Schutz der Menschenwürde", zu dem sie verfassungsrechtlich per se verpflichtet sind, die „geistigen und materiellen Voraussetzungen für die Forschung am menschlichen Genom" zu „gewährleisten". Daß die Forschung nicht nur „den Wissenstand erweitert", sondern „Leiden mindert und die Gesundheit und das Wohlbefinden des einzelnen und der Mehrheit insgesamt verbessert" (IBC 1996), wird vorausgesetzt. Konventionen wie die Genomschutz-Vereinbarung der UNESCO könnten der materiellen Absicherung der biotechnologischen (Re)Produktionen des Lebens gerade durch die politisch-juridische Versicherung der „alten" Figur des Menschen dienen. Diese ist für das empirische Wissen vom menschlichen 'Leben' längst zur leeren Hülse geworden. Durch die Differenzierung zwischen einer „genetischen Identität" des menschlichen Genoms, die für die Biotechnologie das fundamentale und positivierbare genetische Material ist, und eines Menschen als „Persönlichkeit", die nur im politischen Raum als „Rechtsperson" erscheinen kann, wird der Mensch zur Metapher der *Legitimität* des biotechnologischen Unternehmens. Als angewandte Praxis einer prädiktiven Medizin, für die nur die „Lesbarkeit" eines Buchstabencodes zählt, hat sich die Humangenomforschung vom Körper des Menschen entgrenzt.

Das biotechnologische Unternehmen, dessen zentrale Verwaltungsinstitution das menschliche Genomprojekt ist, bewirtschaftet faktisch die genetische Struktur der DNS, wodurch das Projekt als solches sich nicht auf das „Heil" des Menschen berufen kann. Diese Berufung wird jedoch durch den politischen Diskurs legitimiert und schließlich durch völkerrechtliche Konventionen legalisiert. Dieser Vorgang von politischer Hervorbringung und Absicherung von Wissenschaft und Technologie ist nun durchaus nicht eine Erfindung des „biotechnologischen Zeitalters". Neu ist jedoch, daß politisch etwas versichert wird, an dem der Staat selbst als Repräsentant des Individuums zwar teilhaben kann, was jedoch seine staatliche Legitimität nicht reproduziert. Kontrolliert wird die Hervorbringung einer Technik, die die Verwertung der Ressourcen gewissermaßen „selbstreferentiell" als medizinisch-industrieller Komplex organisiert.

118

Wie die Genealogie der Eugenik zeigt, hatte sich die biopolitische Verwaltung und Bewirtschaftung der Bevölkerung als biologische Ressource des modernen Staates durch die eugenische Selektion von produktiven und unproduktiven Bevölkerungselementen formiert. Durch die technischen Möglichkeiten der neuen Eugenik, deren Selektionen sich an der genetischen Grundstruktur vollziehen, tangieren die Praktiken dieser Eugenik das menschliche Handeln nicht mehr. Die Eugenik normalisiert sich in der Genomanalyse technologisch. Die Würde oder Rechte des Menschen verletzt ihr Eingriff nicht. Zu spüren bekommt der Mensch aber ihre Folgeerscheinungen, die er „selbstbestimmt" und ohne biopolitischen Zwang zu verantworten hat. Diese Verantwortlichkeiten erscheinen nicht als Folge der Technik sondern als Befreiung des Individuums aus den Zwängen einer politischen Vormundschaft - im Sinne des einstigen Appells der Aufklärung.

Insofern die Folgen der angewandten Genomanalyse in politischen Diskursen geradezu als Modernisierung der Gesellschaft zugunsten eines aufgeklärten und selbstbestimmten Subjekts erscheinen, muß das menschliche Genomprojekt im „Spiegel" dieser Moderne betrachtet werden. So sind die aktuellen Problematisierungen - wie zum Beispiel das Klonen von Menschen oder die Eingriffe in die menschliche Keimbahn - zwischen den Positionen der politischen und der wissenschaftlichen Diskurse zu analysieren, um herauszufinden, in welchen historisch-diskursiven Kontext dieser Modernisierung ihre Redensarten zu stellen sind. Die Transformation von für die moderne Gesellschaft grundlegenden Mechanismen wie gesundheitliche Vorsorge- oder sozialpolitische Fürsorgemaßnahmen können durchaus politische Effekte des Fortschreitens des menschlichen Genomprojekts sein, auch wenn sie nicht mehr durch biopolitische Regulierungsprogramme zur Norm erhoben werden.

Die genetische Prävention scheint nicht nur ein Traum der Genomforschung sondern zudem ein Wunsch der Politik zu sein. Denn mit dem individuellen Angebot an Gentests, die das selbstverantwortliche Subjekt zur vorsorglichen Verwaltung seiner individuellen, endemischen Risiken „freiwillig" nutzt, wird die biopolitische Verwaltung der Bevölkerung zunehmend überflüssig. Der dementsprechend praktizierte Abbau des Sozialstaates führt einerseits zu einer sozialen Entsicherung, die mit Recht als Marginalisierung immer größerer „unproduktiver" Bevölkerungsschichten problematisiert werden kann. Andererseits verheißt diese Entsicherung eine Befreiung der Individuen aus vorsorgestaatlichen Zwängen. Das Instrument wie der Effekt dieser Befreiung ist jedoch nicht das erkennende und selbstbestimmt handelnde Subjekt. Man hat es mit einem erkenntnislosen 'Selbst' zu tun, das sich in der Unterwerfung unter ein quasi göttliches Genom-Wissen wenn dann als „genetische Identität" konstituieren läßt. Seine Legitimität als letzte „Wahrheit" des Menschen erfährt das Genom-Wissen dann nachträglich - politisch.

119

SIGEL FÜR DIE ZITIERUNG FOUCAULTS

AW	Archäologie des Wissens
DM	Dispositive der Macht
GK	Die Geburt der Klinik
GL	Der Gebrauch der Lüste
LS	Leben machen und sterben lassen: Die Geburt des Rassismus
MM	Mikrophysik der Macht
OD	Die Ordnung der Dinge
ODis	Die Ordnung des Diskurses
PG	Psychologie und Geisteskrankheit
SubWis	Von der Subversion des Wissens
ÜS	Überwachen und Strafen
VLK	Vom Licht des Krieges zur Geburt der Geschichte
WG	Wahnsinn und Gesellschaft
WIA	Was ist Aufklärung?
WW	Der Wille zum Wissen

LITERATURAUSWAHL

Arendt, Hannah: Elemente und Ursprünge totaler Herrschaft. München 1986 (engl. 1951)

Ariès, Philippe / André Béjin (HG): Die Masken des Begehrens und die Metamorphosen der Sinnlichkeit. Zur Geschichte der Sexualität im Abendland. Frankfurt/M. 1984

Baudrillard, Jean: Der symbolische Tausch und der Tod. München 1982

Ders.: Die Illusion des Endes oder Der Streik der Ereignisse. Berlin 1994

Bauman, Zygmunt: Dialektik der Ordnung. Die Moderne und der Holocaust. Hamburg 1992

Baumunk, Bodo-Michael / Jürgen Rieß (HG): Darwin und der Darwinismus. Eine Ausstellung zur Kultur- und Naturgeschichte. (Publikation des Deutschen Hygiene-Museums Dresden) Berlin 1994

Bayer, Vera: Der Griff nach dem ungeborenen Leben. Zur Subjektgenese des Embryos. Pfaffenweiler 1993

Beck, Ulrich: Die Modernisierung der Barbarei: Das Zeitalter der Eugenik. In: Ders.: Gegengifte. Die organisierte Unverantwortlichkeit. Frankfurt/M. 1988, S. 31-61

Benjamin, Walter: Über den Begriff der Geschichte. In: Ders.: Illuminationen. Ausgewählte Schriften, Frankfurt/M. 1977

Bergmann, Anna: Die verhütete Sexualität. Die Anfänge der modernen Geburtenkontrolle. Hamburg 1992

Blachnik-Göller, Thomas: Genomanalyse und Totalsequenzierung. In: Gentechnologie a.a.O. 1990, S. 77-99

Blumenberg, Hans: Der genetische Code und seine Leser. In: Ders.: Die Lesbarkeit der Welt. Frankfurt² 1983, S. 373-409

Ders.: Die Legitimität der Neuzeit. Erneuerte Ausgabe. Frankfurt/M. 1996

Böhme, Gernot: Alternativen der Wissenschaft. Frankfurt/M. 1980

Braun, Christina von: Blut und Blutschande. In: Schoeps / Schloer a.a.O. 1995, S. 80-95

Brömer, Rainer: Evolution und Verbrechen. In: Baumunk / Rieß a.a.O. 1994, S. 128-132

Bundesminister für Forschung und Technologie [BMFT] (HG): Biotechnologie 2000. Programm der Bundesregierung. Bonn September 1990 [3. aktualisierte Auflage, Dezember 1992]

Bundesministerium für Bildung, Wissenschaft, Forschung und Technologie [BMBF] (HG): Was bringt uns die Biotechnologie? Bonn 1995

Bundesverfassungsgericht billigt Schwangerschaftsabbruch nach zielorientierter Beratung und Verzicht auf indikationsbestimmte Strafdrohung / Übergangsregelung bis zu gesetzlicher Neuregelung. Urteil vom 28. Mai 1993 - 2 BvF 2/90 u.a. In: Europäische Grundrechte Zeitschrift (EuGRZ), 9-10 / Kehl, Straßburg 4.6.1993, S. 229-267

Burleigh, Michael / Wolfgang Wippermann: The Racial State: Germany 1933-1945. New York 1991 (Neuaufl. 1994)

Canguilhem, Georges: Das Normale und das Pathologische. München 1974

Castel, Robert: Die psychiatrische Ordnung. Das goldene Zeitalter des Irrenwesens. Frankfurt/M. 1983

Ders.: Von der Gefährlichkeit zum Risiko. In: Manfred Max Wambach (HG): Der Mensch als Risiko. Zur Logik von Prävention und Früherkennung. Frankfurt/M. 1983b, S. 51-74

Castoriadis, Cornelius: Durchs Labyrinth. Seele, Vernunft, Gesellschaft. Frankfurt/M. 1981

Cohen, Daniel: Die Gene der Hoffnung. Die Entschlüsselung des menschlichen Genoms und der Fortschritt in der Medizin. München 1995

Conze, Werner / Antje Sommer: Rasse; in: O. Brunner / W. Conze / R. Kosselek (HG): Geschichtliche Grundbegriffe Bd. 5. Stuttgart 1984, S. 135-178

Corea, Gena: MutterMaschine. Reproduktionstechnologien - von der künstlichen Befruchtung zur künstlichen Gebärmutter. Frankfurt/M.[2] 1988

Council of Europe: Entwurf eines Übereinkommens zum Schutz der Menschenrechte im Hinblick auf die Anwendung von Biologie und Medizin. Bioethik-Konvention. Straasbourg 6. Juni 1996, CDBI (96) 26 (Rohübersetzung)

Crick, Francis: Ein irres Unternehmen. Die Doppelhelix und das Abenteuer Molekularbiologie. München 1990 (engl. 1988)

Daele, Wolfgang van den: Das zähe Leben des präventiven Zwangs. In: Schuller / Heim a.a.O. 1989, S. 205-227

Darwin, Charles: Die Entstehung der Arten durch natürliche Zuchtwahl. Stuttgart 1963 (Original: sechste Auflage 1872 [erste Auflage 1859])

Ders.: Die Abstammung des Menschen. Wiesbaden[2] 1992 (Original: Neuauflage 1874 [erste Auflage 1871])

Dausset, Jean: Gene der Hoffnung. In: UNESCO. No 9 / 1994

Deleuze, Gilles: Der Tod des Menschen und der Übermensch. In: Ders.: Foucault. Frankfurt/M. 1987, S. 175-189

Ders.: Was ist ein Dispositiv? In: Ewald / Waldenfels a.a.O. 1991, S. 153-162

Ders.: Woran erkennt man den Strukturalismus? Berlin 1992

Ders. / Félix Guattari: Rhizom. Berlin 1977

Drechsel, Klaus-Peter: Beurteilt - Vermessen - Ermordet. Die Praxis der Euthanasie bis zum Ende des deutschen Faschismus. Duisburg 1993

Dreyfus, Hubert L. / Paul Rabinow: Michel Foucault. Jenseits von Strukturalismus und Hermeneutik. Frankfurt/M. 1987

Eckart, Wolfgang U.: Geschichte der Medizin. Berlin, Heidelberg[2] 1994

Entscheidung 94/913/EG: Entscheidung des Rates vom 15. Dezember 1994 zur Annahme eines spezifischen Programms für Forschung, technologische Entwicklung einschließlich Demonstration im Bereich Biomedizin und Gesundheitswesen (1994-1998). In: Amtsblatt der europäischen Gemeinschaften, Serie L, Nr. 361, 37 Jg., 31 Dezember 1994, S. 40-55

Ewald, Francois: Eine Macht ohne Draußen. In: Ders. / Waldenfels a.a.O. 1991, S. 163-170

Ders.: Der Vorsorgestaat, Frankfurt/M. 1993

Ders. / Bernhard Waldenfels: Spiele der Wahrheit. Michel Foucaults Denken. Frankfurt/M. 1991

Ewig, Bettina: Aus der Geschichte der Genetik. In: Gentechnologie a.a.O. 1990, S. 39-52

Eysenck, Hans J.: Die Ungleichheit des Menschen. Ist Intelligenz erlernbar? München 1978

Fischer, Ernst Peter: Das Atom des Biologen. Max Delbrück und der Ursprung der Molekulargenetik. München 1988

Foucault, Michel: Psychologie und Geisteskrankheit. Frankfurt/M. 1968

Ders.: Wahnsinn und Gesellschaft. Eine Geschichte des Wahns im Zeitalter der Vernunft. Frankfurt/M. 1973

Ders.: Die Ordnung der Dinge. Eine Archäologie der Humanwissenschaften. Frankfurt/M. 1974

Ders.: Mikrophysik der Macht. Über Strafjustiz, Psychiatrie und Medizin. Berlin 1976

Ders.: Überwachen und Strafen. Die Geburt des Gefängnisses. Frankfurt/M. 1977

Ders.: Dispositive der Macht. Über Sexualität, Wissen und Wahrheit. Berlin 1978

Ders.: Archäologie des Wissens. Frankfurt/M. 1981

Ders.: Der Wille zum Wissen. Sexualität und Wahrheit 1. Frankfurt/M. 1983

Ders.: Vom Licht des Krieges zur Geburt der Geschichte. Berlin 1986

Ders.: Von der Subversion des Wissens. Frankfurt/M.[2] 1987

Ders.: Die Geburt der Klinik. Eine Archäologie des ärztlichen Blicks. Frankfurt/M.[2] 1988

Ders.: Der Gebrauch der Lüste. Sexualität und Wahrheit 2. Frankfurt/M. 1989

Ders.: Was ist Aufklärung? In: Eva Erdmann / Rainer Forst / Axel Honneth (HG): Ethos der Moderne. Foucaults Kritik der Aufklärung. Frankfurt/M., New York 1990, S. 35-54

Ders.: Die Ordnung des Diskurses. Frankfurt/M.[2] 1991

Ders.: Leben machen und sterben lassen: Die Geburt des Rassismus; in: Sebastian Reinfeld / Richard Schwarz: Bio-Macht. Duisburg 1992, S. 27-50

FUTURE: Das Hoechst-Magazin. Spezial Forschung & Entwicklung. Hrsg. v. Friedmar Nusch. Frankfurt/M. 1996

Gentechnologie. Hrsg. vom Arbeitskreis Berufsbild und Selbstverständnis in der Biologie (AK BuSiB e.V.). Göttingen 1990

Gould, Stephen Jay: Der falsch vermessene Mensch. Frankfurt/M.² 1988 (engl. 1981)

Grassé, Pierre Paul: Evolution. (Reihe: Allgemeine Biologie Bd. 5, hrsg. von P.P. Grassé) Stuttgart 1973

Greffrath, Mathias: Programm „Voraussagende Medizin". Eingriff in das Erbgut. In. DIE ZEIT, Nr. 46, 11 November 1988

Hansen, Friedrich / Regine Kollek (HG): Gen-Technologie - Die neue soziale Waffe. Hamburg² 1987

Haraway, Donna: Lieber Kyborg als Göttin! Für eine sozialistisch-feministische Unterwanderung der Gentechnologie. In: Peter Lange / Anna Maria Stuby (HG): Argument-Sonderband 14 / Berlin 1984, S. 66-84

Hegener, Wolfgang: Das Mannequin. Vom sexuellen Subjekt zum geschlechtslosen Selbst. Tübingen 1992

Heitmüller Elke: Kybernetische Sinnlichkeit. SM-Körper - Authentizität - Digitalisierung. In: Ästhetik & Kommunikation 87 / Berlin 1994, S. 14-21

Hilberg, Raul: Die Vernichtung der europäischen Juden. Durchgesehene und erweiterte Ausgabe. Frankfurt/M. 1990, 3 Bde.

Hohlfeld, Rainer: Auswirkung der Gentechnologie auf Krankheitsverständnis und -definition. In: Hansen / Kollek a.a.O. 1987, S. 53-63

Humangenomforschung-Forschungskonzept. Manuskript o.J.

Internationales Bioethik-Kommitee (IBC) der UNESCO (HG): 2. Dossier zum vorläufigen Entwurf einer allgemeinen Erklärung zum menschlichen Genom und den Menschenrechten. Stand 1.8.1996

Jungk, Robert / Hans Josef Mundt (HG): Das umstrittene Experiment: Der Mensch. Siebenundzwanzig Wissenschaftler diskutieren die Elemente einer biologischen Revolution (Reihe: Gentechnologie Bd.16). Frankfurt/M., München² 1988 (Original: Man and his Future. London 1963)

Kafka, Franz: In der Strafkolonie. In: Ders.: Sämtliche Erzählungen. Frankfurt/M. 1970, S. 100-123 (Original: 1919)

Kamper, Dietmar: Tod des Körpers - Leben der Sprache. Über die Intervention des Imaginären im Zivilisationsprozeß. In: Gunter Gebauer / Dietmar Kamper u.a.: Historische Anthropologie. Zum Problem der Humanwissenschaften heute oder Versuche einer Neubegründung. Reinbek bei Hamburg 1989, S. 49-81

Ders.: Zur Geschichte der Einbildungskraft. Reinbek bei Hamburg² 1990

Kant, Immanuel: Kritik der reinen Vernunft 1 (Werkausgabe Bd. III.), Frankfurt/M. 1968 (Original: erste Auflage 1781 / zweite Auflage 1787)

Ders.: Beantwortung der Frage: Was ist Aufklärung? In: Kant, Erhard, Hamann, Herder, Lessing, Mendelsohn, Riem, Schiller, Wieland: Was ist Aufklärung?. Thesen und Definitionen; hrsg. von Ehrhard Bahr. Stuttgart 1974 (Original 1783), S. 9-17

Kevles, Daniel J. / Leroy Hood (HG): Der Supercode. Die genetische Karte des Menschen. Frankfurt/M., Leipzig 1995 (engl. 1992)

Klees, Bernd: Der Griff in die Erbanlagen. Verdrängte Probleme der Genom-Analyse. Braunschweig 1990

Koechlin, Florianne: Schön, gesund und ewiger leben. In: Frauen gegen Bevölkerungspolitik (HG): LebensBilder. LebensLügen. Leben und Sterben im Zeitalter der Biomedizin. Hamburg 1996, S. 25-36

Kollek, Regine: Die molekularbiologische Definition des Menschen. Forschungsstand und Perspektiven. In: Hansen / Kollek a.a.O. 1987, S. 9-34

Dies.: Der Gral der Genetik. Das menschliche Genom als Symbol wissenschaftlicher Heilserwartungen des 21. Jahrhunderts. In: Mittelweg 36, Februar, März / Hamburg 1994, S. 5-14

Kommission der Europäischen Gemeinschaft: Vorschlag für eine Entscheidung des Rates über ein spezifisches Forschungsprogramm im Gesundheitsbereich: Prädiktive Medizin: Analyse des menschlichen Genoms (1989-1991), KOM (88) 427 endg. - Syn. 146. Brüssel 20.7.1988

Lenzen, Dieter: Krankheit als Erfindung. Medizinische Eingriffe in die Kultur. Frankfurt/M. 1991

Lifton, Robert Jay: Ärzte im Dritten Reich, Stuttgart 1988

Lösch, Andreas: Gesichtszeichen / Gesicht zeichnen. Vom Gesicht als unverzichtbarem Ort humanwissenschaftlicher Erkenntnis zur Permanenz des Make-up Design. In: Ästhetik & Kommunikation, 94/95 / Berlin 1996, S. 109-115

Ders.: Gut und Billig. Die europäische Bioethikkonvention und das Forschungsrecht menschlicher Spezies. In: Ästhetik & Kommunikation, 96 / Berlin 1997, S. 4-5

Ders.: Streitpunkt „Schaf" / Schnittstelle „Mensch". Politische Positionen zur angewandten Genomforschung. [Arbeitstitel] In: Jens Mecklenburg (HG): Zur Lage der Nation [Arbeitstitel]. Erscheint im Frühjahr 1998 im Elephanten-Press-Verlag, Berlin

Luhmann, Niklas: Ökologische Kommunikation. Kann die moderne Gesellschaft sich auf ökologische Gefährdungen einstellen? Opladen 1986

Ders.: Soziale Systeme. Grundriß einer allgemeinen Theorie. Frankfurt/M. 1987

Marten, Heinz-Georg: Sozialbiologismus. Grundpositionen der politischen Ideengeschichte. Frankfurt/M., New York 1983

Marx, Karl: Das Kapital. Kritik der politischen Ökonomie. Erster Band. (Marx/Engels Werke [MEW] hrsg. vom Institut für Marxismus-Leninismus beim ZK der SED, Bd. 23) Berlin 1962 (Original: vierte Auflage 1890 [erste Auflage 1867])

Maturana, Humberto R. / Francisco J. Varela: Autopoietische Systeme: eine Bestimmung der lebendigen Organisation. In: H. R. Maturana: Erkennen: Die Organisation und Verkörperung von Wirklichkeit. Braunschweig 1982 (orig. 1975)

Mayr, Ernst: Die Evolution der biologischen Gedankenwelt. Vielfalt, Evolution und Vererbung. Berlin, Heidelberg, New York, Tokyo 1984

Mc Luhan, Herbert Marshall: Die magischen Kanäle. Understanding Media. Düsseldorf, Wien, New York, Moskau 1992

Meschnig, Alexander: Vom Verschwinden des Todes im Schatten der Vernichtung. In: Ästhetik & Kommunikation, 87 / Berlin 1994, S. 61-66

Monod, Jacques: Zufall und Notwendigkeit. Philosophische Fragen der modernen Biologie. München 1975 (franz. 1970)

Moravia, Sergio: Beobachtende Vernunft. Philosophie und Anthropologie in der Aufklärung. Frankfurt/M.² 1989

Mosse, Georg L.: Die Geschichte des Rassismus in Europa. Frankfurt/M.² 1990

Nietzsche, Friedrich: Menschliches, Allzumenschliches II (Kritische Studienausgabe hrsg. von Georgio Colli / Mazzino Montinari Bd. 2). München² 1988 (Original: 1886), S. 367-704

Ders.: Zur Genealogie der Moral (Kritische Studienausgabe hrsg. von Georgio Colli / Mazzino Montinari Bd. 5). München² 1988 (Original: 1887), S. 247-412

Nigon, Victor / Wolfgang Lueken: Vererbung (Reihe: Allgemeine Biologie Bd. 4, hrsg. von P.P. Grassé). Stuttgart 1976

Paul, Jobst: Wann ist der Mensch ein Mensch? In: Freitag, 51 / Berlin 16.12.1994

Reiber, Hansotto: Gentechnologie in der Medizin. In: Gentechnologie a.a.O. 1990, S. 53-75

Reich, Jens: Glasnost für die Gentechnik. In: Die Zeit, 13 / 25.3.1994

Ders.: Das Problem der Genverbesserung. In: Kursbuch 128 / Berlin 1997, S. 127-141

Rieß, Jürgen: Naturgeschichte und Entwicklungsdenken. In: Baumunk / Rieß a.a.O. 1994a, S. 33-37

Ders.: Charles Darwin und die Evolutionstheorie. In: Baumunk / Rieß a.a.O. 1994b, S. 66-73

Ders.: Genetik und Evolution. In: Baumunk / Rieß a.a.O. 1994c, S. 180

Rifkin, Jeremy: Genesis zwei. Biotechnik - Schöpfung nach Maß. Reinbek bei Hamburg 1986

Roth, Karl Heinz: Schöner neuer Mensch. Der Paradigmenwechsel der klassischen Genetik und seine Auswirkungen auf die Bevölkerungsbiologie des „Dritten Reichs". In: Heidrun Kaupen-Haas (HG): Der Griff nach der Bevölkerung. Aktualität und Kontinuität nazistischer Bevölkerungspolitik (Schriften der Hamburger Stiftung für Sozialgeschichte Bd. 1). Nördlingen 1986

Scheller, Ruben: Das Gen-Geschäft. Chancen und Gefahren der Bio-Technologie. Dortmund 1985

Schindele, Eva: Gläserne Gebär-Mütter. Vorgeburtliche Diagnostik - Fluch oder Segen. Frankfurt/M. 1990

Schmitt-Bott, Regula: Humangenetische Beratung: Der Fall Stoeckenius. In: Hansen / Kollek a.a.O. 1987, S. 73-83

Schmuhl, Hans-Walter: Eugenik und Rassenkunde. In: Baumunk / Rieß a.a.O. 1994, S. 143-148

Schoeps, Julius H. / Joachim Schlör (HG): Antisemitismus. Vorurteile und Mythen. Frankfurt/M. 1995

Schroeder-Kurth, Traute M. / Stephan Wehowsky (HG): Das manipulierte Schicksal. Künstliche Befruchtung, Embryotransfer und Pränatale Diagnostik. Frankfurt/M., München 1988

Schuller, Alexander / Nikolaus Heim (HG): Der codierte Leib. Zur Zukunft der genetischen Vergangenheit. Zürich, München 1989

Sennett, Richard: Verfall und Ende des öffentlichen Lebens. Die Tyrannei der Intimität. Frankfurt/M.[2] 1986

Spreen, Dierk: Was ver-spricht der Cyborg? In: Ästhetik & Kommunikation, 96 / Berlin 1997, S. 86-94

Treusch-Dieter, Gerburg: Foucault - Kein „Wegbereiter"? In: Gerd Jüttemann (HG): Wegbereiter der Historischen Psychologie. München 1988, S. 491-503

Dies.: Von der sexuellen Rebellion zur Gen- und Reproduktionstechnologie. Tübingen 1990

Dies.: Jenseits der Geschlechterdifferenz. Das Knacken des genetischen Codes. in: MKF (Mitteilungen aus der kulturwissenschaftlichen Forschung) 31 / Berlin 1992, S. 83-109

Dies.: Das Modell der Pest. Zum Disziplinarregime des schwarzen Todes. Ein Katalog. In: COMPARATIV - Leipziger Beiträge zur Universalgeschichte und vergleichenden Gesellschaftsforschung, H. 3, Leipzig 1992, S. 128-145

Dies.: Genomwürde des Menschen - Menschenwürde des Genoms. In: Ästhetik & Kommunikation, 85/86 / Berlin 1994a, S. 111-119

Dies.: Barbie und Inzest. Das letzte Stadium der Körpermodellierung / Jeder ist der Antikörper des Anderen; in: Ästhetik & Kommunikation 87 / Berlin 1994b, S. 22-27

Dies.: Die neue Cyberkeit. Die Leiche, das Reagenzglas, das Gehirn und das Netz. In: Ästhetik & Kommunikation, 96 / Berlin 1997, S. 95-100

Usborne, Cornelie: Frauenkörper - Volkskörper. Geburtenkontrolle und Bevölkerungspolitik in der Weimarer Republik. Münster 1994

Waldschmidt, Anne: Das Subjekt in der Humangenetik. Expertendiskurse zu Programmatik und Konzeption der genetischen Beratung 1945-1990. Münster 1996

Watson, James D.: Die Doppel-Helix. Ein persönlicher Bericht über die Entdeckung der DNS-Struktur. Reinbek bei Hamburg[2] 1973

Weingart, Peter: Eugenik - Eine angewandte Wissenschaft. Utopien der Menschenzüchtung zwischen Wissenschaft und Politik. In: Peter Lundgreen (HG): Wissenschaft im Dritten Reich. Frankfurt/M. 1985, S. 314-349

Ders.: Züchtungsutopien. Zur Geschichte der Verbesserung des Menschen. In: Kursbuch 128 / Berlin 1997, S. 111-126

Ders. / Jürgen Kroll, Kurt Bayertz: Rasse, Blut und Gene. Geschichte der Eugenik und Rassenhygiene in Deutschland. Frankfurt/M.[2] 1992

Weingarten, Michael: Darwinismus und materialistisches Weltbild. In: Baumunk / Rieß a.a.O. 1994, S. 74-82

Ders. / Mathias Gutmann: Taxonomie - Systematik - Naturgeschichte. In: Baumunk / Rieß a.a.O. 1994, S. 25-32

Weizenbaum, Joseph: Die Macht der Computer und die Ohnmacht der Vernunft, Frankfurt/M. 1978

Weß, Ludger (HG): Die Träume der Genetik. Gentechnische Utopien vom sozialen Fortschritt (Schriften der Hamburger Stiftung für Sozialgeschichte des 20. Jahrhunderts, Bd. 6). Nördlingen 1989

Ders.: Aktion „Lebensqualität". In: konkret 2 / Hamburg 1989b, S. 24-27

Ders.: Aktuelle Fragestellungen und Ausblick. In: Baumunk / Rieß a.a.O. 1994a, S. 223-228

Ders.: Rechte Intelligenz. In: konkret 12 / Hamburg 1994b, S. 35-37

Wiener, Norbert: Mensch und Menschmaschine. Kybernetik und Gesellschaft. Frankfurt/M. 1952

Worton, Ron: The four letters that spell life. The Human Genome Project will transform medical science but raise thorny questions for society. In: SPA (Science & Public Affairs), Spring / Huddersfield 1994

GLOSSAR

Adenin (A): siehe Basenpaar.

Aminosäuren: Grundbausteine der Proteine; es gibt 20 verschiedene Aminosäuren. Die Reihenfolge der Aminosäuren in einem Protein wird von der Abfolge der codierten *Tripletts* (Basen-Dreier-Kombination) in einem Gen definiert. Die Aminosäurensequenz schreibt wiederum die dreidimensionale Gestaltung der Moleküle und die Erzeugung von Funktionen vor.

Amniozentese: Vorgeburtliche Fruchtwasseruntersuchung, die bei Schwangeren über 35 Jahren routinemäßig durchgeführt wird. Der Schwangeren wird mittels einer Hohlnadel Fruchtwasser entnommen, die darin enthaltenen fötalen Zellen werden im Reagenzglas kultiviert und anschliessend genetisch-analysiert. Mit der Amniozentese lassen sich heute diverse „Erbschädigungen" nachweisen. Die Diagnose kann die Grundlage für eine genetische (eugenische) Indikation zur Abtreibung sein.

Anthropologie, physische: Als naturwissenschaftlich-medizinische Anthropologie untersucht sie den Menschen als Lebewesen und seine spezifische körperliche Beschaffenheit, durch die sich der Mensch von anderen Lebewesen unterscheidet. Zur physischen Anthropologie gehören u.a. die Anatomie, Physiologie und Rassenkunde.

Arabidopsis: Unkrautpflanze, die vergleichbar der *Drosophila* im Tierbereich, ein relativ einfach strukturiertes und kurzes Genom besitzt und sich somit für die genetische Grundlagenforschung im Pflanzenbereich anbietet.

Autopoiesis: Reproduktionsweise von Systemen (z.B. Organismen), die alle Elemente (Funktionen und Normen), aus denen sie bestehen, durch eine spezifische Kombination derselben Elemente hervorbringen.

Basenpaar: Zwei Basen, entweder *Adenin* oder *Thymin* oder *Guanin* und *Cytosin* sind durch schwache Bindungen miteinander verbunden. Jede Base ist eine Untereinheit der DNS, deren Sequenz die Produktionsanweisungen für unterschiedliche Proteine codiert. Zwei DNS-Stränge werden durch die Bindungen zwischen Basenpaaren in der Form einer *Doppelhelix* verbunden.

Bibliothek, genetische: Gemischte Sammlung von klonierten DNS-Molekülen, die alle Gene eines spezifischen Organismus beinhaltet.

Biomedizin: Streng genommen, eine an den Modellen der Biologie und Genetik orientierte medizinische Grundlagenforschung. In den entsprechenden Forschungsprogrammen der europäischen Gemeinschaft werden zum Bereich der Biomedizin neben der menschlichen Genomforschung, der pharmazeutischen Forschung, der Forschung über biomedizinische Technologie, der Hirnforschung auch die Forschung über Krankheiten von großer sozio-ökonomischer Bedeutung, die Public-Health-Forschung und die Forschung über medizinische Ethik gezählt.

Biotechnologie: Eigentlich die Gesamtheit aller technischen Verfahren, die sich spezifische Eigenschaften von lebenden Organismen für die Herstellung von Produkten zunutze machen (z.B. Hefe für die alkoholische Gärung). Im Kontext dieses Buches wird Biotechnologie auf die gentechnologischen Methoden zur gezielten Veränderung der Erbeigenschaften von Organismen beschränkt.

Chromosom: Stabförmiges Gebilde aus Proteinen und der zellulären DNS, das die gesamte oder auch nur Teile der Erbinformation eines Organismus enthält. Das Rückgrat des Chromosoms bildet ein langes DNS-Molekül. Beim Menschen machen 23 Chromosomen eine *haploide* Zelle (Ei- oder Samenzelle) und 46 Chromosomen eine *diploide* Zelle (Körperzelle) aus.

Chromosomenanalyse: Mikroskopische Untersuchung auf Zahl und Zustand der Chromosomen.

Chromosomenploidität: Ploidiegrad, Quantitative Charakterisierung des vollständigen Chromosomensatzes im Zellkern.

Craniometrie: Teildisziplin der physischen Anthropologie, Schädelmessungen, von lat. „cranium" = Schädel mit Unterkiefer.

Cytosin (C): siehe Basenpaar.

DNS: Desoxyribonucleinsäure; das Molekül, das die genetische Information codiert, insofern Träger der Erbinformation. Die DNS besteht aus einer zweifachen Kette von *Nucleotiden*, die durch die schwachen Bindungen der Basenpaare verbunden sind.

DNS-Analyse = genetische Diagnostik: Anwendung verschiedener Techniken zur Bestimmung von Abweichungen in Genen oder Chromosomen, die mit Krankheiten in Verbindung stehen. (siehe auch *Genomanalyse*)

DNS-Rekombination bzw. rekombinierte DNS: Hybride, im Labor hergestellte DNS, wird durch Verknüpfung von DNS-Stücken aus verschiedenen Quellen synthetisiert.

DNS-Replikation: Identische Verdopplung der DNS. Vor der Zellteilung muß sich die Erbinformation verdoppeln, damit jede Tochterzelle die volle Genausstattung enthält.

Doppelhelix: Spiralenförmig angeordnete Struktur von zwei parallelen DNS-Strängen, die sich aus den vier Basenpaaren zusammensetzen. Die menschliche DNS besteht aus ca. 3,5 Milliarden Basenpaaren.

Drosophila (melangoster): 1-2 mm große Fruchtfliege, die sich im Labor leicht züchten läßt. Sie ist deshalb bereits seit dem Beginn des 20. Jahrhunderts ein beliebtes Forschungsobjekt der Genetik. Hunderte ihrer Gene sind inzwischen bekannt.

Embryo: Entwicklungsstadium zwischen etwa dem 7. Tag nach der Befruchtung bis zum 3. Monat.

Endemie: Beständiges Vorkommen einer Erkrankung in einem begrenzten Gebiet; im Gegensatz zur *Epidemie* als temporäre und sich räumlich ausbreitende Seuche; wird im Buch vor allem als analytischer Begriff verwendet.

Fitness: Veralteter Begriff der Populationsgenetik und Evolutionsbiologie, bezeichnet den Beitrag eines Gens zum Genbestand der nachfolgenden Generation.

Fötus: Entwicklungsstadium nach dem Embryonalstadium, 3. Monat bis zur Geburt.

Gamete: weibliche oder männliche Körperzelle (Ei- und Samenzellen)

Gen: Grundeinheit des Erbguts. Ein Gen trägt die Information zur Bildung eines Proteins oder zur Steuerung anderer Gene.

Gen-Kartierung, Genom-Kartierung: Bestimmung der relativen Positionen von Genen auf einem DNS-Molekül bzw. auf den Chromosomen und der Entfernung zwischen den Genen mit Kopplungs- und physikalischen Einheiten (= systematische Erfassung dieser Daten). Mit Hilfe von *Gensonden* ist es möglich Krankheiten mit den isolierten Genorten in Verbindung zu bringen. Die Kartierung ist die entscheidende Voraussetzung zur Bestimmung von Genfunktionen.

Gen-Sequenz, Genom-Sequenzierung: Reihenfolge der Aminosäuren eines Gens bzw. der Nukleotide eines Strukturgens. Bei der Sequenzierung des Genoms wird für jedes Gen diese Reihenfolge festgehalten.

genetic engineering: Gentechnische Eingriffe (Genmanipulation, Genchirurgie)

genetische Beratung: z.B. Beratung von Familien, in denen Erbkrankheiten aufgetreten sind, über die potentiellen Risiken einer Schwangerschaft. Die Entwicklung der DNS-Sonden ermöglicht die Identifizierung einer Vielzahl von genetischen Dispositionen.

genetische Diagnostik: siehe DNS-Analyse.

genetischer Code: Schlüssel für die Übersetzung der Erbinformationen der DNS in Bauanweisungen für Proteine; Beziehung zwischen der Reihenfolge (Sequenz) der Nukleotide in der DNS, dem Erbmaterial, und der Sequenz der Aminosäuren in den Proteinen. Der genetische Code ist bei allen Lebewesen gleich. Die Vorstellung des genetischen Codes ermöglicht die Übertragung von einem Gen in die Zellen einer anderen biologischen Art. Dort wird dann das gleiche Protein produziert.

genetisches Screening: Massen- und Reihenuntersuchungen mit Hilfe gendiagnostischer Verfahren für präventivmedizinische oder gesundheitsstatistische Zwecke.

Genkarte: Übersicht über die Anordnung der Gene auf den Chromosomen einer Art.

Genmarker: Besondere Eigenschaft eines Gens, die für ein bestimmtes Individuum charakteristisch ist. Viele Genmarker lassen sich nur mit DNS-Sonden aufspüren. Genmarker sind z.B. ein wichtiges Hilfsmittel bei Vaterschaftsstreitigkeiten und in der Kriminalistik zur eindeutigen Identifizierung von Personen.

Genom: Gesamtes genetisches Material in den Chromosomen eines bestimmten Organismus. Die Größe des Genoms wird als Gesamtzahl seiner Basenpaare angegeben.

Genomanalyse: Zur Technik siehe Gen-Kartierung bzw. Gen-Sequenzierung. Ansonsten wird darunter das Großprojekt verschiedener Genforschungszentren zur Totalsequenzierung des menschlichen Genoms verstanden.

Genotyp: Charakteristische Ausstattung eines Organismus mit Genen und genetischen Elementen.

Genpool: Gesamtheit aller Gene einer Organismenart (z.B. der menschlichen Art)

Genproduktanalyse: Proteinchemische Analysen, Untersuchung von Blut und Urin auf veränderte Stoffe, insbesondere Proteine.

Genomprojekt: siehe Genomanalyse und H.U.G.O.

Gensonden: siehe Gen-Kartierung.

Gentechnologie: Künstliche Veränderung des Erbguts von lebenden Organismen.

Gentherapie: Heilung von Erbkrankheiten durch Eingriffe in das Erbgut. Man unterscheidet die *somatische Gentherapie*, der Eingriff in die Erbsubstanz, der auf das einzelne Individuum beschränkt bleibt und somit nicht weitervererbt wird, von der *Keimbahntherapie*, als gentechnische Eingriffe in die Keimzellen mit Auswirkungen bei der Fortpflanzung auf die nachfolgende Generation.

Guanin (G): siehe Basenpaar.

H.U.G.O = Human-Genome-Organisation: 1988 in Montreaux gegründete Organisation zur Koordination der Genom-Forschung auf internationaler Ebene; u.a. Förderung des Austausches von Daten, Material und Technologien und Unterstützung von Genomstudien an nichtmenschlichen Organismen.

heterozygot: mischerbig, d.h. zwei voneinander verschiedene Gene für ein bestimmtes Erbmerkmal.

homozygot: reinerbig, d.h. zwei gleiche Gene für ein bestimmtes Merkmal.

In vitro Fertilisation: Im Reagenzglas herbeigeführte Verschmelzung einer Ei- und einer Samenzelle.

In Vitro: Verfahren im Reagenzglas.

In Vivo: Verfahren im lebendigen Organismus.

Keimbahn: Die DNS von Keimzellen.

Keimplasma: Veralteter Begriff, geht auf August Weismanns Thesen zurück. Nach Weismann umfaßt es die Fortpflanzungselemente und die Elemente, aus denen sie entstehen.

klassische Genetik: Wissenschaftsgeschichtliche Phase der Genetik vor der Aufklärung der Doppelhelix-Struktur durch Crick und Watson, wodurch die Genetik zur exakten Naturwissenschaft werden konnte.

Klonen: Vorgang zur ungeschlechtlichen Zeugung einer Gruppe von Zellen aus einem einzigen Vorfahren. Diese Klone sind genetisch identisch. Bei der rekombinanten DNS-Technologie werden Verfahren, um Kopien eines Gens oder eines DNS-Stücks zu erzeugen, als DNS-Klonierung bezeichnet.

Kybernetik: Wissenschaft von den Prinzipien der Steuerung, Regulierung und Programmierung von verschiedensten Prozessen. Das Objekt sind die Steuerungs- und Kontrollvorgänge in Organismen, Computern und Gesellschaften selbst. Diese Vorgänge beruhen auf Regelkreissystemen und der Übertragung von Information.

Lesch-Nyhan-Syndrom: Wird oft als eine zur Autoaggression führende genetisch-bedingte Krankheit definiert. Ihr Auslöser ist ein Enzym-Defekt, der von einem defekten Gen ausgelöst wird.

Molekulargenetik, -biologie: Wissenschaft, die die Vererbungsvorgänge auf der Molekülebene untersucht.

Mutation: Spontane Erbgutveränderung.

Neodarwinismus: synthetische Theorie der Evolution, die Befunde der Genetik werden in das Evolutionsmodell Darwins integriert. Die synthetische Evolutionstheorie wurde ab den 20er Jahren von Genetikern wie Morgan, Muller Dobzhansky formuliert. In diesem Buch wird der Begriff auf die Perspektive der Vertreter des Neodarwinismus beschränkt, die den Evolutionsmechanismus ausschließlich über die genetische Vererbung zu erklären suchen.

Nukleinsäuren / Nukleotide: Nukleinsäuren als Sammelbezeichnung für die DNS und die RNS. Die DNS speichert die Erbinformation, während die RNS an der Übertragung dieser Information und ihrer Umsetzung in Proteine beteiligt ist. Alle *Nukleinsäuren* sind aus Einzelbausteinen, den zu langen Ketten zusammengefügten *Nukleotiden* aufgebaut. Jedes Nukleotid besteht wiederum aus drei chemischen Säuren: einer Phosphorsäure, einem Zucker und einer der vier unterschiedlichen Basen der DNS.

Phänotyp: Das sichtbare Erscheinungsbild eines Organismus als Folge seiner genetischen Ausstattung. Resultat der Wechselwirkung dieser genetischen Ausstattung mit der Umwelt.

Phenylketonurie: Erbliche Stoffwechselkrankheit, die mit dem *PKU-Screening* diagnostizierbar ist. Der Test wird bei Neugeborenen routinemäßig durchgeführt, da die Krankheit im Säuglingsalter durch eine besondere Diät therapierbar ist. Ohne Therapie führt sie zu schweren Gerhinschädigungen.

Populationsgenetik: Wissenschaft von den genetischen Eigenschaften einer abgegrenzten Gruppe oder Art.

prädiktive Medizin: Krankheit voraussagende Medizin; in diesem Buches wird darunter die gendiagnostische Medizin verstanden.

pränatale Diagnostik: Medizinische Verfahren zur vorgeburtlichen Feststellung von Krankheiten besonders von Erbkrankheiten.

Prädispositionen, genetische: Eigenschaften von Genen, die in einem bestimmten Milieu oder unter bestimmten Umwelteinflüssen in Abhängigkeit von einer errechneten Wahrscheinlichkeit Krankheiten auslösen können.

Reproduktionstechnologie: Künstliche Verfahren der Fortpflanzung.

Restriktionsenzym: Enzym, das die DNS an definierten Stellen (einer speziellen Abfolge von 4 bis 6 Nukleotiden) erkennen und dort zerschneiden kann.

Retorte: Laborgefäß, in dem die Eizellen künstlich befruchtet und kultiviert werden. Das Retortenbaby ist die Bezeichnung für ein Baby, das durch *In-Vitro-Fertilisation* entstanden ist.

Sichelzellenanämie: Erbliche Blutkrankheit, bei der das Hämoglobin den Sauerstoff im Blut schlechter transportieren kann.

Taxonomien / Systematik: System zur Ordnung der Natur nach Allgemeinheiten, zur Zuordnung von Individuen zu bestimmten Arten aufgrund der Vergleichbarkeit bestimmter Merkmale. Die Artzugehörigkeit von organischen Individuen ergibt sich z.B. in der systematischen Methode Carl von Linnés (1707-1778) aus dem Vergleich der Zahl, Gestalt, relativen Größe und Lage von invarianten Merkmalen wie den Fortpflanzungsorganen.

Thymin (T): siehe Basenpaar.

Triplett: siehe unter Aminosäuren.

Variabilität: Differenzen in der Merkmalsausprägung bei einzelnen Individuen, die durch genetische wie Umweltursachen bedingt ist.

Zygote: Befruchtete Eizelle nach dem Eindringen des Spermiums. Sie enthält die Gene beider Elternteile.